[Wissen für die Praxis]

Weiterführend empfehlen wir:

Das Leben ist zu kurz für Riester-Rente
ISBN 978-3-8029-4143-6

Schnellkurs Aktien
ISBN 978-3-8029-3964-8

So viel ist Ihr Haus wert
ISBN 978-3-8029-4075-0

E-Mail: WALHALLA@WALHALLA.de
http://www.WALHALLA.de

Walhalla Fachverlag · Haus an der Eisernen Brücke · 93042 Regensburg
Telefon 0941 5684-0 · Telefax 0941 5684-111

WALHALLA

Daniela Landgraf

Immobilien als Kapitalanlage clever finanzieren

Was Sie bei Vermietung und Selbstnutzung wissen müssen

Bibliografische Information der Deutschen Nationalbibliothek
Die Deutsche Nationalbibliothek verzeichnet diese Publikation in der Deutschen Nationalbibliografie; detaillierte bibliografische Daten sind im Internet über www.dnb.de abrufbar.

Zitiervorschlag:
Daniela Landgraf, Immobilien als Kapitalanlage clever finanzieren
Walhalla Fachverlag, Regensburg 2022

Hinweis: Unsere Werke sind stets bemüht, Sie nach bestem Wissen zu informieren. Alle Angaben in diesem Buch sind sorgfältig zusammengetragen und geprüft. Durch Neuerungen in der Gesetzgebung, Rechtsprechung sowie durch den Zeitablauf ergeben sich zwangsläufig Änderungen. Bitte haben Sie deshalb Verständnis dafür, dass wir für die Vollständigkeit und Richtigkeit des Inhalts keine Haftung übernehmen.
Bearbeitungsstand: September 2022

1. Auflage

Produktion: Walhalla Fachverlag, 93042 Regensburg
Printed in Germany
ISBN 978-3-8029-4158-0

Schnellübersicht

Immobilienfinanzierung ist wie das Lernen einer Fremdsprache

Stellen Sie sich folgende Situation vor: Sie haben bisher noch nicht so viel Ahnung vom Thema „Immobilienfinanzierung" und gehen zu einem Berater oder einer Beraterin. Sie lassen sich ausführlich beraten und hören vielleicht Ausführungen wie diese:

„Gern werden wir für Sie ein Annuitätendarlehen mit 15 Jahren Zinsbindung und 30 Jahren Laufzeit beantragen. Sondertilgungs- und Tilgungssatzänderungswünsche werden wir berücksichtigen, das können Sie auch dem beigefügten ESIS entnehmen. Sowohl im ESIS als auch im Kreditvertrag können Sie nachlesen, welches Ihr Soll- und welches Ihr Effektivzins ist. Gemäß Immobiliardarlehensvermittlungsverordnung erhalten Sie selbstverständlich die vorvertraglichen Informationen und den Darlehensvermittlungsvertrag von mir ausgehändigt.

Aufgrund der Wohnimmobilienkreditrichtlinie reichen Sie bitte die aufgeführten Unterlagen ein. Zum Glück trat ja 2018 die ImmoKWPLV in Kraft, ansonsten wäre das mit Ihrer Finanzierung echt schwierig geworden. Ach ja, ImmoKWPLV heißt Immobiliar-Kreditwürdigkeitsprüfungsleitlinien-Verordnung. Eine Bausparfinanzierung kommt aufgrund des Beleihungsauslaufs für Sie nicht infrage. Wenn Sie Näheres zum Thema ‚Immobilienbewertung' wissen möchten, dann empfehle ich Ihnen die Beleihungswertermittlungsverordnung. Bitte nicht verwechseln mit der Immobilienwertermittlungsverordnung.

Nach Einreichung aller Unterlagen erhalten Sie dann Ihren Kreditvertrag. Zusammen mit diesem Kreditvertrag bekommen Sie die Grundschuldbestellungsurkunde und die dingliche Zwangsvollstreckungsunterwerfungserklärung mit persönlicher Haftungsübernahme. Mit diesen Unterlagen gehen Sie dann einfach zum Notar. Der regelt alles Weitere.

Nachdem Sie beim Notar den Kaufvertrag und somit die Auflassung unterschrieben haben, folgt die Auflassungsvormerkung. Die Auflassung selbst kann erst eingetragen werden, wenn Kaufpreis und Grunderwerbsteuer gezahlt worden sind. Die Fälligkeitsmitteilung über den Kaufpreis erfolgt dann über den Notar. Also alles ganz einfach ..."

Ich möchte Sie gar nicht weiter mit Fachchinesisch quälen, doch so oder so ähnlich geht es manchen Kundinnen und Kunden, die sich erstmalig mit dem Thema „Immobilienfinanzierung" auseinandersetzen. Man wird mit vielen Begrifflichkeiten und sehr unterschiedlichen Wahrheiten zu den einzelnen Finanzierungsformen konfrontiert. Doch welches ist für Sie genau die richtige Finanzierungslösung? Wie funktioniert das mit den unterschiedlichen Darlehensformen? Sollten Sie lieber auf den Soll- oder den Effektivzins schauen? Machen Sondertilgungsoptionen Sinn?

Keine Sorge, dies und mehr werden Sie in den folgenden Kapiteln erfahren. Falls Sie den ein oder anderen Begriff aus dem fiktiven Beratungsgespräch sofort verstehen wollen, dann blättern Sie ans Ende des Buchs, dort gibt es ein Glossar, in dem die wichtigsten Begriffe der Immobilienfinanzierung erläutert werden.

Eine Immobilie zu kaufen und zu finanzieren, gleicht einem Abenteuer – spannend, aufregend und leider auch teilweise mit ungewissem Ausgang. Der Kauf einer Immobilie ist eine sinnvolle Investition, um langfristig Kapital aufzubauen, und ein guter Weg in die finanzielle Unabhängigkeit. Doch Vorsicht: So viele Vorteile das Investment in eine vermietete Immobilie zu bieten scheint und so einfach es teilweise klingen mag, es gibt auch Risiken, die es zu beachten gilt, damit der Traum von Immobilieninvestments und der finanziellen Freiheit nicht zum Albtraum wird. Dies gelingt nur, wenn ein ausgeglichenes Chancen- und Risikoverhältnis vorliegt.

In diesem Buch werden Sie nicht nur die Chancen und Risiken von Immobilieninvestments und von Immobilienfinanzierungen kennenlernen, sondern auch Möglichkeiten und Lösungen an die Hand bekommen, um die Chancen zu vergrößern und die Risiken zu minimieren. Denn Fakt ist, dass die Immobilie als Kapitalanlage nicht nur eine hervorragende Möglichkeit ist, etwas für die Altersvorsorge zu tun, sondern sie kann auch der Weg zur finanziellen Unabhängigkeit sein.

Dieses Buch richtet sich vor allem an Kapitalanleger und Kapitalanlegerinnen, die in vermietete Immobilien investieren wollen. Wir werfen aber auch immer einen Blick auf die Eigennutzung. Das hat zwei Gründe: Zum einen ist auch eine selbst genutzte Immobilie eine Kapitalsicherung und im besten Fall eine Kapitalmehrung durch die Preissteigerungen von Immobilien. Zum anderen gibt es viele gemischt genutzte Immobilien, also beispielsweise Doppelhäuser, bei denen eine Einheit vermietet und die andere selbst genutzt wird, oder Mehrfamilienhäuser, in denen die Eigentümer eine der Einheiten selbst bewohnen.

Einen Großteil dieses Buchs wird das Thema „Immobilienfinanzierung" einnehmen. Denn ob eine Immobilie günstig oder teuer ist, wird nicht allein durch den Kaufpreis bestimmt, sondern auch durch die Wahl der richtigen Finanzierungslösung. Nicht jede vermeintlich günstige Finanzierung ist tatsächlich so optimal wie sie auf den ersten Blick erscheint, und manch eine Finanzierung mit einem besonders niedrigen Zinssatz passt in keiner Weise zu den Zielen, Plänen und zum Leben des Kunden oder der Kundin.

Ich selbst bin seit 30 Jahren in der Finanzbranche tätig, davon seit 20 Jahren mit dem Schwerpunkt Immobilienfinanzierung – als Beraterin, Dozentin, Trainerin und als IHK-Prüferin für angehende Immobilienfinanzierer/-innen (um fachlich korrekt zu bleiben: Immobiliardarlehensvermittler/-innen).

Auch privat habe ich Freud und Leid mit Immobilieninvestments erlebt. Durch die Wahl der falschen Immobilien (Stichwort „Sanierungsstau") und dank Messies und Mietnomaden ging es mir finanziell eine Zeit lang alles andere als gut. Doch das ist lang her. Heute lebe ich in finanzieller Unabhängigkeit, inklusive verschiedener Immobilieninvestments. Wenn Sie mehr über mich und meine Geschichte erfahren wollen, blättern Sie vor zum letzten Kapitel.

Bevor es nun ans „Eingemachte" geht, erlauben Sie mir ein paar rechtliche Hinweise:

- Dieses Buch habe ich geschrieben, um meinen Leserinnen und Lesern einen schnellen und verständlichen Einblick in das Thema der Immobilienfinanzierung zu geben. All mein Wissen über Immobilien und Immobilienfinanzierung ist nach bestem Wissen und Gewissen hier eingeflossen. Doch manchmal gibt es unterschiedliche Ansichten und Meinungen zu verschiedenen Themen.
- Ich bin keine Rechtsanwältin – und selbst Rechtsanwälte und Rechtsanwältinnen streiten sich über bestimmte Sachverhalte und lassen die Streitigkeiten von einem Gericht klären. Manchmal gibt es nicht einmal ein klares „Schwarz" oder „Weiß" in der Gesetzesformulierung. Man nennt solche Formulierungen auch „unbestimmte Rechtsbegriffe". Das bedeutet, es gibt zwar ein Gesetz – wie dieses jedoch in dem einen oder anderen Fall ausgelegt wird, entscheidet sich im Zweifel im Gerichtsverfahren. Bei jeglichen Rechtsfragen wenden Sie sich daher bitte an einen Rechtsanwalt.
- Ich bin keine Steuerberaterin und darf auch keine steuerliche Beratung durchführen. Dennoch gebe ich Ihnen ein paar Tipps, wie Sie die Finanzierung einer Kapitalanlage-Immobilie steuerlich optimieren können. Um genaue Auskünfte und Informationen für Ihre eigene Situation zu bekommen, fragen Sie bitte Ihren Steuerberater.
- Gesetze, Finanzierungsmöglichkeiten, Bankenkriterien ändern sich. Dieses Buch wurde im Frühjahr 2022 geschrieben. Entsprechend ist der Rechts- und Wissensstand.
- Hinweis zur Sprache: Der Lesbarkeit halber werde ich im Folgenden vorwiegend die männliche Form verwenden. Selbstverständlich sind jedes Mal Personen jedes Geschlechts angesprochen und gemeint.

An dieser Stelle möchte ich mich noch bei Diana Isabell Glusa-David und Michael David ganz herzlich für die humorvollen Illustrationen in diesem Buch bedanken.

Und nun: Viel Spaß und viele gute Erkenntnisse beim Lesen!

Daniela Landgraf

Abkürzungen

Abs.	Absatz
AfA	Absetzung für Abnutzung
Az.	Aktenzeichen
BGB	Bürgerliches Gesetzbuch
BGH	Bundesgerichtshof
BWA	Betriebswirtschaftliche Auswertung
ESIS	Elektronisches Schnellinformationssystem
EStG	Einkommensteuergesetz
GbR	Gesellschaft bürgerlichen Rechts
GmbH	Gesellschaft mit beschränkter Haftung
KfW	Kreditanstalt für Wiederaufbau
KRWG	Kreditwesengesetz
lt.	laut
p. a.	per annum
PAngV	Preisangabenverordnung
SNR	Sondernutzungsrechte
WEG	Wohnungseigentumsgesetz
WoBauG	Wohnungsbau- und Familienheimgesetz
VPB	Verband privater Bauherren
zzgl.	zuzüglich

Die Immobilie als Kapitalanlage

1

Möglichkeiten des Vermögensaufbaus

Kapitalanleger haben es schon seit ein paar Jahren nicht leicht (Stand 2022). In welche Anlageform sollen sie gehen? Dabei spielt nicht mehr nur die Verzinsung und die Rendite eine Rolle, sondern zunehmend auch das Thema „Kapitalsicherung". Während ich dieses Buch schreibe, hat die Corona-Pandemie Deutschland (und die Welt) seit ziemlich genau zwei Jahren fest im Griff. Fast auf den Tag genau vor zwei Jahren gab es den ersten Lockdown in Deutschland und es hagelte in vielen geschäftlichen Bereichen Auftragsabsagen.

Nun eskaliert gerade die Situation zwischen Russland und der Ukraine. Wie wird sich das auf die Märkte auswirken? In den letzten Tagen hat der DAX (Deutsche Aktienindex) eine ziemliche Achterbahnfahrt hinter sich gebracht. In welche Richtung wird es nun gehen? Bei festverzinslichen Anlagen steht in der Regel eine Null vor dem Komma. Menschen mit großen Vermögen auf Konten zahlen teilweise Negativzinsen. Kein gutes Geschäft – hier heißt es, zu handeln.

Kryptowährungen? Die sind sicherlich interessant, gleichen aber auch einem Lotteriespiel. So stand der Bitcoin beispielsweise im November 2021 bei einem Kurs von fast 69.000 Dollar. Im Juni 2022 stand er dagegen bei unter 20.000 Dollar. Bei stark schwankenden Kursen sprechen wir von Volatilität. Stark volatile Anlagen dienen durchaus der Spekulation auf das schnelle Geld. Allerdings kann genau bei diesen Anlagen nicht nur viel Geld verdient, sondern auch viel Geld verloren werden.

Dann gibt es noch Gold und Silber. Sie gelten seit jeher als Vermögensschutzanlagen. Doch auch hier sind die Preise stark in die Höhe gegangen. Menschen mit hohen Vermögenswerten haben die Qual der Wahl. Mehr denn je gilt es, eine ausgewogene Mischung zwischen verschiedenen Anlageformen und Risiken zu finden und abzuwägen.

Der Fachbegriff für eine ausgewogene Mischung, also die Aufteilung des Vermögens in verschiedene Anlageklassen, wird Asset Allocation genannt. Ziel einer guten Asset Allocation ist es, eine breite Risikostreuung mit gleichzeitig hoher Rendite zu erzielen.

Warum die Immobilie als Kapitalanlage interessant ist

Eine Immobilie als Kapitalanlage ist aus verschiedenen Gesichtspunkten heraus hochinteressant. Folgende Hauptgründe gibt es für ein Investment in Immobilien:

Inflationsschutz

Eine Immobilie ist ein sogenannter Sachwert. Sachwerte (hierzu gehören übrigens auch Aktien und natürlich Edelmetalle) haben, wie der Name schon sagt, immer einen gewissen Gegenwert, was vor allem in Zeiten von hoher Inflation ausgesprochen vorteilhaft ist.

Inflation einfach erklärt:

Inflation bedeutet Kaufkraftverlust. Während ich dieses Buch schreibe, erleben wir gerade, wie die Kaufkraft unseres Geldes immer weiter sinkt. Als Beispiel sei hier der Benzinpreis angeführt: Wie viel Liter Benzin oder Diesel haben Sie vor ein oder zwei Jahren für beispielsweise 50 Euro bekommen? Und wie viel Liter erhalten Sie jetzt? Steigende Spritpreise wirken sich auf Transportkosten aus. Das wiederum sorgt dafür, dass Lebensmittel und Konsumprodukte teurer werden. Ähnliches erleben wir bei den Energiepreisen. Alles wird teurer, das Geld verliert aktuell stark an Kaufkraft.

Steigende Preise wirken sich irgendwann auf die Höhe der Einkommen aus, da Gewerkschaften höhere Gehälter einfordern. Selbstständige werden ebenfalls ihre Honorare erhöhen, um ihren Lebensstandard zu halten. Dadurch kommt immer mehr Geld auf den Markt und die Preise steigen weiter.

Dieser Effekt der Verteuerung wirkt sich auf der anderen Seite günstig auf Immobilien (und andere Sachwerte) aus. Wenn alle Preise steigen, dann steigen auch die Preise von Immobilien. Doch nicht nur die Inflation sorgt für steigende Immobilienpreise, sondern auch das gesamte Kapitalanlage-Marktumfeld.

Fehlende Anlagealternativen

Vonseiten der Zentralbanken wird eine Niedrigzinspolitik immer dann betrieben, wenn Investitionen und Konsum (unter anderem zur Stabilisierung oder Erhöhung des Bruttoinlands- und Bruttosozialprodukts) gesteigert werden sollen. Niedrige Zinsen bedeuten,

1 dass Sparer keinen Anreiz haben, ihr Geld auf Sparkonten für sich arbeiten zu lassen. Noch dramatischer wird dieser Effekt durch Negativzinsen. Negativzinsen sollen motivieren, lieber das Geld auszugeben (oder als Unternehmer bzw. Investor zu investieren), anstatt es auf Konten liegen zu lassen. Gleichzeitig sind Kredite hochattraktiv. Mit jedem aufgenommenen Kredit (durch Unternehmer oder Privatkunden) wird Geld in den Markt gespült und der Konsum bzw. die Investitionslaune angeheizt.

Je mehr Geld auf dem Markt verfügbar ist, desto schneller steigt die Inflation. Viel vorhandenes Geld bedeutet zunächst eine große Kaufkraft. Es gibt also viele Menschen und Unternehmen, die Geld ausgeben wollen und können (unter anderem durch die geringen Zinsen). Das wiederum bedeutet Preissteigerungen, vor allem, wenn die Güter knapper werden. Je größer die Nachfrage und je knapper die Güter werden (z. B. attraktive Immobilien), desto schneller steigen die Preise. Die Gehälter bleiben jedoch zunächst auf dem bisherigen Niveau oder steigen weniger stark als die Preise am Markt. Somit kann mit dem vorhandenen Gehalt oder mit Geldern, die auf Giro- und Sparkonten sind, immer weniger gekauft werden. Inflation bedeutet Kaufkraftverlust. Ich selbst erinnere mich noch daran, dass ich in meiner Kindheit für eine Kugel Eis 30 Pfennige und für eine Portion Pommes 50 Pfennige bezahlt habe. Auch die bereits erwähnten Benzinpreise sind ein gutes Beispiel für Inflation.

Steigende Preise sind Gift für alle Spar- und Giroguthaben, da immer weniger mit einer bestimmten Summe gekauft werden kann. Bei allen Spar- und Girogeldern sprechen wir von sogenannten Geldwerten. Sie sind Verlierer von hohen Inflationsraten. Steigende Preise und eine hohe Inflation können jedoch für Anleger, die in Immobilien investiert haben, sehr positiv sein, da die Immobilienpreise dadurch ebenfalls steigen. Eine Immobilie, die beispielsweise in 2018 in einer Großstadt wie Hamburg gekauft wurde, war in 2021 durchaus schon 20, 30 oder je nach Lage sogar 40 Prozent mehr wert, einfach dadurch, dass die Nachfrage so gestiegen ist und potenzielle Käufer bereit sind, so viel Geld dafür auszugeben.

Doch Achtung! Spätestens, wenn es zu Zinsanstiegen kommt, kann sich das Blatt wieder wenden. Höhere Finanzierungszinsen bedeuten normalerweise gleichzeitig, dass es auch wieder höhere Zinsen auf Spargelder gibt. Investoren könnten dann wieder vermehrt in andere Kapitalanlagen investieren. Außerdem können sich durch höhere Zinsen nicht mehr alle Interessierten eine Immobilienfinanzierung leisten. Die Nachfrage sinkt eventuell und das wiederum könnte stagnierende oder sogar sinkende Immobilienpreise mit sich bringen. Zum Zeitpunkt der Entstehung dieses Buchs ist dieses Szenario nicht ganz unrealistisch. Die Zinswende scheint im Frühsommer 2022 eingeläutet worden zu sein.

Also zurück zur Marktsituation, wie sie im Jahre 2022 vorherrscht. Es gibt viele Anleger, die Geld anlegen möchten, und die Kreditzinsen sind niedrig. Mithilfe einer Kreditaufnahme kann die Gesamtrendite einer Investition sogar erhöht werden (Stichwort Leverage-Effekt). Doch dazu später mehr. Zunächst steht die Frage für Kapitalanleger im Raum: Wohin mit dem vielen Geld, wenn es als Altersvorsorge oder zur Vermögenssicherung dienen soll?

Wie sieht die Situation im ersten Halbjahr 2022 aus? Die Aktienmärkte sind volatil (= unterliegen vielen Schwankungen), festverzinsliche Wertpapiere sind in der aktuellen Situation wenig interessant. Vorsorglich sei erwähnt: Beide Assetklassen gehören bei einer ausgewogenen Vermögensstreuung mit dazu, aber das ist ein anderes Thema und soll in diesem Buch nicht behandelt werden. Gold, Silber, Rohstoffe, Krypto – jede Anlageklasse hat ihre Vor- und Nachteile. Doch aktuell erfreut sich die Anlage in Immobilien immer größerer Beliebtheit.

Da unglaublich viel Liquidität im Markt ist (= frei verfügbare Gelder) und es wenig interessante alternative Anlagemöglichkeiten gibt, fliehen viele Investoren mit ihrem Geld in den Immobilienbereich. Dadurch entsteht eine große Nachfrage, die wiederum für steigende Immobilienpreise sorgt.

Seit Jahren steigende Preise

Der Immobilienmarkt kennt seit Jahrzehnten nur eine Richtung: Nach oben! Doch Achtung: Es gab auch schon Jahre mit rückläufigen Preisen. Ob eine Immobilie im Wert steigt oder die Gefahr von sinkenden Preisen besteht, hängt von vielen Faktoren ab. Diese werden Sie noch im Kapitel über Risiken kennenlernen. Doch in den meisten Fällen sind die Immobilienpreise in den letzten Jahren und Jahrzehnten stets gestiegen.

Zum Vergleich: Hat eine Person beispielsweise vor 20 Jahren Geld in eine Kapitalversicherung investiert, kann sie heute froh sein, wenn sie überhaupt das eingezahlte Kapital wiederbekommt.

Ein anderer Anleger hat vor 20 Jahren in einen festverzinslichen Sparbrief investiert und freut sich über seine erhaltene Verzinsung und die eventuelle Bonuszahlung. Aber die Kaufkraft, die diese ersparte Summe noch vor 20 Jahren hatte, ist nicht mehr mit der heutigen Kaufkraft vergleichbar. Somit ist der Wert real gesunken.

Kapitalanleger, die in eine Immobilie in einer guten Lage investiert haben, freuen sich teilweise über eine Vervielfachung des Wertes. Wir sprechen hier von Verdopplung, Verdreifachung oder sogar noch mehr. Manch einer ist dadurch zum Millionär geworden.

Vermögenssicherung und Altersvorsorge

Durch die genannten Vorteile ist die Immobilie als Kapitalanlage (auch die selbst genutzte Immobilie) eine hervorragende Möglichkeit der Vermögenssicherung und der Altersvorsorge. Ihr Wert steigt im Verhältnis zur Inflation mit (meistens sogar weit darüber hinaus). Somit besteht zum einen die Möglichkeit der Vermögenssicherung, zum anderen hat die Immobilieninvestition noch einen anderen Effekt:

Bei Selbstnutzern: Sie werden im Alter mietfrei wohnen. Die Renten sinken seit Jahrzehnten, die Preise steigen. Wo wird die durchschnittliche Miete liegen, wenn Sie in Rente gehen? Haben Sie Eigentum, dann müssen Sie nur die laufenden Kosten (Energie, Müllabfuhr, Wasser etc.) tragen und sind unabhängig von einem Vermieter. Sollte es im Alter mit dem Geld knapp werden, können Sie die Immobilie verkaufen (und sich ggf. von der Wohnsituation her verkleinern oder einen Platz im Betreuten Wohnen finanzieren), oder Sie können Ihre Immobilie beleihen, um Ihren Lebensstandard zu sichern.

Bei Kapitalanlegern: Wenn Ihre Immobilien im Alter lastenfrei sind, können Sie die Kaltmiete (abzüglich Bewirtschaftungskosten) als zusätzliche Renteneinnahme nutzen. Da sich die Miete (aufgrund von Inflation) im Laufe der Jahre erhöhen wird, haben Sie automatisch eine inflationsgeschützte Einnahme.

Anders bei Kapital-Rentenversicherungen: Wenn Sie heute eine Kapitalrentenversicherung abschließen, die Ihnen beispielsweise 1.000 Euro Zusatzrente im Alter verspricht, dann ist fraglich, was Sie mit diesen 1.000 Euro im Alter noch kaufen können. Wenn Sie hingegen eine vermietete Immobilie kaufen, dann steigt die Miete normalerweise mit den Jahren und Sie haben automatisch einen Inflationsausgleich.

Einnahmen

Eine vermietete Immobilie bedeutet, dass Sie Mieteinnahmen generieren. Diese können Sie entweder zur Zahlung von Zinsen (und im besten Fall auch zur Tilgung) nutzen oder als zusätzliches Einkommen verwenden. Das Schöne ist: Diese Einnahmen haben Sie sofort ab Kauf einer vermieteten Immobilie. Sie müssen nicht wie bei anderen Kapitalanlagen viele Jahre lang darauf warten, dass Sie einen Ertrag erzielen.

Leverage-Effekt

Als Leverage-Effekt wird die Hebelwirkung von Darlehen auf die Rentabilität von Eigenkapital bezeichnet. Durch die Aufnahme eines Darlehens erhöht sich die Rendite des Eigenkapitals. Voraussetzung dafür: Die Gesamtkapitalrendite muss über dem Zins des Darlehens liegen. Ich erläutere das anhand eines einfachen Zahlenbeispiels:

Beispiel:

Kaufpreis inkl. Nebenkosten: 200.000 EUR
Netto-Mietertrag (Kaltmiete abzüglich Bewirtschaftungskosten): 6.000 EUR pro Jahr

Mal angenommen, unser Kunde hat 200.000 EUR Eigenkapital und setzt es für diese Immobilie ein, dann hätte er eine Rendite von 3 %.

Mal angenommen, es werden nur 50.000 EUR Eigengeld eingesetzt und 150.000 EUR Fremdkapital (= Darlehen) aufgenommen zu einem Zinssatz von 2,5 %. Daraus ergibt sich folgende Rechnung:

Einsatz von Eigenkapital: 50.000 EUR
Aufnahme Darlehen: 150.000 EUR
Nettomietertrag: 6.000 EUR pro Jahr
Kosten durch das Darlehen: 3.750 EUR pro Jahr (2,5 % von 150.000 EUR)

Wenn nun die Zinskosten des Darlehens (3.750 EUR p. a.) vom Nettomietertrag (6.000 EUR p. a.) abgezogen werden, bleibt pro Jahr die Differenz von 2.250 EUR an Einnahmen bestehen.

> Eingesetztes Eigenkapital: 50.000 EUR
> Einnahme pro Jahr: 2.250 EUR
>
> Daraus ergibt sich eine Eigenkapitalrendite von 4,5 %.
> (Rechenweg: 2.250 EUR : 50.000 EUR × 100 = 4,5 %)

Doch nicht nur, dass dieser Anleger eine Rendite nach Zinskosten von 4,5 Prozent auf seine 50.000 Euro Eigenkapital erhält, er hat nun seine restlichen 150.000 Euro Eigenkapitel für weitere Kapitalanlagen zur Verfügung.

Der Start ist einfach

Für jede Person, die über regelmäßige, monatliche Einnahmen und etwas Eigenkapital verfügt (optimalerweise mindestens für die Kaufnebenkosten), ist der Start recht einfach. Welche Voraussetzungen für die Genehmigung einer Finanzierung gegeben sein sollten, wird noch an anderer Stelle erläutert. Je früher Sie mit einem Immobilieninvestment anfangen, desto besser. Die erste Immobilie ist die schwerste. Mit jeder weiteren Immobilie wird es einfacher (vorausgesetzt, die Gesamtbonität ist entsprechend gut).

Ist die vermietete Immobilie Garant für spätere finanzielle Freiheit?

Gerne würde ich an dieser Stelle schreiben: Ja! Auf jeden Fall. Doch dem ist leider nicht so. Vieles kann passieren. Blättern Sie vor zum Kapitel „Chancen und Risiken“, dort gehe ich auf die möglichen Gefahren näher ein. Fakt ist aber, dass das Investment in eine Immobilie mehr Chancen als Risiken bietet. Deswegen lassen Sie sich bitte nicht durch die Risiken abschrecken. Nehmen Sie die Hinweise nur als Warnung, damit Sie frühzeitig gegensteuern können, zum Beispiel durch die Wahl der richtigen Immobilie, der optimalen Finanzierungslösung und den Abschluss bestimmter Versicherungen.

Die Chance, dass Ihr Investment in eine (vermietete) Immobilie Ihnen dabei hilft, in die finanzielle Unabhängigkeit (oder vielleicht sogar in die finanzielle Freiheit) zu gelangen, ist auf jeden Fall groß. Nutzen Sie Ihre Chancen, minimieren Sie die Risiken!

Abgrenzung selbst genutzte Immobilie und vermietete Immobilie

Die vermietete Immobilie bietet viele Vorteile. Einer der größten Vorteile ist, dass Ihr Mieter die Zinsen (und vielleicht sogar die Tilgung) Ihres Darlehens bezahlt. Sie können hohe Vermögenswerte mit recht geringem eigenen Kapitaleinsatz aufbauen. Sie tragen natürlich auch die Risiken von Sanierungs- und Modernisierungsmaßnahmen, von Mietausfall etc. Doch im Optimalfall bauen Sie mit wenig Eigengeldeinsatz ein entsprechendes Vermögen auf – durch Mieteinnahme(n) und wahrscheinlich auch durch die Wertsteigerung der Immobilie.

Sollten Sie zu den Kapitalanlegern gehören, die vor allem Geld, das derzeit auf Konten liegt, sichern wollen, dann ist der Immobilienkauf eine sehr gute Möglichkeit. Wenn das bei Ihnen der Fall sein sollte, könnten Sie sogar darüber nachdenken, den Leverage-Effekt zu nutzen und mehrere Immobilien zu kaufen.

Ein schöner Nebeneffekt bei der vermieteten Immobilie ist, dass Ihnen nicht nur der Mieter dabei hilft, die Immobilie zu bezahlen, sondern auch das Finanzamt. So können Sie auf der einen Seite die Zinsen als Werbungskosten absetzen, auf der anderen Seite aber auch die AfA (Absetzung für Abnutzung) und einige der laufenden Kosten. Dazu folgt noch ein extra Kapitel.

Und wie ist es mit der selbst genutzten Immobilie?

Bei der Finanzierung einer selbst genutzten Immobilie können Sie leider weder die Zinsen noch die laufenden Betriebskosten absetzen. Auch eine AfA ist in der Regel nicht möglich. (Es gibt Ausnahmen bei Denkmalschutz und in Sanierungsgebieten. In solchen Fällen halten Sie bitte Rücksprache mit Ihrem Steuerberater.) Dennoch ist das Investment in eine selbst genutzte Immobilie durchaus sinnvoll. Drei gute Gründe hierfür sind:

- Inflationsschutz bei dem eingesetzten Eigenkapital.
- Mietfreies Wohnen nach Rückzahlung des Darlehens.
- Irgendeine Immobilie bezahlen Sie in Ihrem Leben – die des Vermieters oder Ihre eigene.

Gewerbe- oder Wohnimmobilie?

Die Inhalte dieses Buchs beziehen sich vor allem auf Wohnimmobilien. Die Finanzierungsthemen sind natürlich auch auf Gewerbeimmobilien anwendbar. Tatsächlich ist die Finanzierung reiner Gewerbeimmobilien oft mit größeren Hürden verbunden. Das liegt an unterschiedlichen Herausforderungen. Eine davon ist, dass viele Gewerbeimmobilien auf spezielle Nutzungen ausgerichtet sind (z. B. große Gewerbehallen, Werkstätten oder Gebäude für den Lebensmittelhandel). Auch Gastronomie-Immobilien sind nicht so leicht finanzierbar. Warum greife ich dieses Thema dennoch hier auf? Manchmal gibt es am Markt hochinteressante Misch-Immobilien.

Beispiel:

Angeboten wird ein Mehrfamilienhaus mit sechs Einheiten. In den beiden Obergeschossen befinden sich insgesamt vier Wohnungen, im Untergeschoss zwei Gewerbeeinheiten. Eine davon ist ein Friseursalon, die andere eine kleine Boutique.

Bei der Finanzierung und auch von der steuerlichen Seite her gibt es in diesem Fall einiges zu beachten. Die steuerliche Seite besprechen Sie bitte mit Ihrem Steuerberater, denn Sie haben es hier mit zwei unterschiedlichen Mietarten zu tun. Eine Wohnung (nicht gewerbliche Nutzung) wird ohne Mehrwertsteuer vermietet. Bei der Mieteinnahme für die Gewerbeeinheiten dagegen muss die Umsatz- bzw. Mehrwertsteuer mitberücksichtigt werden (aus Sicht des Vermieters heißt es Umsatzsteuer, aus Sicht des Mieters Mehrwertsteuer). Da Sie als Vermieter die Umsatzsteuer an das Finanzamt abführen müssen, können Sie sich auf der anderen Seite die gezahlte Mehrwertsteuer für Investitionen (die diese vermieteten Einheiten betreffen) vom Finanzamt zurückerstatten lassen, zumindest, wenn Sie vorsteuerabzugsberechtigt sind (also Umsatzsteuer abführen müssen und sich Mehrwertsteuer zurückholen können). Aus genau diesem Grund schalten Sie bitte Ihren steuerlichen Berater mit ein.

Damit es hier eine klare Abgrenzung gibt, empfehle ich, auch die Finanzierungen zu trennen, damit dem Finanzamt gegenüber deutlich gemacht werden kann, welche Zinskosten zu den Wohneinheiten und welche zu den Gewerbeeinheiten gehören. Die Darlehensverträge sollten genau zuzuordnen sein: Welcher Darlehensvertrag gehört zu welchen Einheiten? Das kann über das gleiche Kreditinstitut erfolgen und sogar mit der gleichen Grundschuld abgesichert werden. Es geht lediglich um die Trennung der Verträge.

Wie finde ich die richtige Immobilie für mich?

Welche Immobilie die richtige für Ihre Situation ist, hängt von unterschiedlichen Faktoren ab. Diese sind unter anderem:

Lage der Immobilie

Es wird unterschieden zwischen Makrolage und Mikrolage. Bei der Makrolage spielen wirtschaftliche und strukturelle Themen eine große Rolle. Hierzu gehören die Region (örtlich gesehen, aber auch, ob Stadt oder Land) und die wirtschaftliche Situation. Letztere wird bestimmt durch ansässige Unternehmen als Arbeitgeber, Höhe der Arbeitslosigkeit, Freizeitangebote, Verkehrsanbindung, Einkaufsmöglichkeiten, Arztangebote etc.

Es geht also um die Attraktivität der Gesamtregion. Gleichzeitig spielen bei der Makrolage auch Faktoren wie Umweltbelastung, Gefährdung durch Überschwemmung oder große Industrien (die jedoch gleichzeitig durch ihre Arbeitsplätze interessant sein können) eine Rolle.

Zur Mikrolage gehört die unmittelbare Nachbarschaft. Befindet sich das Objekt beispielsweise in einer Villen- oder in einer Hochhausgegend? Wie ist das Gehaltsgefüge in der Nachbarschaft (gehoben, im mittleren Bereich oder eher niedrig)? Wie sieht es mit Park- und Einkaufsmöglichkeiten aus? Sind Grünanlagen, Spielplätze, Einkaufsmöglichkeiten (vor allem für den täglichen Bedarf), Kindergärten, Schulen etc. in unmittelbarer Nähe oder zumindest gut erreichbar? Wie ist die allgemeine Lautstärke in der Region? Liegt das Objekt in einer ruhigen Nebenstraße oder an einer viel befahrenen Hauptstraße? All das spielt bei der Betrachtung der Mikrolage eine Rolle.

Doch was ist nun wichtiger? Makrolage oder Mikrolage?

Die perfekte Immobilie in der optimalen Lage zu einem attraktiven Kaufpreis zu finden, ist nicht ganz einfach. Es gibt Immobilien mit einer schlechten Mikrolage in einer guten Makrolage, und Immobilien, deren Mikrolage zwar hervorragend ist, bei denen aber die Makrolage schlecht ist. Oft sind jedoch Käufer und Mieter eher bereit, eine schlechte Mikrolage in einer guten Makrolage zu akzeptieren, als umgekehrt.

In interessanten Makrolagen (z. B. in attraktiven Großstädten) kann sich die Mikrolage sehr schnell auch mal ins Positive verändern, zum Beispiel durch die Ansiedlung von Geschäften und Restaurants oder durch den Ausbau von Parkmöglichkeiten. Ist eine Region dagegen bereits zum Kaufzeitpunkt wirtschaftlich geschwächt oder weist eine schlechte Verkehrsanbindung, hohe Arbeitslosigkeit oder sonstige nachteilige Faktoren auf, ist die Wahrscheinlichkeit hoch, dass die Entwicklung weiterhin negativ ist.

Aber auch hier gilt: Alles kann sich verändern. Für die Kaufentscheidung einer vermieteten Immobilie sollten Sie sich stets die Frage stellen, wie gut die Immobilie wiedervermietbar ist.

Alter, Sanierungszustand

Alter und Sanierungszustand sollten bei der Wahl der Immobilie eine wichtige Rolle spielen. Falls Sie sich für eine ältere, vielleicht auch sanierungsbedürftige Immobilie entscheiden (weil diese vielleicht in einer attraktiven Region liegt oder einen sehr niedrigen Einstiegspreis hat), kalkulieren Sie eventuell entstehende Kosten direkt mit ein. Wie können anfallende Modernisierungs- oder Sanierungsmaßnahmen bezahlt werden? Haben Sie einen Eigenkapitalpuffer? Müssen hierfür zusätzliche Kredite aufgenommen werden? Wenn ja, wie hoch ist die Wahrscheinlichkeit, dass diese Kredite zu einem späteren Zeitpunkt genehmigt werden (siehe auch die Kapitel zu „Nachfinanzierungen" und „Kapitalbedarf für Sanierung")?

Inwiefern können Sie nach Durchführung der Sanierungsmaßnahmen die Miete erhöhen? Hierfür gibt es zwar klare gesetzliche Regelungen, aber wie wahrscheinlich ist es, dass eine höhere Miete in der gewählten Region auch durchsetzbar ist?

Rendite contra Wertsteigerung contra Sicherheit?

Immobilien in attraktiven, gefragten Lagen haben häufig einen entsprechend hohen Kaufpreis. Die Mietrendite, also die Miete im Verhältnis zu den Anschaffungskosten, ist in diesen Lagen oft gering. Je besser die Lage, desto höher der Kaufpreis, desto niedriger die Mietrendite. Dafür werden Sie eine solche Wohnung bei Mieterwechsel auch immer wieder gut vermieten können. Ein Leerstand ist eher unwahrscheinlich. Je nach Lage der Immobilie haben Sie zusätzlich noch eine gute Chance auf Wertsteigerung im Laufe der Jahre.

Auf der anderen Seite stehen die Immobilien, die Sie zu einem günstigen Kaufpreis erwerben können. Ja, es gibt sie noch, die Kapitalanlageimmobilien mit 6 bis 8 Prozent Mietrendite. Aber die Sache kann den einen oder anderen Haken haben. Rein vom logischen

Menschenverstand her: Warum sollte jemand eine Immobilie, die eine so hohe Mietrendite hat, verkaufen? Meist passt hier etwas an der Makrolage oder der Mikrolage nicht. Vielleicht ist es eine Region, aus der die Menschen tendenziell wegziehen, weil es beispielsweise keine Arbeitsplätze (mehr) gibt? Oder ist es eine sozial schwache Region, in der Mieter manchmal nicht einmal das Geld haben, um ihren Mietverpflichtungen nachzukommen?

Der günstige Kaufpreis im Verhältnis zur Miete kann aber auch daher kommen, dass hohe Sanierungsmaßnahmen anstehen. Hinterfragen Sie bei scheinbar sehr attraktiven Angeboten genau, warum der Kaufpreis so niedrig ist. Können Sie eventuelle Zusatzkosten für Sanierungen oder Mietausfall tragen? Wie sind die Zukunftsaussichten der Region? Wie wahrscheinlich sind Wertsteigerungen des Objekts? Was ist in der unmittelbaren Nachbarschaft und in der Region geplant?

Verwaltung: Ja oder nein?

Wenn Sie eine Eigentumswohnung kaufen, dann haben Sie automatisch eine Wohneigentumsverwaltung (für das Gesamtobjekt) mit dabei. Der Verwalter sorgt sich um das Gesamtobjekt und hat diverse Aufgaben, auf die hier nicht näher eingegangen werden soll. Es gibt aber noch eine zweite Verwaltungsart, und das ist die sogenannte Sondereigentumsverwaltung. Diese kann über den gleichen Verwalter laufen, muss es aber nicht zwangsläufig.

Während die von der Eigentümergemeinschaft eingesetzte allgemeine Verwaltung sich um alle Belange des gesamten Objekts und der Eigentümergemeinschaft kümmert, hat die Sondereigentumsverwaltung die Aufgabe, sich um eine bestimmte Wohneinheit zu kümmern. Hierzu gehört zum Beispiel die Nebenkostenabrechnung, die Organisation von Reparaturmaßnahmen für diese eine Wohnung, Aussprechen von Kündigungen, Suchen von neuen Mietern etc. Eine Sondereigentumsverwaltung ist Ihr persönlicher Dienstleister, bezogen auf Ihre Wohneinheit.

Wenn Sie sich für eine Sondereigentumsverwaltung entscheiden, haben Sie zwei Verwalterverträge. Der eine Vertrag ist gemeinschaftlich mit der Wohneigentümergemeinschaft für das Gesamtobjekt, der andere Vertrag betrifft nur Ihre Wohnung. Die Kosten für eine Sondereigentumsverwaltung liegen zwischen 20 und 40 Euro pro Monat. Ob Sie dieses Geld investieren möchten oder ob Sie sich lieber selbst um alle Belange wie zum Beispiel die Nebenkostenabrechnung für den Mieter kümmern, hängt davon ab, wie viel Zeit Sie investieren können oder wollen.

Eines müssen Sie in jedem Fall für die Verwaltung von vermieteten Einheiten investieren: Zeit oder Geld. Verwaltungen können einem das Leben vereinfachen. Aber es gehört auch ein Stück weit Vertrauen dazu, vor allem dann, wenn Sie die Sondereigentumsverwaltung beauftragen, beispielsweise einen neuen Mieter zu suchen und Entscheidungen für oder gegen Interessenten zu treffen. Lassen Sie sich Angebote von mehreren Verwaltungen geben und führen Sie persönliche Gespräche, bevor Sie sich für oder gegen eine Verwaltung entscheiden – immerhin geht es um Ihr Geld, Ihr Vermögen.

Augen auf beim Immobilienkauf

Die Investition in Immobilien ist eine sehr gute Möglichkeit, um den Traum von finanzieller Unabhängigkeit zu erreichen, unabhängig von Ihren regelmäßigen sonstigen Einkünften. Immobilien bieten Riesenchancen mit verhältnismäßig wenig finanziellem Eigenaufwand (zumindest bei vermieteten Objekten). Es kann allerdings auch in einem finanziellen Desaster enden, beispielsweise dann, wenn Sie Sanierungsmaßnahmen nicht mehr bezahlen können (weil entweder Ihr Eigengeld verbraucht ist oder Sie keine neuen Kredite genehmigt bekommen), oder wenn Sie über einen längeren Zeitraum einen Mietausfall haben und Sie nur mit den Mieteinnahmen in der Lage sind, Ihren Kreditverpflichtungen nachzukommen.

Zusammenfassend erhalten Sie hier noch einmal die wichtigsten Fragen, die Sie sich teilweise bereits vor dem Beginn Ihrer Immobiliensuche stellen können:

Fragen zur Entscheidungshilfe beim Immobilienkauf

- Welche Art von Immobilie soll es sein?

  Eine Eigentumswohnung, ein Ein-/Zwei- oder Mehrfamilienhaus, ein Reihenhaus oder vielleicht eine Doppelhaushälfte?
- Soll es eine Eigentumswohnung sein?
  - Wie sehen die Protokolle der letzten zwei bis drei Eigentümerversammlungen aus?
  - Ist es eine Eigentümergemeinschaft, die sich recht einig ist, oder gibt es Streitereien?
  - Stehen größere Sanierungsmaßnahmen an?
  - Wie hoch ist die Instandhaltungsrücklage?
  - Wie hoch ist das monatliche Wohngeld (Umlage zur Deckung der Gemeinschaftskosten und für die Instandhaltungsrücklage)?
- Alter und Zustand der Immobilie?
  - Wann wurden die letzten Sanierungsmaßnahmen durchgeführt?
  - Mit welchen Sanierungs- oder Modernisierungsmaßnahmen ist in der nächsten Zeit zu rechnen?
- In welcher Lage wollen Sie kaufen?

  Eine gute Lage bedeutet gleichzeitig einen höheren Kaufpreis und eine geringere Mietrendite, dafür aber wahrscheinlich eine gute Vermietbarkeit und Wertstabilität mit Chance auf Wertsteigerung. Kaufen Sie in günstigeren Lagen (vom Kaufpreis her), haben Sie eine höhere Mietrendite (im Verhältnis zum Kaufpreis) und eventuell auch gute Chancen auf Wertsteigerung (je nach Zukunftsaussichten der Region). Sie haben aber auch ein größeres Risiko, insbesondere, wenn sich an der wirtschaftlichen oder politischen bzw. an der aktuellen Zinssituation etwas negativ verändert. Es ist wie im Bereich der Geldanlage: Höhere Renditen werden mit höheren Risiken bezahlt. Behalten Sie stets im Hinterkopf: Es gibt Gründe, warum der Kaufpreis niedriger und die Mietrendite höher ist als bei vergleichbaren Immobilien.

- Wie gut lässt sich die Wohnung vermieten?

  Welche Klientel wird voraussichtlich in die Wohnung einziehen – sozial schwächer oder sozial stärker? Denken Sie bei Ihrer Gesamtkalkulation bitte daran, dass Mieten auch mal ausfallen können.
- Spielen steuerliche Gründe eine Rolle?

Tipp:

Fragen Sie sich stets, ob Sie auch selbst in die betreffende Wohnung/Immobilie einziehen würden, wenn Sie eine Mietwohnung in dieser Preisklasse suchen würden. Manch ein Immobilienmakler wird Ihnen sagen, diese Frage sei Blödsinn, denn Sie selbst müssen ja nicht in dieser Wohnung wohnen. Ich finde die Frage jedoch ausgesprochen wichtig, denn welche Art Mieter möchten Sie in Ihrem Leben haben? Wenn Ihnen die Wohnung bzw. die Immobilie selbst gut gefällt, dann werden Sie auch entsprechende Mieter bekommen.

Chancen und Risiken eines Immobilienkaufs

Überblick

In diesem Kapitel geht es um die typischen Chancen und Risiken eines Immobilieninvestments und der dazugehörigen Finanzierung. Die Chancen auf eine sehr gute Altersversorgung oder sogar auf finanzielle Unabhängigkeit sind bei einem Immobilieninvestment riesig. Dennoch sollten die Risiken nicht außer Acht gelassen werden.

Wie bei jeder Investition (unabhängig davon, ob es im Business oder im Privatleben ist), gilt es, eine vernünftige Chancen-Risiko-Analyse durchzuführen.

Chancen gibt es viele, darüber haben Sie schon einiges im letzten Kapitel gelesen. Noch einmal zusammengefasst gehören dazu:

- Inflationsschutz
- hohe Wertsteigerungen
- Mieteinnahmen als zusätzliches Einkommen oder zur Rückzahlung von Darlehen
- mietfreies Wohnen im Alter
- Kapitalaufbau
- finanzielle Unabhängigkeit
- Steuersparmöglichkeiten

Risiken können unterteilt werden in verschiedene Unterkategorien. Diese lernen Sie im Folgenden kennen.

Allgemeine Risiken

Zu den allgemeinen Risiken gehören:

- Die wirtschaftliche Lage: Die Pandemie und auch die Folgen des Russland-Ukraine-Konflikts zeigen, wie sehr wir alle von der allgemeinen wirtschaftlichen Lage abhängig sind.
- Immobilienpreise können sinken. Das ist zwar aktuell schwer vorstellbar, dennoch könnte es theoretisch passieren.
- Steueränderungen auf allgemeiner oder auf persönlicher Ebene: Wenn beispielsweise eine vermietete Immobilie nur mithilfe von Steuereinsparungen finanzierbar ist, kann sich eine Veränderung der Steuergesetze negativ für Betroffene auswirken.

- Abgabenerhöhungen und Preissteigerungen verändern sowohl die eigene Liquidität als auch die Liquidität des Mieters. Eventuell kommt der Mieter dadurch in Zahlungsschwierigkeiten.

Risiken bezüglich der Lage der Immobilie

Blättern Sie zurück zum Kapitel „Wie finde ich die richtige Immobilie für mich". Schauen Sie sich dort noch einmal die Stichworte Makro- und Mikrolage an. Je nach Lage der Immobilie ist die Wiedervermietbarkeit leichter oder schwieriger. Das sollte bei der Entscheidung für oder gegen eine Immobilie auf jeden Fall berücksichtigt werden.

Risiken bezüglich des Objekts

Hierzu gehören:

- unerwartete Sanierungsmaßnahmen (Heizung, Dach etc.)
- Schimmel/Schwamm
- laufende Modernisierungs- und Renovierungsmaßnahmen
- Nebenkosten der Immobilie höher als erwartet (z. B. durch steigende Heizkosten)
- durch die öffentliche Hand verursachte Kosten (z. B. die Verpflichtung, bestimmte Energieeinsparmaßnahmen durchzuführen, oder Straßenbauarbeiten, an denen die Eigentümer beteiligt werden)
- Schäden durch Feuer, Sturm, Hagel, Wasser etc. (größtenteils über die Wohngebäudeversicherung abdeckbare Risiken)
- Schäden durch mutwillige Zerstörung, Hochwasser, Lawinen, Erdrutsch etc. (teilweise über die Wohngebäudeversicherung abdeckbar, je nach Gesellschaft und Tarif)

Risiken bezüglich der Mieter

Ich behaupte: Die meisten Mieter sind zahlungswillig und versuchen, alles möglich zu machen, um die Miete pünktlich zu bezahlen, auch wenn es einmal Zahlungsschwierigkeiten geben sollte. Doch leider gibt es auch die anderen Mieter. Die, die es mit der rechtzeitigen und vollständigen Mietzahlung nicht ganz so ernst nehmen. Ja, es gibt sogar professionelle Mietnomaden, die von Wohnung zu Wohnung wechseln.

Leider können nicht alle Risiken im Vorfeld ausgeschlossen werden. Der gut verdienende Familienvater könnte plötzlich arbeitslos und von seiner Familie verlassen werden, sodass er seinen Kummer mit Alkohol oder Drogen betäubt und ihm der Zustand seiner Wohnung mehr und mehr egal wird. Oder eine Frau wird mit ihren kleinen Kindern sitzengelassen und kommt vor Kummer im Leben nicht mehr zurecht.

Arbeitslosigkeit, Krankheit, Tod, sonstige Schicksalsschläge – das kann nicht nur Ihnen selbst passieren, sondern natürlich auch Ihren Mietern. Doch manche Risiken kann man im Vorfeld zumindest minimieren, andere durch Versicherungslösungen absichern.

Checkliste: Risiken durch Mieter
■ Beim Kauf einer vermieteten Immobilie: Lassen Sie sich nicht nur den Mietvertrag zeigen, sondern am besten auch die Kontoauszüge der letzten drei, besser sechs Monate, aus

denen ersichtlich ist, dass der Mieter tatsächlich auch regelmäßig und pünktlich bezahlt hat.

- Wenn Sie einen neuen Mieter suchen, dann lassen Sie sich, wenn irgendwie möglich, nicht nur die Gehaltsabrechnung, sondern auch ein paar Kontoauszüge zeigen, aus denen hervorgeht, dass ausreichend Liquidität (oder zumindest ein paar Rücklagen) vorhanden ist.
- Lassen Sie sich von Ihren Mietinteressenten eine Schufa-Selbstauskunft geben (diese kann kostenfrei bei der Schufa angefordert werden).
- Bescheinigung vom Vorvermieter. (Ob das sinnvoll ist – darüber lässt sich streiten. Wenn ein [Vor-]Vermieter einen Mieter loswerden möchte, dann ist die Frage, ob er wirklich eine realistische Mieterauskunft ausstellt oder diese vielleicht beschönigt, obwohl er negative Erfahrungen gemacht hat.)
- Wenn möglich, dann verabreden Sie sich spätestens zur Unterschrift des Mietvertrags in der bisherigen Wohnung Ihres zukünftigen Mieters. Sollte dieser Mieter Messie-Tendenzen haben, werden Sie das sicherlich bemerken. Wenn Sie einen Eindruck von seinem bisherigen Wohnumfeld bekommen, können Sie erahnen, ob er auch mit Ihrer Wohnung pfleglich umgehen wird.
- Informieren Sie sich über Mietausfall- und Rechtsschutzversicherungen, die das Mieter-Risiko einschließen.
- Behalten Sie stets genug Liquidität auf Ihrem Konto, sodass Sie im schlechtesten Fall auch mal ein paar Monate Mietausfall verkraften und ggf. sogar einen Rechtsanwalt einschalten können.

Risiken bezüglich des Darlehensnehmers

Wenn wir über Finanzierungsrisiken sprechen, dann ist damit vor allem die Gefahr eines Liquiditätsengpasses oder noch schlimmer der Zahlungsunfähigkeit gemeint. Denn das ist das größte Risiko bei einer Finanzierung: die Zahlungsunfähigkeit des Darlehensnehmers. Für einige Risiken, die eine Zahlungsunfähigkeit mit sich bringen könnte, gibt es Versicherungslösungen. Andere Risiken sind leider nicht versicherbar.

Die biometrischen Risiken

Als biometrische Risiken werden die Risiken bezeichnet, die mit dem Leben oder der Absicherung des Lebensunterhalts einer Person zusammenhängen. Hierzu gehören beispielsweise Arbeitsunfähigkeit, Berufsunfähigkeit, Erwerbsunfähigkeit oder Pflegebedürftigkeit. Verursacht werden diese meist durch Krankheiten, Unfälle oder altersbedingte Einschränkungen. Weiterhin gehört der Tod zu den biometrischen Risiken. Wenn der Hauptverdiener einer Familie

stirbt, gerät diese häufig in finanzielle Schwierigkeiten, wenn sie sich nicht entsprechend abgesichert hat.

Versicherungen, die einen Liquiditätsengpass absichern können:

- Berufsunfähigkeitsversicherung
- Erwerbsunfähigkeitsversicherung
- Pflegezusatzversicherung
- Dread Disease (schwere Krankheiten)
- Krankentagegeldversicherung
- Grundfähigkeitsversicherung
- Risikolebensversicherung
- Kapitallebensversicherung
- private Rentenversicherung
- Unfallversicherung

Bedingt versicherbare Risiken

Der Markt für diese Absicherungen ist nicht sehr groß. Es gibt jedoch einige Spezialanbieter hierfür. Zu diesen Versicherungen gehören beispielsweise:

- Arbeitslosigkeitsversicherung
- Ratenausfallversicherung
- Vermieter-Rechtsschutzversicherung

Nicht versicherbare Risiken

Hierzu gehören Risiken, die von einer Versicherung nicht kalkulierbar sind. Zum Beispiel:

- Veränderung der persönlichen Lebenssituation (Partner kommt dazu, Kinder werden geboren, Trennung/Scheidung)
- Veränderung der beruflichen Situation (Jobwechsel mit weniger Einkommen, Wechsel von der Angestellten-Tätigkeit in die Selbstständigkeit und umgekehrt, Ortswechsel etc.)
- Steueränderungsrisiko (persönlich und allgemein)

Bitte lassen Sie sich von einem Fachmann für Absicherung, zum Beispiel einem Versicherungsmakler, beraten.

Risiken bezüglich der Finanzierung

Auch aus der Finanzierungsgestaltung heraus können Risiken und dadurch Liquiditätsengpässe entstehen. Gerade deswegen ist es wichtig, sich vor dem Gespräch mit einem Finanzierungsberater Gedanken darüber zu machen, was Ihnen besonders wichtig ist.

Zinsänderungsrisiko

Bei Darlehen wird zwischen Zinsbindung und Darlehenslaufzeit unterschieden. Wenn Sie innerhalb der abgeschlossenen Zinsbindungsfrist Ihr Darlehen auch komplett zurückbezahlen, spricht man von einem Volltilger-Darlehen (wenn also Zinsbindungsfrist und Laufzeit des Darlehens identisch sind). Mehr dazu im Kapitel über die verschiedenen Darlehensformen (Kapitel 5).

In vielen Fällen ist jedoch nach Ablauf der Zinsbindungsfrist noch eine recht hohe Restschuld übrig, die zu dem dann aktuellen Marktzins weiterfinanziert werden muss. Je nach Höhe der Restschuld und je nachdem, wie hoch das Zinsniveau ist, kann das eine Rate massiv verteuern. Niemand kann heute sagen, wie hoch die Zinsen in fünf, zehn oder 20 Jahren sein werden. Absicherungsmöglichkeiten gibt es entweder über eine entsprechend lange Zinsbindungszeit oder über einen Bausparvertrag.

Doch Absicherungen kosten auch Geld. So ist der Darlehenszins für eine 20-jährige Zinsbindung höher als für eine zehnjährige. Wie sehr brauchen Sie das Gefühl der Sicherheit und Kalkulierbarkeit? Wie viel Geld sind Sie bereit, mehr zu bezahlen, um eine entsprechende Sicherheit zu bekommen?

Kleiner Tipp: Um einzuschätzen, wie groß das Risiko wirklich ist, schauen Sie bei einem Angebot auf die Darlehensrestschuld zum

Ende der Zinsbindung. Dann rechnen Sie sich aus, wie hoch die reine Zinsbelastung wäre, wenn beispielsweise das Zinsniveau auf vier oder sechs Prozent ansteigt. Zu dieser Rate kommt dann noch die Tilgung hinzu.

Sie finden im Netz viele Tilgungsrechner. Dort geben Sie Ihre gewünschten Rahmendaten ein, zum Beispiel: Höhe der Restschuld, einen fiktiven Zinssatz und den Zeitpunkt, bis wann das Darlehen komplett getilgt sein soll. So bekommen Sie eine ungefähre Vorstellung davon, wie hoch die monatliche Rate bei einer eventuellen Zinssteigerung sein könnte. Dadurch, dass die Zinsen steigen können, bringt das Zinsänderungsrisiko automatisch ein Ratenänderungsrisiko mit sich.

Fehlende Flexibilität

Zu den Flexibilitätsmöglichkeiten gehören die Optionen, Sondertilgungen zu leisten sowie die Ratenhöhe verändern zu können. Beides kann sinnvoll sein, denn Leben ist ja bekanntlich das, was passiert, während Sie fleißig andere Pläne machen.

Sondertilgungen

Diese sind in vielen Darlehensangeboten mit bis zu fünf Prozent pro Jahr (von der ursprünglichen Darlehenssumme) kostenfrei enthalten. Manchmal gibt es allerdings auch eine Klausel, dass Sondertilgungen eine bestimmte Mindesthöhe haben müssen. Das bedeutet: Wenn Sie eine Sonderzahlung tätigen wollen, dann können Sie nicht einfach irgendeinen Betrag zahlen, sondern Sie müssen ggf. mehrere tausend Euro einzahlen.

Manchmal sind Sonderzahlungen mit einem Zinsaufschlag auf die Kondition verbunden. Wie wichtig ist Ihnen die Möglichkeit, Sondertilgungen leisten zu können, um Ihr Darlehen früher zurückzuzahlen? Wofür die Vereinbarung von Sondertilgungen in jedem Fall sinnvoll ist, das erfahren Sie in Kapitel 6.

Ratenänderungsoption

Diese Möglichkeit wird nur von einigen wenigen Darlehensgebern angeboten. Sie kann jedoch sehr sinnvoll sein, wenn sich zum Beispiel etwas in Ihrem Leben verändert und Sie deswegen eine höhere oder niedrigere Rate zahlen möchten. Gründe hierfür kann es viele geben: Ein Partner kommt hinzu oder es gibt eine Trennung, Kinder werden geboren, Gehaltssprung nach oben, Arbeitslosigkeit etc.

Es kann aber auch sein, dass Sie eine zweite, dritte oder sogar vierte Immobilie kaufen möchten. Wenn es dann mit Ihrer Haushaltsrechnung knapp wäre, könnten Sie bei einer Ratenänderungsoption Ihre Rate herabsetzen, um eine weitere Immobilie zu finanzieren.

Wie wichtig ist Ihnen die Möglichkeit, während der Zinsbindungsfrist Ihre Rate auch mal verändern zu können?

Tilgungsrisiko

Dieses Risiko kommt vor allem bei Finanzierungen mit Darlehen gegen Tilgungsaussetzung vor. Was das genau ist, erfahren Sie im Kapitel über die Darlehensformen (Kapitel 5). Mal angenommen, Sie haben ein Festdarlehen (= Tilgungsaussetzungsdarlehen), für das Sie in den ersten zehn oder 15 Jahren nur Zinsen bezahlen. Ihre Tilgung (= Rückzahlung) fließt jeden Monat in einen Investmentsparvertrag oder in eine Kapitalversicherung hinein und soll beispielsweise nach 15 Jahren Ihr Darlehen oder einen Teil Ihres Darlehens ablösen.

Leider sind die Erträge in einem Investmentfonds nicht garantiert. Und auch bei Kapitalversicherungen sind die Gewinne oberhalb des Garantiezinses nicht garantiert. Es besteht also das Risiko, dass Ihr Sparvertrag zum Ablauf der Zinsbindungsfrist nicht genug Kapital enthält, um das Darlehen zurückzuzahlen. In diesem Fall spricht man von einem Tilgungsrisiko. Sie müssten dann eventuell – entgegen der ursprünglichen Planungen – eine höhere Restschuld weiterfinanzieren.

Wie sehr sind Sie bereit, dieses Risiko einzugehen – natürlich auch mit der wundervollen Chance, dass Ihr Investmentsparvertrag sehr viel höhere Renditen erwirtschaftet als ursprünglich kalkuliert?

Nun aber genug der Risiken. Wenden wir uns wieder den schönen Dingen zu, denn definitiv sind die Chancen in den meisten Fällen weit höher als die Risiken. Zusammenfassend erhalten Sie hier noch eine Checkliste für den Einstieg in das Thema „vermietete Immobilie".

2

Checkliste für den Einstieg in eine vermietete Immobilie		
Frage	**Wofür**	**Ihre Antwort**
Wie hoch ist die monatliche Kaltmiete abzüglich 25 %?	25 % Sicherheitspuffer für laufende Kosten, die nicht auf den Mieter übertragen werden können, und für die Rücklage für eventuelle Mietzahlungsausfälle	
Wie hoch soll die monatliche Finanzierungsrate sein?	Soll Ihre Finanzierung ausschließlich durch die Mieteinnahmen getragen werden? Dann sollte die monatliche Rate maximal die Höhe der Kaltmiete abzüglich 25 % betragen. Alternativ: Was können und wollen Sie monatlich zusätzlich aufwenden?	
Bis wann soll das Darlehen komplett zurückgezahlt sein?	Ab wann möchten Sie die Kaltmiete als Zusatzeinkommen nutzen können? Lassen Sie sich von Ihrem Finanzierungsvermittler entsprechende Angebote geben und schauen Sie, ob diese Ihrer Wunschrate entsprechen.	
Wie steht es um Ihre Liquidität?	Wie viele Monate Mietausfall könnten Sie mit Ihrem Einkommen kompensieren, ohne einen weiteren Kredit aufnehmen zu müssen? Wie viel Kapital haben Sie für eventuelle Instandhaltungsrücklagen zur Verfügung? Wie gut ist Ihre Bonität, um einen weiteren Kredit aufnehmen zu können?	
Wie gut ist die Substanz der Immobilie?	Wann wurden welche Sanierungs- und Modernisierungsmaßnahmen durchgeführt? Könnten noch Kosten auf Sie zukommen? Wenn ja, wie können bzw. werden Sie sie finanzieren?	
Wie ist die wirtschaftliche Lage der Region?	Wie hoch ist beispielsweise die Arbeitslosenquote? Welche größeren Arbeitgeber gibt es? Wie ist es um deren Branche bestellt?	

Checkliste für den Einstieg in eine vermietete Immobilie		
Frage	**Wofür**	**Ihre Antwort**
Wie ist die Makrolage?	Die Makrolage betrachtet die Umgebung großräumig. Liegt die Immobilie in einer Metropolregion oder eher ländlich abgeschieden? Wie sieht es mit der Gesamtregion aus, wie ist die geografische Einordnung? Welche Arbeitsmarkt- und Freizeitgestaltungsmöglichkeiten gibt es?	
Wie ist die Mikrolage?	Die Mikrolage betrachtet die unmittelbare Umgebung der Immobilie. Wie sieht es beispielsweise mit Einkaufsmöglichkeiten aus? Gibt es Schulen und Kitas? Parkmöglichkeiten? Anbindung an Bus und Bahn? Aber auch Lärmfaktoren wie Verkehr oder Gastronomie spielen hier eine Rolle.	
Wie ist die Mietrendite?	Je höher die sogenannte Mietrendite ist (Verhältnis Kaltmiete zum Kaufpreis), desto höher sind in der Regel die Risiken. Bei einem Objekt mit hoher Mietrendite sollten Sie sich also besonders genau über die oben genannten Fragen Gedanken machen. Ein Topobjekt in Toplage hat in der Regel eine eher niedrige Mietrendite. Der Kaufpreis im Verhältnis zur Miete wird also tendenziell sehr viel höher sein.	
Wie sehr spielen steuerliche Aspekte eine Rolle bei der Wahl der Finanzierung?	Was ist das wichtigere Ziel? Schnelle Rückzahlung und regelmäßige Tilgung oder höchstmögliche Steuervorteile?	

2

Den richtigen Finanzierungsberater finden

Im Vorfeld zu klärende Fragen

Sie planen, eine Immobilie zu kaufen und zu finanzieren? Die erste Frage, die sich vielen Erstkäufern stellt, ist, wann der optimale Zeitpunkt für eine Beratung ist. Sollte erst die Immobilie da sein? Oder sollten Sie sich erst beraten lassen? Beides hat Vor- und Nachteile.

Wenn Sie sich zuerst beraten lassen, dann haben Sie schon einmal eine ungefähre Vorstellung davon, wie viel Darlehen Sie bekommen können und wie wahrscheinlich eine Genehmigung Ihrer Finanzierung ist. Optimalerweise bereiten Sie dann schon die Selbstauskunft (Fragebogen der Bank über Ihre persönliche Situation, Ihre Einnahmen und Ausgaben, Ihr Vermögen und eventuelle Verbindlichkeiten) vor und suchen alle angeforderten Unterlagen heraus. Wenn Sie dann die für Sie richtige Immobilie gefunden haben, brauchen Sie nur noch die Objektunterlagen hinzufügen und können alles Ihrem Berater übergeben, ohne viel Zeit zu verlieren. Aktuell haben wir einen absoluten Verkäufermarkt. Bei guten Immobilien heißt es, schnell zu sein, bevor ein anderer einem diese vor der Nase wegschnappt. Schnelligkeit ist oft Trumpf. Doch den Kauf einer Immobilie zuzusagen, ohne eine Finanzierungszusage des Kreditgebers zu haben, kann teuer werden – vor allem, wenn die Finanzierung abgelehnt und ein Kauf rückabgewickelt werden muss.

Die andere Variante ist, erst zum Finanzierungsberater zu gehen, wenn Sie eine Immobilie gefunden haben. Der Vorteil ist, dass Sie dann schon einen objektbezogenen Zinssatz erhalten und eine Aussage dazu bekommen könnten, wie wahrscheinlich es ist, dass Ihre Finanzierung genehmigt wird. Welchen Weg Sie gehen, ist Ansichtssache.

Unabhängig davon stellen sich folgende Fragen: Zu wem soll ich gehen? Wer ist der richtige Ansprechpartner für meine Immobilie? Ist es die Hausbank? Ist es eine Bausparkasse? Sollte ich zu einem freien Finanzierungsberater gehen oder es vielleicht online machen?

Wenn Sie diese Frage im Bekanntenkreis stellen, werden Sie wahrscheinlich zehn verschiedene Antworten erhalten. Vielleicht hören Sie auch konkrete Ratschläge: „Geh mal zu dem oder dem! Der hat meine Finanzierung gemacht und das war richtig super." Doch wenn Sie fünf solcher Tipps bekommen, dann wird es auch wieder schwierig und vor allem zeitaufwendig, wenn Sie mit jedem ein Erstgespräch führen wollen.

Aus diesem Grund empfehle ich, sich im Vorfeld Gedanken darüber zu machen, wie die Finanzierung aussehen soll. Was ist Ihnen wichtig? Welche Kriterien einer Finanzierung sind für Sie besonders entscheidend? Darauf werden wir im folgenden Kapitel noch näher eingehen.

Die Welt der Finanzierungsberater ist groß. Doch für welche Firma bzw. für welche Organisation (ob freier Vertrieb, ob Bank, ob Bausparkasse etc.) Sie sich entscheiden, sollte vor allem auch von dem Berater abhängig gemacht werden. Es gibt Berater und Beraterinnen, die einfach nur Daten erfassen, und es gibt Berater und Beraterinnen, die ihren Job richtig gut machen und die für Sie optimale Finanzierungslösung finden werden.

Eine gute Finanzierungsberatung erkennen Sie unter anderem daran, dass die Person Ihnen viele Fragen stellt und erst einmal neutral allen Produkten gegenübersteht. Es sollte kein reiner Produktverkauf stattfinden. Sobald ein Finanzierungsberater sofort in ein Produkt einsteigt (Bausparen, Annuitätendarlehen etc.), sollten die Alarmglocken klingeln. Eine Produktempfehlung erfolgt optimalerweise erst dann, wenn verschiedene Fragen vonseiten des Beraters gestellt worden sind. Gerade deswegen ist die Vorbereitung auf das Gespräch so wichtig, damit Sie schon im Vorfeld wissen, worauf es Ihnen persönlich ankommt und was Sie auf die typischen Fragen antworten wollen (zu den Fragen kommen wir noch).

Oft habe ich erlebt, dass Interessenten in ein Finanzierungsberatungsgespräch kommen und nur einen einzigen Wunsch an die Finanzierung nennen: „Ich möchte den günstigsten Zins haben." Doch eine Finanzierung ausschließlich auf Grundlage des Zinssatzes abzuschließen, kann fatal sein! Es gibt noch viel mehr zu berücksichtigen als nur den reinen Zins.

Das Wichtigste bei der Wahl des Beraters ist, dass Sie sich fachlich und nach Möglichkeit auch menschlich gut aufgehoben fühlen. Der Faktor Mensch spielt eine große Rolle, denn Immobilienfinanzierung ist auch mit Emotionen verbunden, vor allem, wenn Dinge einmal nicht so laufen, wie man es sich wünscht. Manchmal entsteht schon in der ersten Phase viel Stress: Der Makler macht vielleicht Druck, weil es einen anderen Kaufinteressenten gibt, und möchte Sie endlich zum Notar „schleppen". Gleichzeitig haben Sie vielleicht noch keine endgültige Finanzierungszusage von der Bank bekommen.

Der Vermittler kann Ihnen in solchen Fällen auch nur raten, abzuwarten.

Natürlich könnten Sie auch zum Notar gehen, bevor Sie eine endgültige Finanzierungszusage von der Bank bekommen haben. Doch was passiert, wenn der Notarvertrag unterschrieben ist und Sie vielleicht eine Ablehnung vonseiten der Bank bekommen? Was wäre der Plan B?

Ein anderer Stressmoment ist, wenn der Zahlungstermin immer näher rückt und die Bank aus verschiedenen Gründen das Darlehen noch nicht auszahlen kann. Was passiert, wenn Sie nicht rechtzeitig bezahlen oder die geforderten Voraussetzungen für die Auszahlung des Darlehens nicht erfüllt werden können? Solche Situationen haben stets finanzielle Folgen.

Glauben Sie mir, das ist emotionaler Stress ... meistens für beide Seiten. Zu meiner aktiven Zeit als Finanzierungsberaterin haben mich solche Situationen regelmäßig in Stress versetzt. Auf der einen Seite der Kunde, der logischerweise Druck macht, weil er Angst davor hat, dass es schiefgehen könnte; auf der anderen Seite die Bank oder der Finanzierungspartner mit seinen Richtlinien und seinen Vorgaben. Dann bekommen Sie keine Antworten, weil der zuständige Sachbearbeiter krank oder im Urlaub ist und sich jemand anderes erst mal einlesen muss, oder es wird eine Unterlage angefordert, die in dieser Form nicht lieferbar ist ... solche und ähnliche „Katastrophen" stehen durchaus das eine oder andere Mal auf der Tagesordnung. Als Finanzierungsvermittler wissen Sie genau: Man sollte den Kreditprüfer nicht zu sehr nerven ... gerade, wenn eine Finanzierung „auf der Kippe" steht.

Aus diesen Gründen ist der Faktor Mensch ausgesprochen wichtig und sollte bei der Entscheidung für oder gegen einen Berater bzw. Vermittler eine entsprechend große Rolle spielen. Manchmal haben Interessenten mich gefragt, warum sie denn bei mir abschließen sollten und warum sie mir glauben sollten, dass ich ihnen das Richtige anbiete.

Dann habe ich sie mit folgender Antwort verblüfft: „Vertrauen Sie Ihrem Bauchgefühl. Die richtige Finanzierungslösung auf Grundlage der Vorgaben zu finden, ist das eine. Auf der anderen Seite kommt auch beim Berater der Faktor Mensch dazu und natürlich die Tatsache, dass Finanzierungsberater von den Provisionen oder den Beratungshonoraren leben müssen."

Manchmal bin ich noch weitergegangen und habe gesagt: „Nennen Sie mir zwei unterschiedliche Produkte und sagen Sie mir, welches ich Ihnen verkaufen soll. Ein fachlich fitter Finanzierungsberater kann genau die Vorteile des einen Produktes darstellen, die Ihnen gefallen werden, und von dem jeweils anderen Produkt die Nachteile. Glauben Sie mir: Jedes Finanzprodukt hat seine Vor- und Nachteile, und nicht jedes Produkt ist für jeden geeignet. Die Vor- und Nachteile so darzustellen, wie es für den Kunden plausibel klingt, das lernen Verkäufer. Ob es dann tatsächlich passt, werden Sie manchmal erst sehr viel später feststellen. Deswegen: Vertrauen Sie Ihrem Bauchgefühl!"

Unabhängig davon möchte ich Ihnen im Folgenden einen Überblick über die verschiedenen Berater geben. Sie erhalten jeweils eine Erläuterung, einen Überblick über die Vor- und Nachteile sowie eine Information darüber, ob die entsprechenden Berater bzw. Vermittler auf Provisionsbasis oder auf Honorarbasis arbeiten.

Provisionsbasis bedeutet, dass der Produktgeber (= Darlehensgeber) eine Provision an den Berater/Vermittler auszahlt. Honorarbasis bedeutet, dass Sie die Dienstleistung Ihres Beraters bezahlen. Keines von beiden ist besser oder schlechter, wenn optimal beraten wird.

Fakt ist allerdings, dass ein Berater, der (teilweise) auf Honorarbasis arbeitet, auch Banken bzw. Produkte von Banken anbieten kann, von denen er keine Provision erhält (z. B. von einigen Förderbanken oder regionalen Banken, die keine Kooperationsverträge mit Vermittlern haben).

Bankberater

Erläuterung: Mit Bankberater ist in diesem Fall der Finanzierungsberater bei einer Bank gemeint. In der Regel werden bei einer Bank nur hauseigene Produkte angeboten. Einige Banken sind allerdings inzwischen dazu übergegangen, auch mit Finanzierungspools zusammenzuarbeiten, wenn sie eine Finanzierung nicht im eigenen Haus darstellen können.

Vorteile: Individuelle Absprachen sind möglich. Man hat nicht nur während der Beantragungszeit einen kompetenten Ansprechpartner, sondern vor allem auch in der Auszahlungsphase und während der Darlehenslaufzeit. Das ist Gold wert, vor allem, wenn es in der Auszahlungsphase oder während der Darlehenslaufzeit einmal

Herausforderungen oder Probleme geben sollte (manchmal ist z. B. plötzlich doch eine Zwischenfinanzierung notwendig oder es treten Zahlungsschwierigkeiten bzw. Liquiditätsengpässe auf). Dies kann dann direkt mit den verantwortlichen Personen besprochen werden. Online-Portale haben so manches Mal den Nachteil, dass die Person, die ohnehin schon reichlich Herausforderungen zu meistern hat, dann in irgendwelchen anonymen Telefonwarteschleifen darauf hofft, einen Ansprechpartner zu finden, der weiterhelfen kann.

Nachteile: Es werden oft nur hauseigene Produkte angeboten. Öffentliche Förderungen oder alternative Finanzierungen durch Partnerbanken werden meist nur dann angeboten, wenn die hauseigenen Produkte nicht infrage kommen. Durch diese Einschränkungen in den Produkten und Möglichkeiten ist es nicht immer die optimale Finanzierungslösung für einen Kunden. Weiterhin werden Bankberater am Ertrag gemessen. Deswegen besteht die Gefahr, dass eher provisionsträchtigere Produkte angeboten und auch Förderdarlehen nicht so gerne angeboten werden.

Provision oder Honorar? Banken erhalten Provisionen von eventuellen Produktpartnern. Dem Berater selbst werden intern Provisionen für seine Zielerreichung zugeschlüsselt. Er bekommt jedoch keine direkten Provisionen ausgezahlt. Er wird in Form von Bonuszahlungen für gute Erfolge und Zielerreichung belohnt.

Gebundener Finanzierungsvermittler

Erläuterung: Ein gebundener Vermittler hat einen oder eine begrenzte Zahl an Produktgebern zur Auswahl. Er kann und darf darüber hinaus keine weiteren Kreditinstitute anbieten.

Vorteile: Er kennt die Produkte seiner Partner sehr gut und hat wahrscheinlich einen guten Überblick über alle ihm zur Verfügung stehenden Optionen. Damit kann er optimale Finanzierungslösungen im Rahmen seiner Möglichkeiten anbieten. Je nachdem, welche Produktpartner er anbietet und wie gut der Draht zu den internen Abteilungen ist, kann der gebundene Vermittler, ähnlich wie ein Bankberater, auch mal Lösungen anbieten, die nicht dem Standard entsprechen – vor allem bei Problemen in der Auszahlungsphase oder während der Darlehenslaufzeit.

Nachteile: Er kann nur Produkte im Rahmen seiner Produktpartnerschaften vermitteln. Produktpartner außerhalb seiner Kooperationspartner darf er nicht anbieten. Dadurch kann es sein, dass nicht die optimale Finanzierungslösung gefunden wird. Manchmal besteht die Gefahr des reinen Produktverkaufs.

Provision oder Honorar? Er arbeitet in der Regel auf Provisionsbasis, das heißt, es gibt keine Kosten für den Kunden. Nur in Ausnahmefällen fällt ein Honorar an.

Freier Finanzierungsvermittler

Erläuterung: Ein freier Finanzierungsvermittler kann theoretisch über eine Vielzahl von Finanzierungsmöglichkeiten verfügen. Häufig werden Angebote im Rahmen eines sogenannten Pools gemacht (ein Programm, über das diverse Kreditgeber angefragt werden können). Gerne wird damit geworben, dass mit 200 bis 300 (oder noch mehr) Produktpartnern zusammengearbeitet wird. Leider ist das oft sehr theoretisch, denn bei den zur Verfügung stehenden Produktpartnern handelt es sich teilweise um Produktpartner, die Finanzierungen nur in bestimmten Regionen oder für bestimmte Berufsgruppen anbieten.

Optimalerweise hat der freie Finanzierungsvermittler auch Kontakte zu Filialbanken in der Region. Wenn dieser Berater dann noch fachlich fit ist, hat ein Kunde theoretisch das Beste aus allen Welten.

Vorteile: Größtmögliche Auswahl und Flexibilität. Großartig, wenn der Vermittler über ausreichend Fachwissen verfügt. Besonders vorteilhaft ist es, wie oben schon erwähnt, wenn der Vermittler nicht nur über einen Pool arbeitet, sondern auch Direktanbindungen zu Kreditgebern hat.

Nachteile: Oft kein direkter Kontakt zum Kreditentscheider. Meist gibt es eine „Zwischeninstanz", welche den Kontakt zum Entscheider in der Bank hat. Individuallösungen gibt es kaum. Finanzierungslösungen sind in der Regel nur im Rahmen der vorgegebenen Möglichkeiten machbar.

Provision oder Honorar? Provisionsbasis und/oder Honorar. Manchmal ist eine Honorarbasis für den Kunden die sinnvollere Variante, da Finanzierungskonditionen dadurch eventuell günstiger werden oder auch Produktpartner angeboten werden, die keine Provisionen an Vermittler zahlen. Es gibt übrigens eine Offenlegungspflicht für

Provisionen. Diese gilt für alle Vermittler und Berater. Insgesamt sind die Provisionen von Finanzierungsvermittlern eher gering im Vergleich zu den Courtagen, die Immobilienmakler bekommen. Je nach Kreditgeber und Finanzierungslösung liegen die Provisionen zwischen 0 und 3 Prozent von der Finanzierungssumme.

Vermittler bei einer Bausparkasse

Erläuterung: Vermittler bei einer Bausparkasse können meist nur hauseigene Produkte anbieten. Manchmal gibt es eine Zusammenarbeit mit großen Pools, über die dann auch andere Produktpartner angeboten werden können. Die eigenen Produkte – in der Regel Bauspar-Kombi-Produkte – werden bevorzugt angeboten.

Zum einen sind hier die Provisionszahlungen oft höher, zum anderen gibt es in der Regel Vorgaben, wie viele Bausparverträge bzw. welche Bausparsummen insgesamt pro Jahr abgeschlossen werden müssen.

Vorteile: Vermittler bei einer Bausparkasse haben oft ausgesprochen gute Produkt-Kenntnisse. Weiterhin gibt es in der Regel einen direkten Kontakt zu den Kreditentscheidern in den internen Abteilungen. Dadurch können manchmal auch Finanzierungen genehmigt werden, die bei großen Pools bzw. bei einer standardisierten Kreditprüfung abgelehnt werden würden.

Nachteile: Bei klassischen Bausparanbietern bekommt der Kunde in der Regel keine Alternativlösungen zum Thema „Bausparen“. Doch auch bei Anbietern, die über Pools andere Kreditgeber anbieten können, werden eher hauseigene Produkte forciert (was aus Unternehmenssicht natürlich strategisch und wirtschaftlich sinnvoll ist).

Provision oder Honorar? Vermittler bei einer Bausparkasse arbeiten normalerweise auf Provisionsbasis.

Vermittler bei einer Versicherung

Erläuterung: Für den Vermittler bei einer Versicherungsgesellschaft gilt im Grunde genommen alles, was ich bei Bausparvermittlern geschrieben habe, nur eben auf Versicherungsprodukte bezogen. Fragen Sie vor Beratungsbeginn, ob die Person, die Sie berät, nur mit der eigenen Versicherung als Produktgeber zusammenarbeitet, oder ob auch andere Kreditgeber vermittelt werden können.

Vorteile: Siehe Vermittler einer Bausparkasse. Die Vorteile gelten hier analog.

Nachteile: Siehe Vermittler einer Bausparkasse. Auch bei den Nachteilen sieht es ganz ähnlich aus.

Provision oder Honorar? Vermittler bei einer Versicherungsgesellschaft arbeiten normalerweise auf Provisionsbasis.

Online-Anbieter

Erläuterung: Bei einem Online-Anbieter läuft der persönliche Kontakt ausschließlich über Telefon und Internet. Seit 2020 sind jedoch durch die Pandemie Videoberatungen auch bei allen anderen Vermittlern und Beratern zur Normalität geworden.

Vorteile: Es gibt häufig eine Vielzahl an Finanzierungsmöglichkeiten und sehr günstige Konditionen.

Nachteile: Oft ist keine individuelle Beratung vorgesehen, sondern nur Standardlösungen. Somit sind schwierigere oder umfangreichere Projekte über Online-Anbieter nur schwer oder gar nicht darstellbar. Nach Abschluss des Kreditvertrags gibt es häufig keinen eigenen Ansprechpartner. Ein Kunde muss sich durch Hotlines quälen. Bei Problemen ist der Anbieter schwerer greifbar.

Provision oder Honorar? Sie arbeiten normalerweise auf Provisionsbasis.

Wie realistisch sind Berechnungen aus Online-Rechnern?

Die Antwort ist einfach: Leider sind Berechnungen aus Online-Rechnern häufig nicht realistisch. Es gibt einige wenige Banken, bei denen sehr abgespeckte Daten für die Ermittlung von Konditionen ausreichen, doch bei vielen Banken ist die Ermittlung der tatsächlichen Konditionen komplex und nicht nur abhängig von den Einnahmen, Ausgaben, Verbindlichkeiten, dem Vermögen und den ungefähren Objektdaten.

3

Natürlich können Sie theoretisch bei dem einen oder anderen Kreditgeber die dargestellten Konditionen bekommen, wenn alle persönlichen und objektbezogenen Daten komplett richtig erfasst worden. Doch das passiert leider nur selten. Bei den meisten Online-Rechnern können gar nicht alle konditionsrelevanten Kriterien erfasst werden bzw. Sie kennen als Laie gar nicht alle Tricks und Möglichkeiten einer geschickten Finanzierungsgestaltung. Vor allem muss sie ja anschließend noch von dem ausgewählten Kreditgeber genehmigt werden.

Beispiel:

Kaufpreis einer Immobilie: 500.000 EUR
Darlehenswunsch: 480.000 EUR
Der Rest inklusive Kaufnebenkosten werden mit Eigengeld bezahlt.

Bei zehn Jahren Zinsbindung erhalten Sie Online-Angebote mit einer monatlichen Rate von 1.800 EUR.

Berechnungsgrundlage: ca. 3 % Zins und 1,5 % Tilgung. Warum schreibe ich „ca."? Es dient der Vereinfachung, ansonsten müsste ich korrekterweise auch die Stellen nach dem Komma angeben. Mein Ziel ist jedoch, Ihnen ein paar Dinge zu verdeutlichen, und dabei kommt es nicht auf die ganz genauen Zahlen an.

Die Gesamtlaufzeit würde bei dieser Konstellation knapp 37 Jahre betragen.

Je nach Region können Sie sich für 500.000 Euro eine entsprechend schöne Immobilie leisten, die Sie im Vergleich dazu vielleicht nicht für circa 1.800 Euro Kaltmiete bekommen könnten.

Klingt erst einmal verlockend! Diese Berechnung hat jedoch mehrere Haken:

1. **Die Restschuld nach zehn Jahren würde in diesem Fall ca. 396.000 Euro betragen.**

Angenommen, das Zinsniveau würde um nur einen einzigen Prozentpunkt steigen und Sie müssten nach Ablauf von zehn Jahren Ihr Darlehen mit einem Zins von 4 Prozent verlängern. Und mal angenommen, Sie wollen nach insgesamt 37 Jahren mit dem Darlehen fertig sein (ab Zeitpunkt der Kreditverlängerung sind es somit nur noch 27 Jahre), dann müssten Sie 2.110 Euro im Monat bezahlen, obwohl die Restschuld „nur noch" bei 396.000 Euro liegt.

Eine 15-jährige Zinsbindungsfrist bietet hier schon etwas mehr Sicherheit. Ich möchte Sie nicht mit vielen Zahlen langweilen, doch bei Zinsbindungen von 15 Jahren und bei einem Zinsniveau von 3 bis 4 Prozent steht die Finanzierung auf etwas sichereren Beinen. Für alle Zahleninteressierten hier noch einmal das gleiche Zahlenbeispiel mit 15 Jahren Zinsbindung:

Beispiel:

Zu finanzierende Summe: 480.000 EUR
Zinssatz bei 15 Jahren Zinsbindung laut Online-Rechner: 3 %
Tilgungssatz: 1,5 %
Rate: 2.000 EUR
Restschuld nach 15 Jahren: ca. 338.200 EUR
Kalkulierte Gesamtlaufzeit: ca. 34,5 Jahre

Wenn das Zinsniveau nach 15 Jahren um einen Prozentpunkt höher liegt, also bei 4,5 %, und Sie weiterhin nach insgesamt 34,5 Jahren die Finanzierung zurückgezahlt haben möchten, bleibt es in etwa bei einer Rate von knapp 2.000 EUR.

Kleiner Hinweis am Rande: Wenn das Zinsniveau wesentlich niedriger ist (so, wie wir es bis zum Frühjahr 2022 hatten), ist es immens wichtig, mit einer höheren Tilgung zu arbeiten, damit das Risiko der höheren monatlichen Rate (durch das Zinsänderungsrisiko) nach Ablauf der Zinsbindung minimiert wird.

Aufgrund des niedrigen Zinsniveaus bis Frühjahr 2022 waren Banken aus gutem Grund dazu übergegangen, eine anfängliche Mindesttilgung von 2 Prozent, teilweise sogar von 3 Prozent zu verlangen. Denn das oben aufgeführte Zahlenbeispiel wird umso dramatischer, je niedriger das Zinsniveau ist. Zuzeiten sehr niedriger Zinsen ergab sich selbst bei einer Zinsbindung von 15 Jahren und 1 Prozent Zinssteigerung eine wesentlich höhere Rate bei der Anschlussfinanzierung.

Die klassische Finanzierung mit zehn Jahren Festzins und mit 1 Prozent anfänglicher Tilgung funktioniert nur, wenn das Zinsniveau bei etwa 3,5 Prozent Zinsen und höher liegt. Dann sind die Darlehen nach 30 bis 40 Jahren zurückgezahlt. Bei einem Zinsniveau von 1 bis 2 Prozent und mit einer anfänglichen Tilgung von nur 1 Prozent hätten Sie eine Gesamtlaufzeit von 55 bis 70 Jahren (je nach Zinssatz).

Warum ich von anfänglicher Tilgung spreche und warum Sie bei einem höheren Zinsniveau mit gleicher anfänglicher Tilgung das Darlehen viel schneller tilgen, das erfahren Sie im Kapitel über das Annuitätendarlehen.

2. Die finanzierende Bank macht eine sogenannte Bonitätsprüfung.

Dabei werden Ihre Einnahmen und Ausgaben und auch das Verhältnis Ihrer Vermögenswerte zu den Verbindlichkeiten betrachtet. Der Zinssatz, den Sie über einen Online-Rechner bekommen, ist auf Basis eines bestimmten Musterkunden kalkuliert, also zum Beispiel eines Kunden mit einem hohen, sicheren Einkommen, vorhandenen Vermögenswerten und ohne weitere Kredite.

Wenn Sie dann ein Angebot dieses Darlehensgebers anfordern, könnte es sein, dass Sie aus dem „Raster" herausfallen, weil Sie beispielsweise einen Ratenkredit laufen haben oder weil Ihre Einkünfte nicht hoch genug sind. Im schlechtesten Fall wird Ihre Finanzierung vonseiten des Kreditgebers abgelehnt, im besten Fall gibt es „nur" einen Zinsaufschlag.

3. Wie viel Eigengeld können Sie einbringen?

Es scheint auf den ersten Blick sehr einfach. Sie geben im Feld „Kaufpreis" den entsprechenden Wert an und im Feld „Eigenkapital" ebenso. Dann bekommen Sie einen Zinssatz vom System ausgeworfen. Der Zinssatz wird auf Grundlage der zu finanzierenden Summe im Verhältnis zum Objektwert ermittelt. Doch der Objektwert ist nicht automatisch identisch mit dem Kaufpreis. Banken ermitteln im Rahmen der Kreditprüfung den sogenannten Beleihungswert (Objektwert aus Sicht der Bank). Dieser kann weit unter dem tatsächlichen Kaufpreis liegen. Dadurch verändert sich das Verhältnis der Finanzierungssumme zum Objektwert und führt zu einem höheren Zinssatz. Hierzu erfahren Sie mehr im nächsten Kapitel „Die richtige Finanzierung finden".

4. Nicht jedes Objekt wird von jeder Bank finanziert.

Sie bekommen von dem Online-Rechner vielleicht ein super Angebot. Doch leider gilt dieses Angebot nicht für bestimmte Objekte, zum Beispiel Holzhäuser oder vielleicht Eigentumswohnungen in einem großen Block. Auch ältere Immobilien und Resthöfe sind teilweise schwer finanzierbar.

5. Welche Sonderwünsche haben Sie?

Bestimmte Sondertilgungsoptionen oder die Möglichkeit einer Ratenveränderung kosten häufig Geld (in Form eines höheren Zinssatzes). Wie hoch soll die Tilgung sein? Manche Banken haben einen Zinsaufschlag für einen hohen Tilgungssatz, andere haben einen Zinsaufschlag, wenn zu wenig getilgt wird. Eine allgemeingültige Regel hierfür gibt es nicht, denn das obliegt der Kalkulation der Bank.

3

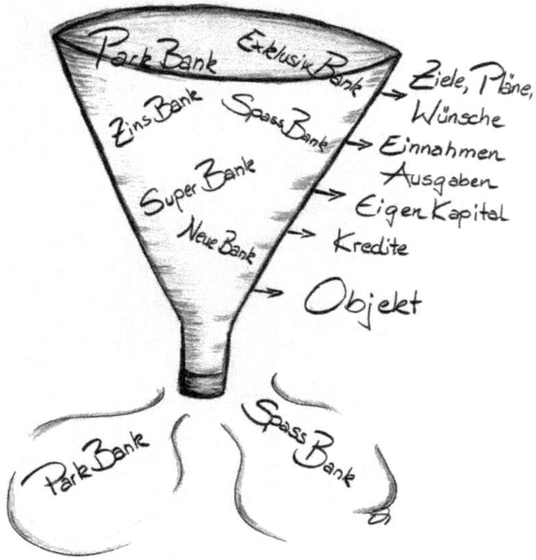

Für diejenigen, die es bildlicher und nicht so zahlenlastig mögen, erläutere ich den Sachverhalt gerne noch einmal anhand eines Trichters: Stellen Sie sich einen Trichter vor. Oben werden alle Banken hineingefüllt. Unten kommt die Bank heraus, die für Ihre Finanzierung genau die richtige ist. Im Trichter selbst gibt es verschiedene Stufen. Das sind die Prüfstufen, die bei den Kreditinstituten in der Regel angewendet werden. Welche Bank also unten aus dem Trichter herauskommt, hängt von ganz individuellen Faktoren ab. Mit Glück ist es tatsächlich die Bank, welche die günstigsten Konditionen im

Online-Portal angeboten hat. In den meisten Fällen kommt am Ende jedoch ein anderes Kreditinstitut dabei heraus.

Grundsätzlich ist zu sagen: Je schlechter die Bonität aus Sicht der Bank ist, je weniger Eigengeld eingebracht wird, je mehr Wünsche an die Finanzierung bestehen und je schwieriger das Objekt aus Sicht der Bank ist, umso weniger Banken werden Ihre Finanzierung begleiten wollen.

Oder positiv ausgedrückt: Kreditgeber finanzieren am liebsten Kunden mit einem sicheren und möglichst hohen regelmäßigen Einkommen (verbunden mit möglichst geringen monatlichen Ausgaben), ohne Kredite, mit viel Eigenkapital, und ein Objekt, welches sich auf jeden Fall immer wieder gut veräußern lässt. Wenn diese Kriterien bei Ihnen zutreffen, dann werden viele Banken Ihre Finanzierung begleiten wollen und Ihnen Top-Konditionen anbieten.

Die richtige Finanzierung finden

4

Finanzierungswünsche

Wie sieht denn nun die perfekte Finanzierungslösung aus? Was gilt es zu beachten? Sollte man den Soll- oder den Effektivzins vergleichen? Ist die günstigste Finanzierung auch gleichzeitig die beste? Auf all diese Fragen gibt es eine klare Antwort: Es kommt darauf an ...

Und zwar auf Ihre persönlichen Vorstellungen, Wünsche und Ziele sowie auf Ihre persönliche Lebenssituation. Die perfekte Finanzierungslösung für den einen ist wenig sinnvoll für den anderen.

Jede Kundin, jeder Kunde ist individuell. Jeder hat seine eigenen Vorstellungen. So ist dem einen Sicherheit wichtig, dem anderen Flexibilität. Die eine Person wünscht ein Darlehen mit Zins und Tilgung, eine andere bevorzugt eine Finanzierung über einen Bausparvertrag. Doch sortieren wir das Ganze mal:

In meinen Beratungsgesprächen mit Kunden habe ich folgende typische Wünsche gehört:

- Ich möchte einen möglichst günstigen Zins haben.
- Die monatliche Rate soll möglichst niedrig sein.
- Ich möchte möglichst wenig Eigengeld einsetzen.
- Die Flexibilität soll groß sein (z. B. durch Sondertilgungen).
- Das Darlehen soll eine möglichst lange Zinsbindung haben.
- Ich möchte bis zur Rente auf jeden Fall alles bezahlt haben.

So oder so ähnlich heißt es häufig. Doch viele Wünsche schließen einander aus. Ich stelle das gerne anhand eines Sechsecks dar, welches ich das magische Sechseck der Finanzierungsberatung nenne. Magisch ist es deswegen, weil Sie niemals all diese Wünsche mit einer Finanzierungslösung abdecken können, da sich bestimmte Wünsche widersprechen.

Magisches Sechseck der Finanzierungswünsche

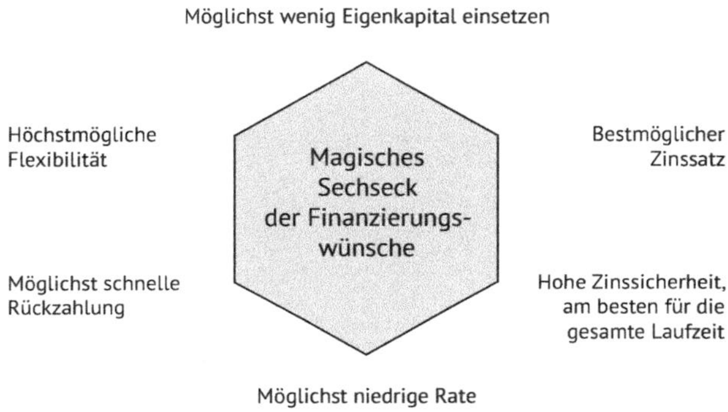

Die Bezeichnungen sind bewusst unkonkret bzw. relativ gehalten, denn die Frage ist ja: Was bedeuten *niedrige* Zinsen, *wenig* Eigengeld, *niedrige* Rate etc.? Das kommt darauf an ... Worauf, das erfahren Sie weiter unten im Text.

Die meisten Kunden haben zunächst einmal den Wunsch, einen möglichst niedrigen Zins zu erhalten, und dieser Wunsch ist auch absolut nachvollziehbar. Die Ernüchterung kommt oft, wenn die individuellen Wünsche hinzukommen.

Damit jedoch die folgenden Erläuterungen und Beispiele zum magischen Sechseck für Sie nachvollziehbarer werden, gibt es noch einen kleinen Exkurs zu vier wichtigen Begriffen im Bereich der Immobilienfinanzierung.

Wichtige Begriffe der Immobilienfinanzierung

Wenn Sie anfangen, sich mit dem Thema „Finanzierung“ zu beschäftigen, werden Ihnen die folgenden vier Begriffe immer wieder begegnen. Sie zu kennen hilft, Finanzierungsangebote und deren Zinskonstellationen besser zu verstehen, und sie helfen auch zu verstehen, warum die Finanzierung bei der einen Bank funktioniert und bei einer anderen Bank nicht.

Achtung: Ich nutze für den Laien verständliche Formulierungen und Begriffe. Wenn Sie die genauen Definitionen nachlesen möchten, finden Sie diese in den verschiedenen Gesetzen, zum Beispiel in der Beleihungswertermittlungsverordnung, im Baugesetzbuch und der Immobilienwertermittlungsverordnung. Bei den vier Begriffen handelt es sich um die Folgenden:

- der Verkehrswert
- der Beleihungswert und
- der Beleihungsauslauf
- die Beleihungsgrenze

Was ist der Verkehrswert?

Der Verkehrswert ist der aktuelle Marktwert einer Immobilie. Das kann der tatsächlich gezahlte Kaufpreis sein oder es kann der Wert sein, den ein Gutachter oder die Bank nach einem Verkehrswertgutachten ermittelt hat. Der Verkehrswert ist immer stichtagsbezogen und hängt von den aktuellen Marktgegebenheiten ab. Er stellt also den realistischen, aktuellen (möglichen oder tatsächlichen) Kaufpreis dar. Für Käufer und Verkäufer ist es der entscheidende Wert. Die Banken rechnen jedoch mit einem anderen Wert, dem sogenannten Beleihungswert.

Was ist der Beleihungswert?

Der Beleihungswert ist der Wert einer Immobilie aus Sicht der Bank. Im Gegensatz zum Verkehrswert stellt er nicht den tagesaktuellen Marktwert, sondern den nachhaltig erzielbaren Wiederverkaufswert dar. Die Bank muss hier nach bestimmten Vorgaben sehr vorsichtig kalkulieren. Der Beleihungswert darf niemals höher sein als der tatsächlich gezahlte Kaufpreis oder der ermittelte Verkehrswert. In den meisten Fällen liegt er unter dem Verkehrswert, vor allen in Zeiten, in denen utopisch hohe Preise in bestimmten Lagen gezahlt werden.

Wertermittlung von Immobilien

Für die Wertermittlung von Immobilien (unabhängig davon, ob es sich um eine Verkehrswertermittlung oder eine Beleihungswertermittlung handelt) gibt es drei anerkannte Verfahren:

1. das Sachwertverfahren

   Beim Sachwertverfahren wird der (Bau-)Wert des Gebäudes aufgrund von aktuellen Baukosten und Ausstattungsmerkmalen berechnet. Hinzu kommt der Wert des Grund und Bodens. Ich sage in der Kurzform gern: Der Sachwert stellt den Wert des Grundstücks und der Baumaterialien dar, die darauf verbaut sind.

2. das Ertragswertverfahren

   Hier werden zur Wertermittlung ausschließlich (die tatsächlichen oder möglichen) Mieten zugrunde gelegt. Je höher also die Mieteinnahme ist, desto höher ist der Wert des Gebäudes. Auch bei diesem Verfahren kommt noch der Wert des Grundstücks mit hinzu. Für jemanden, der eine Immobilie zur Vermietung kaufen möchte, ist dies der wichtigste Wert.

3. das Vergleichswertverfahren

   Dieses Verfahren macht genau das, was aus dem Namen hervorgeht: Es vergleicht! Und zwar die (angebotenen oder erzielten) Kaufpreise von anderen (ähnlichen) Immobilien in der gleichen Region. Angewendet wird es häufig bei Eigentumswohnungen, Reihenhäusern, Siedlungshäusern und bei Grundstücken. Wichtig hierbei ist, dass die Immobilien wirklich vergleichbar sind.

Wenn eine Bank ein Gutachten für den Beleihungswert erstellt, wendet sie in der Regel zwei der beiden Verfahren an und ermittelt aus den beiden unterschiedlichen Werten den Beleihungswert. Ähnlich ist es bei Verkehrswertgutachten, die durch einen Gutachter erstellt werden. Bei solchen Gutachten müssen mindestens zwei dieser Verfahren angewendet werden, um auf einen Verkehrswert zu kommen.

Teilweise können bei der gleichen Immobilie sehr unterschiedliche Werte herauskommen.

Beispiel 1:

Ein Gutachter ermittelt den Verkehrswert für eine Luxusimmobilie irgendwo auf dem „platten Land" in einer sehr bevölkerungsarmen und vielleicht auch nicht sonderlich beliebten Gegend. Durch die verwendeten Baumaterialien und die luxuriöse Ausstattung kommt er auf einen sehr hohen Sachwert.

Parallel erstellt er den Ertragswert. Da es eventuell keinen Markt für Vermietungen von Luxusimmobilien in der Gegend gibt, sind die erzielbaren Mieteinkünfte gering. Da der Ertragswert auf Grundlage dieser möglichen Mieteinkünfte erstellt wird, ist auch der ermittelte Wert im Vergleich zum Sachwert nicht allzu hoch. In einem solchen Fall wird es einen Mittelwert zwischen beiden Werten geben, wobei der Gutachter den Schwerpunkt und die Gewichtung bestimmen kann.

Beispiel 2:

In einer beliebten Großstadt wird eine Eigentumswohnung verkauft. Die Eigentumswohnung ist in einem relativ schlechten Zustand, das Gebäude ist alt und hat Sanierungsbedarf. Der Sachwert, also der reine (Zustands-)Wert des Gebäudes zuzüglich des anteiligen Grundstücks, wird recht gering sein. Dennoch ist es eine Wohnung, die sich großer Nachfrage erfreut, weil sie in einem Trendstadtteil liegt, in dem viele Menschen wohnen wollen. In einem solchen Fall kann eine recht hohe Miete genommen werden. Eine hohe Miete bedeutet auch gleichzeitig einen hohen Ertragswert. In diesem Fall ist es also umgekehrt. Der Sachwert wird niedrig ausfallen und der Ertragswert hoch. Auch hier kann der Gutachter entsprechend gewichten. Allerdings muss er seine Gewichtungen stets begründen.

In der Bankenwelt ist es ähnlich, nur dass hier nicht mit dem Verkehrswert, sondern mit dem Beleihungswert (also dem nachhaltig erzielbaren Wiederverkaufswert) gerechnet wird. Und dieser Beleihungswert ist Grundlage für den Beleihungsauslauf.

Was ist der Beleihungsauslauf?

Der Beleihungsauslauf sagt aus, wie viel Prozent vom Beleihungswert finanziert werden müssen.

Beispiel:

Der Kaufpreis beträgt 500.000 EUR, die zu finanzierende Summe 400.000 EUR. Dann beträgt der Beleihungsauslauf 80 %.

Berechnung: 400.000 : 500.000 × 100 = 80

Vom Beleihungsauslauf hängt der Zinssatz ab und ob eine Finanzierung bei einem Kreditinstitut darstellbar ist oder nicht. Kreditinstitute haben grundsätzlich eine Vorgabe, bis zu welchem Beleihungsauslauf sie Finanzierungen begleiten können. Wie hoch der maximale Beleihungsauslauf sein darf, ist von Kreditinstitut zu Kreditinstitut unterschiedlich. Typische Obergrenzen (auch Beleihungsgrenzen genannt) sind 60, 80, 90 und 100 Prozent. Nur wenige Kreditinstitute finanzieren mehr als 100 Prozent vom Beleihungswert. Dabei passiert das recht schnell. Doch dazu mehr beim Thema „Beleihungsgrenze".

Warum gibt es einen so ausführlichen Exkurs zu den unterschiedlichen Objektwerten? Einfache Antwort: Um die Sprache des Kreditberaters zu verstehen. Des Weiteren ist es sinnvoll zu wissen, wie das mit den Zinssätzen funktioniert und warum die meisten Lockangebote nicht funktionieren. Außerdem strahlen Sie Kompetenz aus, wenn Sie Ihren Finanzierungsberater fragen: Wie hoch ist denn der Beleihungsauslauf und wie viel Eigengeld muss ich noch investieren, um den nächstbesseren Zinssatz zu bekommen?

Ein typisches Beispiel für Missverständnisse

Ein Kunde erwirbt eine Immobilie in Schleswig-Holstein zu einem Kaufpreis von 400.000 Euro. Laut Verkehrswertgutachten ist sie 500.000 Euro wert. Der Kunde freut sich, weil er denkt, dass er somit automatisch eine 80-Prozent-Finanzierung hat. Doch weit gefehlt, denn die Bank interessiert sich nicht für den Verkehrswert laut Gutachten und auch der Kaufpreis ist nicht der endgültig entscheidende Wert. Für den Kreditgeber ist der Beleihungswert relevant.

Die Bank berechnet also ihrerseits den Beleihungswert. Das kann entweder durch eine tatsächliche Wertermittlung erfolgen oder aber durch einen pauschalen Abschlag zum Kaufpreis. Typischerweise wird als Beleihungswert gerne der Kaufpreis abzüglich 10 Prozent angesetzt.

Somit ergeben sich nun folgende Werte:

- Wert gemäß Verkehrswertgutachten: 500.000 Euro
- tatsächlicher Kaufpreis: 400.000 Euro (z. B. weil es eine Zwangsversteigerung oder ein Notverkauf war)
- Beleihungswert: 360.000 Euro (400.000 Euro Kaufpreis abzüglich 10 % Sicherheitsabschlag)

Zum Kaufpreis kommen noch einige Nebenkosten hinzu (Näheres hierzu in Kapitel 6). Die Kaufnebenkosten werden auf den tatsächlich gezahlten Kaufpreis fällig. In unserem Beispiel kommen noch folgende Kauf-Nebenkosten hinzu:

- Grunderwerbsteuer (Schleswig-Holstein = 6,5 % auf 400.000 Euro): 26.000 Euro
- Notar- und Gerichtskosten (kalkuliert mit 2 % auf 400.000 Euro): 8.000 Euro
- Maklerkosten fallen keine an

Die Investitionssumme (Kaufpreis zuzüglich Nebenkosten) beträgt somit 434.000 Euro. Unser Beispielkunde möchte die Nebenkosten, also 34.000 Euro, aus Eigenkapital zahlen. Er braucht also ein Darlehen von 400.000 Euro.

Wenn unser Beispielkunde noch nie etwas vom Beleihungswert gehört hat, könnte seine Sicht der Dinge wie folgt sein (und ich bin mit genau diesen Betrachtungsweisen in meiner Beratungspraxis regelmäßig konfrontiert worden):

Variante 1:

„Wenn ich ein Objekt mit einem Wert von 500.000 Euro kaufe und nur 400.000 Euro an Darlehen brauche, dann habe ich doch automatisch schon eine 80-Prozent-Finanzierung und somit einen guten Zins!" (Berechnung: 500.000 : 400.000 × 100)

Diese Betrachtung ist aus Sicht der Bank leider komplett falsch, weil als Beleihungswert niemals mehr als der tatsächlich gezahlte Kaufpreis angesetzt werden darf.

Variante 2:

„Ich zahle 400.000 Euro Kaufpreis und finanziere diese Summe auch. Damit komme ich auf eine 100-Prozent-Finanzierung!"

Diese Variante kann funktionieren, vorausgesetzt, die Bank setzt den Kaufpreis als Beleihungswert an. Bei vielen Banken sieht die Praxis jedoch anders aus.

Unsere Beispielbank hat den Beleihungswert bei 360.000 Euro angesetzt. Unser Kunde möchte 400.000 Euro finanzieren. Das bedeutet, er muss mehr als 100 Prozent vom Objektwert (aus Sicht der Bank) finanzieren. Der Beleihungsauslauf liegt somit bei 111,11 Prozent (Berechnung: 400.000 : 360.000 × 100). Wenn diese Bank nun nur bis 100 Prozent des Beleihungswertes finanziert, braucht der Kunde entweder 40.000 Euro mehr Eigengeld oder er muss ein sogenanntes Nachrangdarlehen abschließen (hierzu mehr in Kapitel 5).

Welche Fragen sollten gestellt werden, um die richtige Finanzierung zu finden?

Kommen wir zurück zum magischen Sechseck. Natürlich wünscht sich jeder, der eine Immobilie finanzieren möchte, möglichst niedrige Zinsen. Doch die tatsächliche Höhe der Zinsen hängt sehr stark von den Wünschen an die Finanzierung ab. Schauen wir uns die einzelnen Punkte im magischen Sechseck etwas genauer an:

Den niedrigsten Finanzierungszins bekommt man aktuell (Stand Frühjahr 2022), wenn man eine zehnjährige Zinsbindung vereinbart, möglichst 50 Prozent Eigengeld einbringt und keine Sondertilgung oder Tilgungssatzänderung wünscht (Tilgungssatz = Rückzahlungssatz).

Folgende Wünsche verändern den Zins:

- Sie wünschen Sondertilgungsmöglichkeiten. Bei einigen Banken sind bis zu 5 Prozent Sondertilgungsoption kostenfrei dabei, bei anderen gibt es dafür einen Zinsaufschlag. 10 Prozent Sondertilgung bieten nur wenige Kreditinstitute an. Wenn Sie auf jeden Fall 10 Prozent Sondertilgung wünschen, dann bedeutet das entweder einen Zinszuschlag oder Sie müssen eine andere, vielleicht teurere Bank auswählen, die Ihnen die gewünschte Sondertilgungsoption anbieten kann.
- Sie möchten die Möglichkeit haben, Ihre Rate während der Laufzeit des Darlehens zu verändern (Tilgungssatzwechseloption). Hier gilt das Gleiche wie bei der Sondertilgung: Einige Banken bieten es kostenfrei an, bei anderen gibt es hierfür einen Zinsaufschlag. Viele Kreditinstitute bieten es aber gar nicht erst an und fallen bei diesem Wunsch komplett heraus. Wenn eine Ratenzahlungsveränderung auf jeden Fall mitvereinbart werden soll, muss ggf. eine Bank mit höheren Zinsen ausgewählt werden.
- Sie möchten wenig oder gar kein Eigengeld in die Finanzierung einbringen. Hier stellt sich weniger die Frage nach dem niedrigsten Zins, sondern eher danach, welche Bank Ihre Finanzierung überhaupt begleiten kann. Die Machbarkeit steht im Vordergrund, die Frage nach dem Zins wird eher nebensächlich.
- Sie wünschen eine langfristige Zinssicherheit. Doch eine längere Zinssicherheit kostet Geld in Form eines höheren Zinssatzes (im Vergleich zu einer Zinsbindung von beispielsweise zehn Jahren). Der höhere Zins macht sich auf zwei Ebenen bemerkbar. Zum

einen durch den Zinsaufschlag, zum anderen aber auch dadurch, dass nicht jeder Kreditgeber lange Zinsbindungsfristen anbietet.

Doch was bedeutet überhaupt lange Zinsbindung? Von wie vielen Jahren sprechen wir dabei? Zinsbindungen von 15 Jahren werden noch von recht vielen Banken angeboten. Einige Kreditinstitute bieten auch 20 Jahre an. Doch bei mehr als 20 Jahren Zinsbindung kommen nur noch wenige Kreditinstitute infrage. Aktuell gibt es lediglich zwei Anbieter, die 30 oder sogar bis zu 40 Jahre Zinsbindung anbieten (Stand März 2022). Doch eine Zinssicherheit von 30 oder mehr Jahren kostet natürlich entsprechend Geld. Kleiner Hinweis am Rande: Auch über Bausparkassen kann eine Zinssicherheit von 30 und mehr Jahren dargestellt werden. Doch auch diese Finanzierungsvariante kostet entsprechend mehr Geld.

Dass Sicherheit Geld kostet, ist total normal. Das finden Sie auch in vielen anderen Bereichen des Lebens. Je mehr Sicherheit Sie beispielsweise in Ihre Wohnung einbauen, desto teurer wird es (ein Sicherheitsschloss ist noch recht günstig, die Direktüberwachung durch einen Sicherheitsdienst kostet entsprechend mehr). Auch im Bereich der Geldanlage gilt: Je sicherer (und verfügbarer) das Geld angelegt werden soll, desto weniger Zinsen bzw. Rendite gibt es (z. B. Giro- oder Sparkonto). Je risikoreicher oder langfristiger das Geld angelegt wird, desto mehr Rendite können Sie erwarten. Mehr Rendite gibt es also nur mit dem Risiko, dass das angelegte Geld auch weniger werden könnte (z. B. Aktienanlage). Möchte man Sicherheit in der Geldanlage, ist die Rendite meist sehr gering.

- Sie möchten eine niedrige Tilgung, um eine möglichst günstige monatliche Rate zu haben, dann verlängert sich die Rückzahlungszeit. Im aktuellen Zinsniveau bedeutet beispielsweise eine Tilgung von 2 Prozent, dass ein Darlehen ca. 40 Jahre Laufzeit hat. Wenn das Ganze mit dem Wunsch gekoppelt ist, nach 30 Jahren fertig zu sein, dann muss die Rate zwangsläufig erhöht oder es müssen Sondertilgungen geleistet werden.

Hinweis:

Sollten Sie sich für eine 10- oder 15-jährige Zinsbindung entscheiden, dann beachten Sie bitte unbedingt die Restschuld nach Ablauf der Zinsbindung. Lassen Sie sich ausrechnen, wie hoch die Finanzierungsrate wäre, wenn das Zinsniveau beispielsweise um 2 Prozent oder mehr steigen sollte (mit gleicher Gesamtlaufzeit). Alternativ lassen Sie sich bitte berechnen, wie lange das Darlehen laufen würde, wenn Sie bei einem beispielsweise 2 Prozent höheren Zins die gleiche Rate behalten würden.

Je nach Zinsniveau und Tilgungssatz kann es passieren, dass Sie selbst nach Ablauf der Zinsbindung eine höhere Rate zahlen, wenn das Zinsniveau um nur 1 Prozentpunkt angestiegen ist. Besonders stark ist diese Gefahr, wenn Sie zu Beginn einen niedrigen Tilgungssatz vereinbart haben und somit nach Ablauf von zehn oder 15 Jahren noch eine entsprechend hohe Restschuld haben.

4 Diese Beispiele sollen Ihnen zeigen, wie wichtig es ist, sich im Vorfeld darüber Gedanken zu machen, welche Kriterien Ihnen bei der Wahl der Finanzierung besonders wichtig sind. Hier eine Liste von Fragen, die Sie sich im Vorfeld selbst beantworten sollten:

- Wie viel Eigengeld können oder wollen Sie einbringen?
- Wie hoch ist Ihre Wunschrate, wie hoch wäre die maximal mögliche Rate?
- Wie wichtig sind Ihnen Möglichkeiten der Sondertilgung oder die Möglichkeit einer Ratenveränderung?
- Wenn Sie Sondertilgungen leisten möchten, in welcher Höhe werden diese voraussichtlich sein? Sich darüber Gedanken zu machen, ist insofern sinnvoll, weil einige Kreditinstitute zwar beispielsweise eine 5-prozentige Sondertilgungsmöglichkeit anbieten, diese jedoch an eine Mindesthöhe koppeln. Wenn die Mindesthöhe einer Sondertilgung beispielsweise bei 2.500 Euro liegt, Sie jedoch nur 500 Euro pro Jahr zusätzlich einzahlen können oder wollen, dann müssten Sie fünf Jahre lang sparen, um diese Sondertilgung leisten zu können.
- Wie wichtig ist Ihnen die Zinssicherheit? Wie viel Risiko sind Sie bereit einzugehen, um einen möglichst niedrigen Zins zu bekommen?

Denken Sie bitte auch strategisch und langfristig. Auch, wenn sich die Finanzierung durch die Mieteinnahmen tragen sollte, machen

Sie sich bitte über folgende Beispiele Gedanken, da eine Miete auch mal für mehrere Monate ausfallen kann.

Beispiel 1:

Sie planen, sich selbstständig zu machen.

Überlegung 1: Ist die Finanzierung dann noch tragbar? Gibt es beispielsweise ein zweites Gehalt durch den Partner/die Partnerin?

Überlegung 2: Wie viel Flexibilität wünschen Sie (z. B. Veränderung der Ratenhöhe durch Tilgungssatzänderung, wenn sich die Einkünfte verändern)?

Überlegung 3 (im Falle einer Selbstständigkeit fast die wichtigste): Sie sollten sich nach Möglichkeit nicht in den drei Jahren vor Ablauf der Zinsbindung selbstständig machen. Die Bonitätsprüfung (Prüfung Ihrer Zahlungsfähigkeit) ist bei einem Selbstständigen sehr viel strenger. In den ersten drei Jahren einer Selbstständigkeit ist eine Finanzierung nahezu ausgeschlossen. Das bedeutet, wenn Sie beispielsweise eine Zinsbindung von zehn Jahren vereinbart haben und Sie machen sich im achten Jahr selbstständig, dass es dann mit einer Weiterfinanzierung der Immobilie recht kritisch werden könnte. Eventuell müsste die Immobilie dann verkauft werden.

4

Beispiel 2:

Sie planen, eine Familie zu gründen.

Überlegung 1: Ist die Finanzierung noch tragbar, wenn ein Gehalt durch Elterngeld ersetzt wird? Was passiert, wenn ein Elternteil beispielsweise länger zu Hause bleibt oder bleiben muss (aufgrund des Betreuungsanspruchs durch das Kind) als geplant und die Elterngeldzeit abgelaufen ist?

Überlegung 2: Wie viel Flexibilität wünschen Sie (beispielsweise Veränderung der Ratenhöhe durch Tilgungssatzänderung bei Veränderung der Einkünfte)?

Überlegung 3: Je größer die Kinder werden, desto höher sind oft die Kosten. Ist die Finanzierung dennoch langfristig tragbar, auch, wenn die Mieteinnahme aus irgendwelchen Gründen ausfallen würde?

Beispiel 3:

Das Darlehen ist bei Renteneintritt nicht getilgt.

Überlegung 1: Reicht die Rente aus, um nach wie vor die Finanzierung zu bedienen?

Überlegung 2: Können eventuell anfallende Sanierungs- und Modernisierungsmaßnahmen aus Eigengeld gezahlt werden? Falls nicht, reicht die Rente aus, um für eventuell notwendige Maßnahmen ein zusätzliches Darlehen aufzunehmen? (Achtung: Darlehensaufnahme im Rentenalter ist oftmals kompliziert aufgrund der Wohnimmobilienkreditrichtlinie.)

Je besser Sie sich im Vorfeld auf das Gespräch mit Ihrem Finanzierungsberater vorbereiten und je genauer Sie Ihre eigenen Wünsche, Pläne und Ziele im Finanzierungsbereich kennen, desto besser wird das Finanzierungsangebot auch zu Ihnen passen. Anders ausgedrückt: Sie werden sehr schnell feststellen, ob der Finanzierungsberater auf Ihre Wünsche eingeht und entsprechende Darlehensformen anbietet, oder ob er nur ein bestimmtes Produkt verkaufen möchte.

Das Darlehen

5

Grundsätzliches

Vielleicht stehen Sie noch ganz am Anfang Ihrer Immobiliensuche. Sie fragen sich vielleicht, wie teuer darf eine Immobilie überhaupt sein? Was würde die Bank mir finanzieren? Wie viel Darlehen kann ich mir mit der Höhe der Kaltmiete, die ich aus der Vermietung bekomme, überhaupt leisten?

Meistens prallen zwei unterschiedliche Ansichten aufeinander:

- Die Betrachtungsweise des Kunden:

  Die meisten Käufer von vermieteten Wohnungen haben den Wunsch, dass das Darlehen komplett aus den Mieteinnahmen heraus bezahlt wird. Je nach Höhe der Kaltmiete und je nachdem, wie viel Eigenkapital eingesetzt und welcher Tilgungssatz (= Rückzahlungssatz) gewählt wird, bleibt vielleicht sogar monatlich noch Geld übrig. Dies sollte dann optimalerweise (zumindest teilweise) in Rücklagen fließen, damit eventuelle Modernisierungsmaßnahmen oder Sanierungsmaßnahmen daraus bezahlt werden können, ohne ein neues Darlehen aufnehmen zu müssen.

  Immobilieninteressenten betrachten die vermietete Immobilie häufig als eigene Finanzeinheit, nach dem Motto: Das trägt sich von allein und sollte von der Finanzierungsseite her kein Problem sein.

  Aus Sicht des Kunden stellt sich die Situation wie folgt dar:

  - Das Darlehen wird aus den Mieteinnahmen gezahlt, somit muss ich meine eigenen Finanzen gar nicht offenlegen.
  - Der Kreditgeber hat die Immobilie als Sicherheit. Somit geht die kreditgebende Bank doch gar kein Risiko ein.

- Die Betrachtungsweise der Bank:

  Der Kreditgeber muss sich stets die gesamte Bonität des Kunden anschauen. Ihm ist es sogar verboten, ein Darlehen ausschließlich auf das Objekt abzustellen. Hierfür gibt es nicht nur einschlägige Gesetzesartikel im Kreditwesengesetz (KRWG), sondern sogar im Bürgerlichen Gesetzbuch (BGB).

Kreditwürdigkeitsprüfung

Um die Kreditprüfer und deren Argumentation besser zu verstehen, hier ein kleiner Exkurs ins BGB. Übrigens finden sich genau die gleichen Formulierungen auch in § 18a KRWG wieder.

Exkurs: Kreditwürdigkeitsprüfung im BGB

In § 505a Abs. 1 BGB findet sich folgende Formulierung:

> **§ 505a Abs. 1 BGB**
>
> Der Darlehensgeber hat vor dem Abschluss eines Verbraucherdarlehensvertrags die Kreditwürdigkeit des Darlehensnehmers zu prüfen. Der Darlehensgeber darf den Verbraucherdarlehensvertrag nur abschließen, wenn aus der Kreditwürdigkeitsprüfung hervorgeht, dass bei einem Allgemein-Verbraucherdarlehensvertrag keine erheblichen Zweifel daran bestehen, und dass es bei einem Immobiliar-Darlehensvertrag wahrscheinlich ist, dass der Darlehensnehmer seinen Verpflichtungen, die im Zusammenhang mit dem Darlehensvertrag stehen, vertragsgemäß nachkommen wird.

Wenn Sie jetzt nur Fragezeichen im Gesicht haben, ist das durchaus nachvollziehbar, deswegen gibt es eine kleine Übersetzungshilfe zu den beiden Begrifflichkeiten Immobiliar-Verbraucherdarlehensvertrag und Allgemein-Verbraucherdarlehensvertrag:

Zum einen steckt in beiden Darlehensarten das Wort „Verbraucher". Es handelt sich also um nicht gewerbliche Darlehen. Sobald eine Gesellschaft für den Immobilienkauf gegründet wird (z. B. eine GmbH oder eine GbR), könnte das Thema „Verbraucher" – je nach Auslegung bzw. Kreditrichtlinien vonseiten der Bank – umgangen werden.

Zum anderen werden hier zwei unterschiedliche Darlehensarten unterschieden.

Nach § 491 BGB gibt es drei Varianten, ein Verbraucherdarlehen als Immobiliar-Verbraucherdarlehen zu definieren:

1. Jedes Darlehen, welches gegen Grundschuld abgesichert ist.
2. Jedes Darlehen, welches zum rechtlichen Eigentumserwerb dient.
3. Jedes Darlehen, welches zum rechtlichen Eigentumserhalt genutzt wird.

Alle anderen Darlehen fallen in die Kategorie Allgemein-Verbraucherdarlehensvertrag.

Warum ist diese Unterscheidung notwendig? Auch hierauf gibt der oben zitierte § 505a BGB eine Antwort: Die Kreditwürdigkeitsprüfung ist unterschiedlich. Die Kreditwürdigkeitsprüfung für ein Immobiliendarlehen ist wesentlich strenger.

Banken dürfen Kredite nur vergeben, wenn ein Verbraucher sich diesen auch leisten kann. Zugespitzt kann man sagen: Der Kunde hat ein Recht auf Kreditablehnung – zum Schutz vor Überschuldung. Schauen wir uns die Formulierungen noch einmal genau an:

Bei einem Allgemein-Verbraucherdarlehensvertrag dürfen „keine erheblichen Zweifel" daran bestehen, dass der Darlehensnehmer seinen Darlehensverpflichtungen nachkommen wird. Diese Formulierung klingt logisch und ist nachvollziehbar. Warum sollte eine Bank auch ein Darlehen vergeben, wenn erhebliche Zweifel an der Rückzahlung bestehen?

Wesentlich strenger ist die Formulierung bei den Immobiliar-Verbraucherdarlehen. Hier definiert der oben zitierte Paragraf, dass eine Rückzahlung „wahrscheinlich" sein muss. Das impliziert, dass der Kreditprüfer sehr genau dokumentieren muss, warum die Rückzahlung wahrscheinlich ist – auch über die Zinsbindungsfrist hinaus. So darf ein Immobiliar-Verbraucherdarlehen nicht mehr vergeben werden, wenn die Rückzahlung beispielsweise aufgrund des Alters oder aufgrund von unregelmäßigen Einkünften nicht wahrscheinlich erscheint. Diese Formulierung sorgt auch dafür, dass teilweise schon 35-Jährige eine Renteninformation zur Kreditprüfung einreichen müssen, denn es könnte ja sein, dass das Darlehen im Alter noch nicht komplett zurückgeführt ist.

Nun könnte ein Einwand lauten: „Die Bank hat doch die Immobilie als Sicherheit! Somit ist die Rückzahlung doch auf alle Fälle gesichert." Doch genau hier kommt der § 505b BGB erschwerend hinzu. In Absatz 2 findet sich folgende Formulierung:

§ 505b Abs. 2 BGB

Bei Immobiliar-Verbraucherdarlehensverträgen hat der Darlehensgeber die Kreditwürdigkeit des Darlehensnehmers auf der Grundlage notwendiger, ausreichender und angemessener Informationen zu Einkommen, Ausgaben sowie anderen finanziellen und wirtschaftlichen Umständen des Darlehensnehmers eingehend zu prüfen. Dabei hat der Darlehensgeber die Faktoren angemessen zu berücksichtigen, die für die Einschätzung relevant sind, ob

> der Darlehensnehmer seinen Verpflichtungen aus dem Darlehensvertrag voraussichtlich nachkommen kann. Die Kreditwürdigkeitsprüfung darf sich nicht hauptsächlich darauf stützen, dass der Wert der Wohnimmobilie den Darlehensbetrag übersteigt, oder auf die Annahme, dass der Wert der Wohnimmobilie zunimmt, es sei denn, der Darlehensvertrag dient zum Bau oder zur Renovierung der Wohnimmobilie.

Übersetzt heißt das: Ein Darlehen darf nicht nur aufgrund der Immobiliensicherheit vergeben werden, sondern muss aus den regelmäßigen Einkünften des Darlehensnehmers bedient werden können. Aus diesem Grund kann eine vermietete Immobilie nicht separat als Finanzeinheit gesehen werden.

Die Gesetzestexte gehen hier noch viel weiter. Es wird genau definiert, wann jemand als Verbraucher handelt (auch jeder Unternehmer ist privat ein Verbraucher), welche Rechtsfolgen eine „nicht ordnungsgemäße Kreditwürdigkeitsprüfung" für die Bank hat und vieles mehr.

Ein Kreditgeber muss also eine komplette Kreditwürdigkeitsprüfung mit allen Einnahmen, Ausgaben, Vermögen und Verbindlichkeiten durchführen. Der Immobilienkäufer wird als Gesamtheit gesehen. Das ist insofern auch logisch und nachvollziehbar, weil ein Darlehen auch dann bezahlt werden muss, wenn die Kaltmiete einmal ausfallen sollte.

Natürlich rechnet die Bank die Kaltmiete zu den Einkünften mit hinzu. Jedoch nicht komplett. Meistens wird hier entweder ein Abschlag von 25 Prozent von der Kaltmiete berechnet oder es wird eine Pauschale pro Quadratmeter Wohnfläche als Nebenkosten berücksichtigt (ca. 1,50 bis 2 Euro pro Quadratmeter Wohnfläche bei einer vermieteten Immobilie).

Hintergrund: Nicht die gesamte Kaltmiete kann als Einkommen betrachtet werden, da zusätzliche Kosten hiervon bezahlt werden müssen. Dazu gehören zum einen Verwaltungskosten, Bankgebühren, Reparaturkosten und Instandhaltungskosten. Man nennt sie die „nicht umlagefähigen Kosten". Zum anderen gehört das Mietausfallwagnis dazu.

Für die persönlichen Ausgaben rechnen Banken mit Pauschalen. Wie hoch diese für Lebenshaltungskosten sind, ist von Kreditinstitut zu Kreditinstitut etwas unterschiedlich. Entweder wird eine Pauschale pro Person im Haushalt berechnet oder es werden beispielsweise 40 Prozent vom Nettoeinkommen als Lebenshaltungskosten angesetzt. Typische Pauschalbeträge pro Monat sind: 600 bis 800 Euro für die erste Person im Haushalt, 1.000 Euro bei zwei Personen im Haushalt, für jedes Kind werden nochmal 200 bis 300 Euro hinzugerechnet.

Dann gibt es, wie oben schon erwähnt, die Pauschalen für die Nebenkosten der Immobilie. Wenn der Kreditnehmer im selbst genutzten Eigentum wohnt, werden hierfür meist 2,50 bis 3,00 Euro pro Quadratmeter Wohnfläche berechnet. Weiterhin berechnen manche Banken (vor allem die Sparkassen) eine Pauschale pro Auto im Haushalt. Diese liegt bei etwa 250 Euro.

Beispiel:

4-Personen-Haushalt (zwei Erwachsene, zwei Kinder):
Es gibt ein Auto im Haushalt.

Lebenshaltungspauschale für 2 Personen:	1.000 EUR
Lebenshaltungspauschale für die Kinder:	500 EUR
Pauschale für das Auto:	250 EUR
Gesamt:	1.750 EUR

Hinzu kommen sonstige Ausgaben, zum Beispiel Ausgaben für Wohnen (Miete oder Finanzierungsraten für das Eigentum sowie Nebenkosten für Immobilien), sonstige Kredite, Leasingraten, außergewöhnliche monatliche Ausgaben etc. Dagegen stehen die

Einnahmen aus dem eigenen Einkommen, Mieteinnahmen, Einnahmen aus Gewerbebetrieb, Nebeneinkünfte etc. Kindergeld und Unterhaltseinkünfte werden nur bedingt angerechnet. Hier agieren die Kreditinstitute unterschiedlich.

Die Differenz zwischen Einnahmen und Ausgaben ergibt die freie Liquidität, die für eine Finanzierung genutzt werden kann. Wenn eine vermietete Immobilie finanziert werden soll, rechnen Banken häufig noch einen Sicherheitspuffer mit ein. So müssen beispielsweise *nach* Finanzierung noch mindestens 250 Euro oder mehr an Liquidität übrig bleiben oder es muss noch Kapital für Mietausfall zur Verfügung stehen.

Weiterhin prüft das Kreditinstitut:

- Welche Gehaltsstruktur liegt vor?
- Sind es gleichbleibende Einkünfte oder gibt es Schwankungen?
- Wurde das Durchschnittsgehalt oder das niedrigste Monatsgehalt angesetzt?
- Wie ist die Finanzierung auch in finanziell schwierigeren Monaten zu bedienen?

Hinweis:

Da Banken in der Regel mit Pauschalen rechnen, ist es wichtig, sich über seine Finanzen genaue Gedanken zu machen. Wie viel Geld geben Sie tatsächlich aus? Passen die Pauschalen zu Ihrem Ausgabenverhalten? Gerade, wenn Sie mehr Geld ausgeben, als das, was an Pauschalen angesetzt wird, ist Unzufriedenheit bis hin zum finanziellen Chaos vorprogrammiert. Bitte informieren Sie sich auch genau über die bisherigen Nebenkosten der Immobilie. Gerade bei älteren Objekten passen die Pauschalen pro Quadratmeter Wohnfläche nicht unbedingt. Welche Energiekosten, Kosten für Müllabfuhr, Grundsteuer etc. sind in der Vergangenheit tatsächlich angefallen? In meinen Kundengesprächen hatte ich dazu häufig folgende Reaktionen: „So hoch werden die Pauschalen angesetzt? Das gebe ich doch nie im Leben im Monat aus!" Oder: „So wenig wird angesetzt? Damit komme ich absolut nicht aus!" Genau aus diesem Grund empfehle ich, dass Sie sich im Vorfeld ein genaues Bild von Ihren Finanzen, also von ihren Einnahmen und Ausgaben, machen, damit Ihre Finanzierung nicht zum Desaster wird.

Wie viel Darlehen kann ich mir leisten?

Beantworten Sie dazu folgende Fragen:

- Wie viel erhalten Sie an Kaltmiete aus der Vermietung? Ziehen Sie hiervon bitte einen Sicherheitspuffer von 25 Prozent ab.
- Wie viel sparen Sie aktuell monatlich? Kann und soll dieses Geld für eine Finanzierung mitverwendet werden?

Wenn Sie mit Ihren Einnahmen gut auskommen, könnten Sie diese beiden Positionen als höchstmögliche Rate ansetzen. Es sei denn, Sie möchten weiterhin einen bestimmten Betrag sparen, dann setzen Sie nur die Kaltmiete abzüglich Sicherheitspuffer an.

Mal angenommen, Sie erhalten 800 Euro Kaltmiete. Nun ziehen Sie hiervon 25 Prozent ab. Im Ergebnis kommen Sie auf 600 Euro Liquidität aus der vermieteten Wohnung. Angenommen, Sie möchten sogar ein Zweifamilienhaus kaufen, um eine Einheit selbst zu nutzen und die andere zu vermieten. Sie planen für Ihre eigene Wohneinheit 400 Euro. Das würde einer Gesamtrate von 1.000 Euro
5 entsprechen (zuzüglich monatliche Nebenkosten der Immobilie).

Wenn Sie diese 1.000 Euro für Ihre Finanzierung aufwenden wollen, dann müssen Sie damit sowohl die Zinsen als auch die Tilgung (= Rückzahlung) bezahlen. Zins und Tilgung zusammen ergibt die monatliche Annuität (dies wird genauer im nächsten Kapitel beschrieben).

Sie können nun eine beliebige Annuität ansetzen, zum Beispiel 6 Prozent. Diese könnten sich wie folgt aufteilen:

- 2 % Zinsen, 4 % Tilgung,
- 3 % Zinsen, 3 % Tilgung oder
- 4 % Zinsen, 2 % Tilgung.

Bei 6 Prozent Annuität gehen Sie aktuell auf „Nummer sicher" (Stand Sommer 2022). Wenn Sie beispielsweise nur 3 Prozent Zinsen zahlen und 2 Prozent tilgen wollen, hätten Sie eine Gesamtannuität von 5 Prozent. Wie Sie es in so einer Konstellation geschickt aufteilen, sodass Sie höchstmögliche Steuervorteile haben, das schauen wir uns später an.

Im Jahr 2022 war der Zinsmarkt extrem veränderlich. Anfang des Jahres waren in der einen Woche Negativzinsen im Gespräch und in der nächsten Woche wurde wieder vor steigenden Zinsen gewarnt.

Ab Frühjahr 2022 stiegen die Zinsen massiv an. Es bleibt spannend und abzuwarten, was die Finanzierungszukunft mit sich bringt. Im Sommer 2022 waren Negativzinsen zumindest kaum noch vorstellbar.

Deswegen gehe ich hier vom „klassischen Modell" aus, also dass Sie Zinsen für ein Darlehen bezahlen und nicht Zinsen für ein Darlehen von der Bank erhalten (was bei Negativzinsen der Fall wäre).

Beispiel 1:

Sie möchten mit einer Annuität von 5 Prozent kalkulieren. Die Rate von 1.000 EUR entspricht dann also diesen 5 % Annuität. Annuität bedeutet „jährliche Rückzahlung", somit muss korrekterweise die Rate auf das Jahr berechnet werden: 12 × 1.000 EUR = 12.000 EUR pro Jahr

Wie viel Darlehen können Sie nun mit diesen 12.000 EUR bedienen? Hierfür brauchen Sie einen Dreisatz. Der eine oder andere erinnert sich bestimmt an die Matheaufgaben, mit denen wir in der Schule gequält worden sind. Aber keine Angst, der nächste Rechenschritt ist ganz einfach.

Berechnung der maximalen Kreditsumme: 12.000 EUR : 5 % × 100 = 240.000 EUR

Im nächsten Schritt schauen Sie, wie viel Eigengeld Sie einbringen können oder wollen, zum Beispiel 50.000 EUR.

240.000 EUR zuzüglich 50.000 EUR ergibt eine Gesamt-Investitionssumme von 290.000 EUR. Davon muss nicht nur der Kaufpreis, sondern auch alle Kaufnebenkosten gezahlt werden.

Welche Kaufnebenkosten können anfallen?

1. Grunderwerbsteuer (Je nach Bundesland müssen zwischen 3,5 % und 6,5 % gezahlt werden. In unserem Beispiel nehmen wir an, dass die Immobilie in Nordrhein-Westfalen liegt, also 6,5 % Grunderwerbsteuer fällig werden.)
2. Notar- und Gerichtskosten (Sie liegen zwischen 1,5 % und 2 %, in unserem Beispiel nehmen wir 2 % an.)
3. Maklerkosten (Sie liegen zwischen 0 % und 6 % zzgl. Mehrwertsteuer. In unserem Beispiel sind es 6 % zzgl. Mehrwertsteuer., also insgesamt 7,14 %.)

5

In diesem Fall haben wir also Nebenkosten von insgesamt 15,64 %.

Die 290.000 EUR Gesamtinvestition enthalten die Nebenkosten von 15,64 % (290.000 EUR entsprechen 115,64 %).

Um den höchstmöglichen Kaufpreis zu ermitteln, müssen wir diese nun entsprechend wie folgt herausrechnen:

290.000 EUR : 115,64 % × 100 = 250.778,28 EUR

Der maximale Kaufpreis der Immobilie dürfte in diesem Fall bei 251.000 EUR liegen.

Die Veränderung von Rahmendaten könnte diese Rechnung stark verändern.

5

Beispiel 2:

Wir nehmen als Grundlage wieder die 1.000 EUR Wunschrate und Eigenkapital von 50.000 EUR. In der folgenden Berechnung wird jedoch mit nur 3,5 % Annuität gerechnet (z. B. 1 % Zinsen, 2,5 % Tilgung).

Des Weiteren liegt die Grunderwerbsteuer nur bei 3,5 % (z. B. in Bayern oder Sachsen) und es fallen keine Maklerkosten an. Wie hoch darf der Kaufpreis bei diesen Rahmendaten sein?

1. Berechnung der maximalen Finanzierungssumme:
   a. 1.000 EUR × 12 = 12.000 EUR (pro Jahr)
   b. 12.000 EUR : 3,5 % × 100 = 342.857,14 EUR, aufgerundet 343.000 EUR
2. Berechnung der Gesamt-Investitionssumme inkl. Kaufnebenkosten:

   343.000 EUR + 50.000 EUR Eigengeld = 393.000 EUR
3. Berechnung des maximalen Kaufpreises:
   a. Nebenkosten gesamt: 3,5 % (Grunderwerbsteuer) + 2 % Notar- und Gerichtskosten = 5,5 % gesamte Kaufnebenkosten
   b. 393.000 EUR entsprechen 105,5 %, daraus folgt:

      393.000 EUR : 105,5 % × 100 = 372.511,85 EUR, also rund 372.500 EUR maximaler Kaufpreis.

Diese beiden Beispiele machen deutlich, wie wichtig es ist, mit den richtigen Rahmendaten zu rechnen. Meine Empfehlung: Gehen Sie eher vorsichtig an so eine Berechnung heran, dann sind Sie im Zweifel auf der sicheren Seite.

Als Ergebnis könnte man zusammenfassen: Je nachdem, wo sich die Immobilie befindet, wie hoch der Zinssatz ist und wie viel Sie tilgen möchten, könnte der Kaufpreis zwischen 251.000 Euro (sehr konservativ berechnet) und 372.500 Euro (weniger vorsichtig berechnet) liegen.

Folgende eventuelle Kosten sollten (vor allem, wenn Sie eine Einheit tatsächlich selbst nutzen) ebenfalls berücksichtigt werden:

- Fällt für eine gewisse Zeit eine doppelte Belastung an (durch Miete und Finanzierungskosten)?
- Brauchen Sie Geld für Renovierungs- oder Sanierungsmaßnahmen?
- Wie viel Geld brauchen Sie für den Umzug?
- Bei Neubau: Puffer für eventuell höher werdende Kosten (typischerweise bei Fliesen, Auslegeware, sonstige Ausstattungsmerkmale) und für das Richtfest. 5

Die verschiedenen Darlehensarten

Sich als Laie durch den Dschungel der verschiedenen Darlehensarten durchzukämpfen, ist gar nicht so einfach, vor allem, wenn Sie von einem Berater hören, dass die eine Darlehensform genau die richtige für Sie wäre, und von einer anderen Beraterin hören Sie etwas vollkommen anderes. Gerade deswegen – und ich weiß, dass ich mich wiederhole – ist es so wichtig, sich im Vorfeld zu überlegen, was Ihnen wichtig ist und worauf Sie bei einer Finanzierungslösung Wert legen.

Dieses Kapitel gibt Ihnen einen Überblick über die verschiedenen, aktuell häufig am Markt angebotenen Darlehensarten. Sie müssen sich nicht zwangsläufig für eine einzige Darlehensart oder Zinsbindungsfrist entscheiden. Gute Finanzierungslösungen bestehen häufig aus einem Mix aus verschiedenen Varianten. So können Sie beispielsweise ein Darlehen aufteilen auf einen Vertrag mit einer kürzeren Zinsbindungsdauer (welches einen niedrigeren Zinssatz hat) und einen mit einer längeren Zinsbindung. Dann können Sie so viel wie möglich in das Darlehen mit der kürzeren Zinsbindung tilgen und dieses vielleicht sogar optimalerweise während der Zinsbindungsfrist komplett zurückzahlen. Der andere Teilvertrag dient der langfristigen Zinssicherung.

Vielleicht wollen Sie auch in einem Darlehensteil so viel wie möglich zwischendurch sondertilgen. Dann könnte ein Teilvertrag auch als variables Darlehen abgeschlossen werden.

Erinnern Sie sich an das Kapitel über die unterschiedlichen Beratertypen? Ich denke, mit diesen Beispielen wird noch einmal deutlich, wie wertvoll ein Berater oder ein Vermittler ist, der wirklich Ahnung von seinem Job und den unterschiedlichen Möglichkeiten hat und nicht nur Berechnungsprogramme bedienen kann.

Am Ende dieses Kapitels finden Sie einen Exkurs zum Thema „Sollzins und Effektivzins“. Blättern Sie ruhig vor, wenn Sie dieses Wissen haben möchten, bevor Sie sich die einzelnen Darlehensarten anschauen. Und nun: Willkommen im Finanzierungskarussell!

Annuitätendarlehen

Es ist der Klassiker unter den Darlehensarten. Das Annuitätendarlehen ist ein Darlehen, bei dem in der monatlichen Rate sowohl ein Zins- als auch ein Tilgungsanteil berechnet wird. Mit jeder gezahlten Rate wird auch ein kleines bisschen die Restschuld reduziert.

Beispiel:

Ein Kunde nimmt ein Darlehen über 300.000 EUR auf. Der Zins der Bank beträgt 3 % und der Kunde möchte einen anfänglichen Tilgungssatz von 1 % beantragen. Insgesamt zahlt der Darlehensnehmer somit 4 % pro Jahr auf die Darlehenssumme (3 % Zins + 1 % Tilgung). Die Tilgung ist der Rückzahlungsanteil.

Die Rate wird nun wie folgt berechnet:

300.000 EUR × 0,04 (3 % Zins + 1 % Tilgung, also insgesamt 4 %) = 12.000 EUR. Diese 12.000 EUR müssen nun noch durch 12 geteilt werden, um die monatliche Rate zu ermitteln. Diese beträgt demnach 1.000 EUR monatlich.

Doch, was genau ist nun ein Annuitätendarlehen? Der Begriff Annuität bedeutet: Jahreszahlung (von Zinsen und Tilgung). Wie im obigen Beispiel aufgezeigt, wird immer zunächst die Jahresrate berechnet. Anschließend wird die Jahresrate durch die Anzahl der jährlichen Zahlungen geteilt (also durch zwölf bei monatlicher Zahlungsweise, durch vier bei vierteljährlicher Zahlungsweise).

Ein Annuitätendarlehen ist somit ein Darlehen, bei dem eine regelmäßige, gleichbleibende Rate zu zahlen ist (meist monatlich). In dieser Rate ist sowohl ein Zins- als auch ein Tilgungsanteil enthalten.

Wie oben schon erwähnt, wird mit jeder Rate ein kleiner Teil des Darlehens zurückgezahlt. Die Rate bleibt während der Zinsbindungsdauer stets gleich, in unserem Beispiel zahlt der Kunde immer 1.000 Euro bis zum Ende der Zinsbindung. Meistens bleibt am Ende der Zinsbindung noch eine Restschuld übrig.

Als Zinsbindung wird die Zeit der Zinsfestschreibung bezeichnet, also zum Beispiel zehn Jahre, 15 Jahre, 20 Jahre. Das Darlehen ist zu diesem Zeitpunkt häufig noch nicht endgültig zurückgezahlt. Als Laufzeit des Darlehens wird die Gesamtlaufzeit von der ersten Rate bis zur vollständigen Rückzahlung des Darlehens bezeichnet.

Beim Annuitätendarlehen wird der zu zahlende Zinsanteil nur auf die Restschuld berechnet. Die Rate bleibt jedoch während der Zinsbindungsdauer unverändert. Dadurch erhöht sich der Tilgungsanteil mit jeder gezahlten Rate um die ersparten Zinsen. Ein Zahlenbeispiel macht dies deutlicher.

Rahmendaten: 300.000 Euro Darlehen, 1 Prozent Zinsen und 2 Prozent Tilgung.

In der Tabelle sehen Sie der Übersichtlichkeit halber die Jahreswerte in Euro. Die monatliche Rate würde in diesem Fall 750 Euro betragen.

Darlehensstand zu Jahresbeginn in EUR	Zu zahlende Gesamtrate in EUR	Darin enthaltener Zinsanteil in EUR	Darin enthaltener Tilgungsanteil in EUR	Restschuld am Jahresende in EUR
300.000	9.000	3.000,00	6.000,00	294.000,00
294.000	9.000	2.940,00	6.060,00	291.060,00
291.060	9.000	2.910,60	6.089,40	284.970,60

Wenn Sie sich nun die Spalte mit dem Tilgungsanteil anschauen, dann werden Sie feststellen, dass sich dieser jedes Jahr erhöht, da der Zinsanteil sinkt. Die zu zahlende Rate bleibt stets gleich.

Nun dürfte auch klar sein, warum es in den Kreditverträgen „anfänglicher Tilgungssatz" heißt. Würde der Tilgungssatz bei 2 Prozent bleiben und die Zinsen jeweils auf die Restschuld berechnet werde, hätte das eine sinkende Rate zur Folge (da ja die Restschuld sinkt). Noch eine Eselsbrücke: Wenn der Tilgungssatz über die gesamte Laufzeit 2 Prozent betragen würde, dann hätte das Darlehen eine Laufzeit von 50 Jahren (und bei 1 Prozent Tilgung von 100 Jahren). Und auch das nur, wenn die Tilgung stets auf die Ursprungssumme berechnet werden würde (und nicht auf die Restschuld). Dadurch, dass der Tilgungsanteil bei einem Annuitätendarlehen steigt (siehe Tabelle) und der Zinsanteil sinkt, hätte dieses Beispiel-Darlehen eine Gesamtlaufzeit von 40 Jahren und acht Monaten (gleicher Zinssatz während der gesamten Laufzeit vorausgesetzt – wenn nach Ablauf der Zinsbindung ein anderer Zinssatz abgeschlossen wird, würde sich die Rate und/oder die Gesamtlaufzeit entsprechend verändern).

Erinnern Sie sich an meine Aussage, dass ein Darlehen mit einem bestimmten Tilgungssatz (in unserem Beispiel 2 Prozent) bei einem höheren Zinssatz schneller zurückgezahlt ist als bei einem niedrigen Zinssatz? Das klingt für Laien zunächst paradox! Wieso ist ein Darlehen mit einem höheren Zins bei gleichem Tilgungssatz schneller zurückgezahlt? Für Mathematiker völlig klar. Für alle anderen klingt es erst mal komisch.

Das liegt am sogenannten Tilgungs-Tilgungseffekt. Auch das möchte ich Ihnen anhand einer Tabelle verdeutlichen. Wir nehmen das gleiche Beispiel wie in der ersten Tabelle, nur, dass jetzt ein Darlehenszinssatz von 3 Prozent zugrunde gelegt wird. Der anfängliche Tilgungssatz liegt, genau wie im ersten Beispiel, bei 2 Prozent. Die Angaben sind wieder Jahreswerte in Euro.

Darlehensstand zu Jahresbeginn in EUR	Zu zahlende Gesamtrate in EUR	Darin enthaltener Zinsanteil in EUR	Darin enthaltener Tilgungsanteil in EUR	Restschuld am Jahresende in EUR
300.000	15.000	9.000,00	6.000,00	294.000,00
294.000	15.000	8.820,00	6.180,00	287.820,00
287.820	15.000	8.634,60	6.365,40	281.454,60

Schon am Ende des dritten Jahres ist die Restschuld 3.516 Euro geringer als im ersten Beispiel. Die gesamte Darlehenslaufzeit läge in diesem Beispiel bei 30 Jahren und acht Monaten. Es wäre also zehn Jahre früher komplett zurückgezahlt als im ersten Beispiel. Sollte man sich dann nicht über hohe Zinsen freuen, weil ein Darlehen schneller zurückgezahlt wird? Nein, keineswegs! In diesem Beispiel zahlt unser Kunde monatlich 500 Euro mehr als im ersten Beispiel, nämlich 1.250 Euro monatlich statt 750 Euro. Insgesamt hat der Kunde im unteren Beispiel nach drei Jahren also 18.000 Euro mehr bezahlt.

Um diese beiden Darlehen tatsächlich miteinander zu vergleichen, sollte mit der gleichen Rate gerechnet werden. Wie sähe die gleiche Rechnung aus, wenn unser Kunde aus dem ersten Beispiel bei 1 Prozent Zinsen eine Rate von 1.250 Euro (statt 750 Euro) zahlen würde? Bei einer Gesamtrate von 1.250 Euro ergäbe sich daraus ein Tilgungssatz von 4 Prozent. Bei 1 Prozent Zinsen und 4 Prozent Tilgung wäre das Darlehen von 300.000 Euro bereits nach 22 Jahren und fünf Monaten voll getilgt.

Ein bisschen Historie: Zinssätze, wie sie für uns heutzutage völlig normal sind, waren noch Mitte der 1990er-Jahre undenkbar. Ich selbst habe 1996 mit Kunden meine erste Baufinanzierungsberatung gemacht. Ich erinnere mich noch sehr gut daran, wie sehr sich damals meine Kunden freuten, weil der Zins „nur noch" bei 6 Prozent lag. In den Jahren davor waren weitaus höhere Zinsen, teilweise sogar 11 oder 12 Prozent, an der Tagesordnung. Wenn ein Kunde ein Darlehen über 300.000 Euro mit einem Zinssatz von 6 Prozent und einem anfänglichen Tilgungssatz von 1 Prozent abgeschlossen hat, dann kam er auf eine Rate von 1.750 Euro und hatte eine Gesamtlaufzeit von 32 Jahren und acht Monaten.

Dieses Beispiel macht deutlich, warum früher einmal die Standardfinanzierung „10 Jahre fest, 1 Prozent Tilgung" war. Erstens war ein Darlehen mit 1 Prozent Tilgung nach mehr oder weniger 30 Jahren zurückgezahlt, und zweitens waren Zinsbindungen von mehr als zehn Jahren eher unüblich und viel zu teuer.

Der Markt heute ist ein gänzlich anderer. Doch in die Zukunft schauen können wir alle nicht, und niemand weiß, wo in zehn, 20 oder 30 Jahren die Zinssätze liegen werden.

Für wen ist das Annuitätendarlehen die optimale Finanzierungslösung?

- Für alle, die mit jeder gezahlten Rate das Darlehen ein kleines bisschen tilgen wollen.
- Für diejenigen, die während der Zinsbindung einmal oder mehrmals Sondertilgungen direkt in das Darlehen zahlen möchten, um die Darlehenssumme und damit auch die zu zahlenden Zinsen zu reduzieren.
- Für diejenigen, die eine sehr lange Zinsbindung wünschen (z. B. 20 oder mehr Jahre) und das nicht über eine Bausparlösung darstellen wollen.
- Für alle, die eine schnelle Entschuldung durch einen entsprechend hohen Tilgungsanteil wünschen.
- Aber auch für diejenigen, die zunächst einmal eine möglichst niedrige Rate wünschen und deswegen einen möglichst geringen Tilgungsanteil zahlen wollen (eine ähnliche Lösung über ein Bausparprodukt ist häufig in der monatlichen Rate höher).
- Für diejenigen, für die eine schnelle Reduzierung der Zinszahlung wichtiger ist als die steuerlichen Vorteile durch hohe Zinszahlungen.

Den letzten Punkt möchte ich etwas genauer erläutern: Häufig wird von Beratern gesagt, dass eine vermietete Immobilie auf jeden Fall so finanziert werden sollte, dass ein höchstmöglicher Steuerspareffekt dabei ist. Das stimmt nur bedingt! Die wichtige Frage hierbei ist: Was genau ist Ihr Ziel? Geht es primär um das Thema „Steuern sparen"? Oder geht es mehr um das Thema „Kapitalaufbau"?

Viele Interessenten antworten jetzt sicherlich: „Sowohl als auch!" Das darf auch sein. Dennoch rate ich davon ab, Immobilien ausschließlich unter dem Stichwort „Steuern sparen" zu finanzieren. Das darf ein schöner Nebeneffekt sein und es gibt gute Finanzierungsmöglichkeiten hierfür, die Sie in den nächsten Kapiteln noch kennenlernen werden. Wirtschaftlicher (ohne Berücksichtigung eines Steuereffekts) ist häufig die direkte Tilgung durch ein Annuitätendarlehen. Ein einfaches Beispiel macht das deutlich:

Von jedem Euro, den Sie für Zinsen ausgeben, können Sie maximal 45 Prozent (= Spitzensteuersatz) wiederbekommen. Der normale Spitzensteuersatz liegt bei 42 Prozent und wirkt ab einem zu versteuernden Einkommen von 58.597 Euro bei Ledigen und 117.194 Euro bei Verheirateten.

Spitzenverdiener zahlen 45 Prozent. Als Spitzenverdiener zählen Sie bei einem zu versteuernden Einkommen von mehr als 277.826 Euro (Ledige) bzw. 555.652 Euro (Verheiratete). Diese Zahlen sind Stand 2022. Je höher der persönliche Spitzensteuersatz ist, desto mehr lohnt es sich, die Finanzierung steueroptimiert zu gestalten. Ziehen Sie bitte auf jeden Fall Ihren Steuerberater hinzu.

Zum Abschluss gibt es noch einen kleinen Exkurs zu ein paar Begrifflichkeiten.

Exkurs: Zinsbindung, Laufzeit und Volltilgerdarlehen

Zinsbindung: Als Zinsbindung bezeichnet man die Zeit der sogenannten Zinsfestschreibung, zum Beispiel fünf Jahre, zehn Jahre oder 15 Jahre; vereinzelte Kreditinstitute bieten auch Zinsbindungen von 20 bis 40 Jahren an. Am Ende der Zinsbindung ist häufig noch eine Restschuld vorhanden, für die dann ein neuer Zinssatz vereinbart oder eine neue Bank gesucht werden muss.

Laufzeit: Als Laufzeit des Darlehens wird die Zeit ab Aufnahme des Darlehens bis zur vollständigen Rückzahlung bezeichnet. Wenn ein Darlehen aus verschiedenen Komponenten besteht (hierzu mehr im Kapitel über Bausparfinanzierung), dann wird ebenfalls von der Gesamtlaufzeit gesprochen, also der Laufzeit, bis alle Teile des Darlehens komplett getilgt worden sind.

Volltilgerdarlehen: Bezeichnung für ein Annuitätendarlehen, bei dem Zinsbindung und Laufzeit übereinstimmen. Der Tilgungsanteil ist so berechnet, dass das Darlehen am Ende der Zinsbindungsfrist auch komplett zurückgezahlt ist. Es gibt also keine Restschuld mehr am Ende der Zinsbindung.

Tilgungsaussetzungsdarlehen

Das Tilgungsaussetzungsdarlehen wird auch Zinszahlungsdarlehen oder Darlehen gegen Tilgungsaussetzung genannt. Bei dieser Art Darlehen zahlen Sie während der Zinsbindungsdauer lediglich die anfallenden Zinsen. Das Darlehen bleibt während der gesamten Zinsbindungsdauer in voller Höhe bestehen.

Die Tilgung (= Rückzahlung) des Darlehens erfolgt am Ende der Zinsbindungsfrist durch Guthaben. Dieses ist entweder bereits zu Beginn der Darlehenszeit vorhanden (und wird an die Bank abgetreten) oder es wird in anderen Produkten angespart. Aus diesem angesparten Kapital erfolgt die (Teil-)Rückzahlung des Darlehens am Ende der Zinsbindungsfrist.

Welche Gründe könnte ein Kunde dafür haben? Häufig wird diese Darlehensform bei vermieteten Immobilien genutzt. Hintergrund hierfür: Die Zinsen können während der Zinsbindungsdauer als Werbungskosten voll abgesetzt werden und reduzieren damit das zu versteuernde Einkommen. Dadurch, dass der Zinsbetrag, der in der Steuererklärung als Werbungskosten angegeben wird, während der gesamten Zinsbindungsfrist gleich hoch bleibt, ist der höchstmögliche Steuereffekt bei den Zinszahlungen gegeben. Weiterhin vereinfacht es die Steuererklärung, wenn dieser Betrag jedes Jahr in gleicher Höhe anzugeben ist.

Zur Erinnerung: Beim Annuitätendarlehen sinkt die Restschuld und somit der zu zahlende Zinsbetrag mit jeder gezahlten Rate. Je weniger Zinsen ein Kunde zahlt, desto weniger Zinskosten kann er als Werbungskosten in seiner Steuererklärung angeben.

Vorsorglich sei hier erwähnt: Es können nur die Darlehenszinsen, nicht jedoch die Darlehenstilgung als Werbungskosten angegeben werden.

Doch nicht nur die steuerlichen Aspekte könnten ein Grund für diese Darlehensform sein. Auch wenn ein Darlehensnehmer zum Beispiel die Vorteile anderer Produkte nutzen möchte, in denen er seine

Tilgungsleistung anspart, kann ein Tilgungsaussetzungsdarlehen wirtschaftlich sinnvoll sein. So etwas könnte der Fall sein, wenn das Ansparprodukt mehr Zinsen erwirtschaftet, als an Zinsen für das Darlehen zu zahlen ist.

Das Ansparprodukt für die Tilgung eines Darlehens wird auch Tilgungssurrogat genannt. Als Ansparprodukte können beispielsweise folgende Vertragsformen dienen:

1. Ansparung in einen Fondssparplan:

   Die Tilgung des Darlehens wird in einen Investmentfonds gezahlt. Je nachdem, in welchen Investmentfonds gespart wird, kann diese Variante recht risikoreich sein. Sie bietet aber auch hohe (Rendite-)Chancen.

   Häufig wird eine solche Konstellation mit Aktienfonds angeboten. Ziel ist es, eine wesentlich höhere Rendite zu erwirtschaften, als Sie an Zinsen für das Darlehen zahlen.

   Doch Achtung! Investmentfonds, die hohe Renditen erzielen können, sind gleichzeitig mit einem größeren Schwankungsrisiko behaftet! Das bedeutet, dass Sie auch Verluste machen können und Ihr Sparziel (Rückzahlung des Darlehensbetrags) eventuell nicht erreichen. Diese Variante sollten Sie nur wählen, wenn Sie es sich leisten können, ggf. Verluste auszugleichen (z. B. weil Sie noch anderes Kapital für die Rückzahlung des Darlehens zur Verfügung haben).

   Eine Alternative mit Risikopuffer sind Aktienfonds mit Kapitalerhaltungsgarantie. Doch auch hier gilt wie immer: Sicherheit kostet Geld. Bei Investmentfonds heißt es: Sicherheit nimmt Rendite (im Vergleich zu einer Anlage ohne Absicherung). Ob diese abgesicherten Fonds dann wirklich die gewünschte Rendite erbringen, ist fraglich.

2. Ansparung in einem Bausparvertrag:

   Darüber erfahren Sie im nächsten Kapitel mehr.

3. Ansparung in sonstigen Sparverträgen:

   Aktuell uninteressant, weil die Renditen von Sparverträgen nicht der Rede wert sind und große Sparsummen teilweise sogar mit Negativzinsen bestraft werden.

4. Ansparung in einer Lebens- oder Rentenversicherung:

Ein Grund hierfür kann der gewünschte Versicherungsschutz sein, zum Beispiel eine Todesfallabsicherung, eine Berufsunfähigkeitsabsicherung oder eine Erwerbsminderungsrente.

Klassische Verträge haben nur noch minimale bis gar keine Verzinsungen. Verträge auf Fondsbasis unterliegen dem bereits beschriebenen Schwankungsrisiko. Hinzu kommen die relativ hohen Kosten von Kapitalversicherungen. Das reduziert die Rendite zusätzlich.

Meines Erachtens ist eine solche Finanzierung die wirtschaftlich schlechteste Variante, selbst, wenn der entsprechende Versicherungsschutz gewünscht wird. Dieser kann auch über wesentlich günstigere Risikoabsicherungen erfolgen.

Ein Klassiker als Tilgungssurrogat ist der Bausparvertrag. Bausparkassen bieten häufig das Modell „Tilgungsaussetzung gegen Bausparen" an. Doch wie genau funktioniert Bausparen und das Thema „Bausparfinanzierung"? Das schauen wir uns im Folgenden an.

Bausparfinanzierung

Fast jeder hört den Begriff „Bausparvertrag" von Kindesbeinen an. Bausparkassen machen häufig Werbung im Fernsehen oder in den sozialen Medien. Doch kaum jemand, der sich erstmalig mit dem Thema „Immobilienfinanzierung" beschäftigt, weiß, was genau ein Bausparvertrag ist, und vor allem, wie genau er funktioniert.

Spannenderweise habe ich in vielen meiner Seminare festgestellt, dass selbst Personen, die aus der Finanzbranche kommen, sich kaum mit dem (im Grunde genommen einfachen) Produkt „Bausparen" auskennen. Ich bin seit rund 20 Jahren in der Aus- und Weiterbildung in der Finanzbranche tätig, habe Tausende von Teilnehmern auf ihre IHK-Prüfung vorbereitet. Aus meinem Erleben heraus gibt es kaum ein Produkt, welches die Gemüter so sehr scheidet wie Bausparen. Es kreisen so viele Mythen darum. Die einen lieben es, die anderen hassen es. Und wissen Sie was? Beide Seiten haben recht.

Für den einen ist Bausparen die perfekte Lösung und für den anderen ist es einfach nur unnötig teuer. An dieser Stelle möchte ich Ihnen nur einen kurzen Überblick über das Thema „Bausparen" geben, denn es füllt an sich schon ein ganzes Buch.

Typische negative Aussagen über Bausparen sind:

- ist veraltet und überflüssig
- ist viel zu teuer
- ist zu unflexibel
- bringt zu wenig Guthabenzinsen
- man kann maximal 100 Prozent des Beleihungswertes bei selbst genutzten Immobilien und 80 Prozent des Beleihungswertes bei vermieteten Immobilien finanzieren

Typische positive Aussagen sind:

- wird staatlich gefördert
- bringt Sicherheit in die Finanzierung
- super flexibel
- kann auf individuelle Bedürfnisse ausgerichtet werden
- geht in den zweiten Rang im Grundbuch rein (hierzu fachlich später mehr)

Sie sehen, manche Aussagen widersprechen sich komplett, so zum Beispiel die Aussage zur Flexibilität. Was ist es denn nun? Total flexibel oder unflexibel? Die Antwort darauf: Es kommt drauf an ... Am Ende dieses Kapitels wissen Sie, warum beide Seiten Recht haben.

Entscheidend ist, wie so oft, die Perspektive und welcher Teil eines Bausparvertrags angeschaut wird.

Grundlegend gibt es bei einem Bausparvertrag drei Phasen:

- die Ansparphase
- die Zuteilungsphase
- die Darlehensphase

Wie lang jede Phase ist, was in jeder Phase zu zahlen ist und wie flexibel oder unflexibel der Bausparvertrag ist, hängt zum einen vom Tarif, aber vor allem auch von der Bausparsumme ab. Die Höhe der Bausparsumme ist ein entscheidender Faktor dafür, ob ein Bausparvertrag sinnvoll oder unsinnig ist. Es handelt sich um die Gesamtsumme, die irgendwann ausgezahlt werden soll. Auf Grundlage der Bausparsumme wird die Abschlussgebühr berechnet, die je nach Bausparkasse zwischen 1 und 1,8 Prozent liegt.

Von der Bausparsumme wiederum hängt ab, wie hoch das Sparziel ist. Dieses beträgt (je nach Tarif) zwischen 30 und 50 Prozent der

Bausparsumme. Der Einfachheit halber verwende ich im Folgenden die Variante, dass 40 Prozent der Bausparsumme angespart werden müssen.

Die Differenz zwischen Bausparsumme und Guthaben wird nach Zuteilung (also am Ende der Ansparzeit) in Form eines Darlehens ausgezahlt, welches für sogenannte wohnwirtschaftliche Maßnahmen genutzt werden muss. Was zu den wohnwirtschaftlichen Maßnahmen gehört, wird im Bausparkassengesetz genau definiert. So gehört die Renovierung einer Wohnung definitiv dazu, der Kauf eines Wohnmobils jedoch nicht. Die Verpflichtung zur wohnwirtschaftlichen Verwendung gilt nur für das Darlehen, nicht für das Guthaben.

Phase 1: Ansparphase

Nehmen wir an, die Bausparsumme beträgt 100.000 Euro. Es müssen 40 Prozent angespart werden, 60 Prozent können als Darlehen ausgezahlt werden. In dieser Phase werden die 40.000 Euro Guthaben

angespart. Da das Bauspardarlehen wahrscheinlich zu einem bestimmten Zeitpunkt zur Verfügung stehen soll (z. B. nach zehn oder 15 Jahren), muss die Ansparrate genau berechnet werden. Wird hier die Rate zu niedrig angesetzt (typische Aussage von Vermittlern: „Sie können ja erst einmal mit einem kleinen Betrag anfangen"), gibt es spätestens dann Frust, wenn die Bausparsumme zur Verfügung stehen soll und nicht ausgezahlt werden kann, weil das Guthaben noch nicht hoch genug ist.

Mal angenommen, Sie möchten mit 100 Euro monatlich anfangen. Dann brauchen Sie bei einer Abschlussgebühr von 1 Prozent, also 1.000 Euro, allein zehn Monate, um die Abschlussgebühr zu bezahlen. Da die Guthabenzinsen aktuell bei einem Bausparvertrag sehr niedrig sind (dafür gibt es im Gegenzug sehr niedrige Darlehenszinsen), wird das kaum während der Laufzeit wieder aufgeholt. Um 40.000 Euro (also 40 Prozent) Guthaben zu erreichen, brauchen Sie bei 100 Euro Sparrate mehr als 30 Jahre (ca. 32 Jahre, je nach Tarif). Wenn Sie jedoch schon nach zehn Jahren über den Bausparvertrag verfügen wollen, haben Sie gerade mal ein Guthaben von ca. 12.000 Euro (eventuell sogar weniger aufgrund der hohen Abschlussgebühr und den niedrigen Zinsen). Ich denke, dieses Beispiel zeigt auf, wie „Bausparhasser" geboren werden – nämlich genau durch diese Art der falschen Beratung. Warum schließen Vermittler gerne besonders hohe Bausparsummen ab? Sie erhalten auf Grundlage der gezahlten Abschlussgebühr ihre Provisionen. Leider muss man sagen, dass so ein Bausparvertrag nur einem nutzt: dem Vermittler, der auf Grundlage der Abschlussgebühr seine Provisionen erhält. Ein fairer, guter Vermittler bzw. Berater berechnet Ihnen eine realistische Bausparsumme, die genau zu Ihrer Gesamtfinanzierung passt.

Kommen wir zu den positiven Aspekten eines Bausparvertrags: Bausparen kann ein hervorragendes Zinssicherungsinstrument sein. Wenn die Sparrate richtig berechnet wird (in diesem Fall ca. 330 Euro monatlich), dann können Sie nach zehn Jahren über ein Darlehen in Höhe von 60.000 Euro verfügen mit einem Zinssatz, der heute schon feststeht (unabhängig davon, welcher Zinssatz am Markt vorhanden ist). Hier sehen Sie einen der ganz großen Vorteile des Bausparens: Es ist ein Zinssicherungsprodukt. Sie sichern sich langfristig die heute günstigen Zinsen, unabhängig davon, wann Sie Ihr Bauspardarlehen in Anspruch nehmen möchten.

Thema „Abschlussgebühr“: Wie bereits erwähnt, kostet Sicherheit stets Geld! Das ist auch in diesem Fall so. Mit der Abschlussgebühr eines Bausparvertrags kaufen Sie sich Sicherheit.

Das Tolle am Bausparen ist, dass Sie sich die Zinsen nicht nur zehn Jahre im Voraus sichern können, sondern auch 15, 20 oder mehr Jahre.

Die Sparphase kann genau kalkuliert werden. Es sollte im Beratungsgespräch darüber gesprochen werden, wann genau Sie über die gesamte Bausparsumme (also Guthaben und Darlehen) verfügen möchten.

Phase 2: Zuteilungsphase

Hierbei handelt es sich vielmehr um einen Zuteilungszeitpunkt, nicht um eine Phase. Es ist der Zeitpunkt, an dem alle Kriterien für die Auszahlung der gesamten Bausparsumme erfüllt sind. Es heißt jedoch Zuteilungsphase, weil Bausparkassen vom Gesetz her keinen festen Zuteilungszeitpunkt garantieren dürfen. Hintergrund: Bausparkassen sind ein in sich geschlossenes System. Wenn nicht genug Geld in der Bausparkasse vorhanden ist (durch die Sparer), dann darf auch kein Darlehen ausgezahlt werden.

Bausparkassen handeln quasi nach einem Solidarprinzip. Es ist wie eine große Gemeinschaft. Viele Sparer zahlen ein. Wenn genug Geld da ist, dann können die Darlehen ausgezahlt werden. Doch keine Angst! Seit Jahrzehnten haben die großen Bausparkassen stets so viel Geld in ihren Kassen, dass die Darlehen zu den geplanten Zeitpunkten ausgezahlt werden konnten.

Doch der Auszahlungszeitpunkt des einzelnen Bausparers ist abhängig von verschiedenen Kriterien: Eines dieser Kriterien ist das Guthaben. Der Sparer muss ein bestimmtes Mindestguthaben erreichen, bevor er über sein Guthaben inklusive des Bauspardarlehens verfügen kann. Weitere Kriterien sind:

- Welcher Tarif wurde abgeschlossen?
- Wie hoch wurde regelmäßig gespart?
- Wie lange läuft der Vertrag schon? (Es gibt bestimmte Mindestlaufzeiten.)
- Wann und in welcher Höhe wurden Sonderzahlungen geleistet?

Die Berechnung des Zuteilungszeitpunktes ist komplex und soll hier nicht weiter betrachtet werden. Lassen Sie sich bitte unbedingt Beispielrechnungen von Ihrem Berater geben, aus denen hervorgeht, wann genau Sie über Ihr Guthaben inklusive Darlehen verfügen können. Lassen Sie sich nicht nur durch niedrige Darlehenszinsen blenden, sondern schauen Sie darauf, welche Rückzahlungsrate Sie monatlich zu bezahlen haben, wenn Sie das Darlehen in Anspruch nehmen. Doch dazu später mehr.

Die Guthabenzinsen bei Bausparverträgen sind ausgesprochen gering. Nun könnte man ja auf die Idee kommen, einen Bausparvertrag abzuschließen, in einem anderen Produkt Guthaben anzusparen und dieses kurz vor dem gewünschten Zuteilungszeitpunkt in den Bausparvertrag einzuzahlen. Das funktioniert leider nicht, sonst würde es ja auch jeder machen! Wie schon erwähnt, funktioniert das System Bausparen (Darlehenszinsen unabhängig von den Marktzinsen) nur, wenn die Bausparkasse genug Sparer und somit genug Kapital hat, um auch Darlehen zu vergeben.

Regelmäßiges Sparen wird beim Bausparen mit schnellerer Zuteilung belohnt. Da Bausparkassen nicht genau wissen, wie viel Geld innerhalb der Bausparkasse tatsächlich in zehn, 20 oder noch mehr Jahren zur Verfügung steht, ist es ihnen verboten, einen Zuteilungszeitpunkt zu garantieren. Das zählen Kritiker des Bausparens oft als negativen Punkt auf.

Fakt ist allerdings, dass ich es in meiner mehr fast 30-jährigen Finanzberatungskarriere noch nicht erlebt habe, dass Bausparer kein Darlehen bekommen haben, weil die Bausparkasse nicht genug Geld „im Topf" hatte. (In den Achtzigern bis Mitte der 1990er-Jahre soll es das jedoch durchaus mal bei einer Bausparkasse gegeben haben, dass Kunden längere Zeit, also Monate bis teilweise Jahre, auf eine Darlehensauszahlung warten mussten.)

Meinen Seminarteilnehmern und -teilnehmerinnen erkläre ich Bausparen gerne mit folgender (nicht mathematischer, aber sinnbildlicher) Formel:

Bausparen ist Geld × Zeit × Zins

Je länger die Ansparphase dauert, desto länger kann man sich mit der Darlehensrückzahlung Zeit lassen und desto niedriger ist die Darlehensrate. Wenn ein Tarif gewählt wird, bei dem der Bausparvertrag in fünf Jahren zugeteilt werden soll, dann muss oft auch das Bauspardarlehen in relativ kurzer Zeit (also ebenfalls +/– fünf Jahre) zurückgezahlt werden. Daraus folgt, dass die Rückzahlungsrate voraussichtlich recht hoch sein wird.

Viele Tarife sind zusätzlich wie folgt kalkuliert: Bei Tarifen mit schneller Rückzahlung sind die Darlehenszinsen oft viel niedriger (ca. 1 % Darlehenszinsen, Stand Frühjahr 2022), als wenn eine Rückzahlungsdauer von zehn, 15 oder mehr Jahren gewünscht wird (dann ist bei vielen Tarifen eine Zwei vor dem Komma, oft 2,5 oder 2,75 %).

Außerdem ist es oft so, dass bei Tarifen mit einem sehr niedrigen Darlehenszins 50 Prozent der Bausparsumme angespart werden muss, damit sie zugeteilt werden kann. Tarife mit 30 Prozent der Bausparsumme als Sparziel haben dagegen eher höhere Darlehenszinsen. Die Darlehenszinsen sind also vom Tarif und nicht vom Marktumfeld abhängig.

Doch nicht nur die Darlehenszinsen und Laufzeit des Vertrags stehen im direkten Zusammenhang mit der Höhe der Spar- und der Rückzahlungsrate, sondern auch der Zuteilungszeitpunkt. Gerade, weil alles miteinander zusammenhängt, erläutere ich es gerne mit der Formel:

Geld × Zeit × Zins.

Klingt komplex, ist es auch! Deswegen lassen Sie sich Ihren Bausparvertrag bitte ganz genau kalkulieren, damit Sie nicht zum Bausparhasser werden!

Damit kommen wir auch direkt zur dritten Phase eines Bausparvertrags, der Darlehensphase.

Phase 3: Darlehensphase

Vieles, was die Darlehensphase ausmacht, haben Sie bereits in den ersten beiden Phasen gelesen. Die Höhe der Darlehensrate steht bei Abschluss des Bausparvertrags bereits fest, da sie in Promille von der Bausparsumme berechnet wird.

Beispiel:

Sie haben eine Bausparsumme von 100.000 EUR in einem Tarif mit 6 ‰ Rückzahlungsrate. Dann wissen Sie schon heute, dass Sie für Ihr Bauspardarlehen 600 EUR monatlich zahlen werden. Dabei spielt es keine Rolle, ob Sie 40.000, 45.000 oder 50.000 EUR angespart haben. Ein höheres Guthaben reduziert nur Ihre Bausparsumme. Bei 45.000 EUR angespartem Guthaben bekämen Sie noch 55.000 EUR Darlehen ausbezahlt.

Aus dem Grunde sagen viele Bausparhasser, diese Art der Finanzierung sei unflexibel. Andere wiederum sagen, Bausparen und Bauspardarlehen seien sehr flexibel, denn es gibt in der Darlehensphase drei Besonderheiten, die Sie bei keinem Annuitätendarlehen in dieser Form haben:

1. Sie können die Rate jederzeit, so oft Sie wollen, nach oben hin verändern (leider nur nach oben hin, deswegen ist eine genaue Kalkulation schon zum Zeitpunkt des Abschlusses so wichtig).
2. Sie können so viele Sondertilgungen leisten, wie Sie möchten.
3. Das Bauspardarlehen kann im zweiten Rang des Grundbuchs eingetragen werden (bis 100 Prozent bzw. 80 Prozent des Beleihungsauslaufs, je nachdem, ob es sich um eine vermietete oder selbst genutzte Immobilie handelt). Besonders interessant hierbei ist, dass es keinen Zinsaufschlag dafür gibt – im Gegensatz zu Bankdarlehen. Nachrangige Annuitäten- oder sonstige Darlehen haben oft hohe Zinsaufschläge und sind damit sehr

teuer, wenn sie im Grundbuch nicht im ersten Rang abgesichert werden können.

Das Thema Beleihungsauslauf haben Sie bereits kennengelernt. Mal angenommen, Sie müssen insgesamt 100 Prozent des Beleihungswertes finanzieren. Wenn Sie diese 100-Prozent-Finanzierung über ein einziges Kreditinstitut laufen lassen, dann hätten Sie einen entsprechend hohen Zins zu zahlen (nämlich den Zins für einen Beleihungsauslauf von 100 Prozent). Einige Banken würden die Finanzierung aufgrund des hohen Beleihungsauslaufs gar nicht begleiten. Andere Kreditinstitute nehmen einen entsprechend hohen Zins im Vergleich zu einem Darlehen mit zum Beispiel nur 80 Prozent Beleihungsauslauf. In so einem Fall ist ein zuteilungsreifer Bausparvertrag bares Geld wert.

Stellen Sie sich vor, Sie könnten 20 Prozent der Darlehenssumme über ein Bauspardarlehen abdecken, welches im Grundbuch im zweiten Rang abgesichert werden kann. Dann bekämen Sie für die verbleibenden 80 Prozent des Darlehens einen wesentlich günstigeren Zins (denn es sind ja aus Sicht der Bank nur noch 80 Prozent zu finanzieren) und hätten sehr viel mehr Banken zur Auswahl, was sich wiederum günstig auf den Zins und sonstige Konditionen wie Sondertilgung etc. auswirken kann. Dieser Riesen-Zinsvorteil (auf die gesamte Laufzeit gesehen) ist oft um ein Vielfaches höher als das, was Sie an Abschlussgebühren für den Bausparvertrag zahlen müssen.

Sie sehen also, beide Seiten haben recht:

- Die Darlehensrate ist unflexibel, weil sie nicht nach unten angepasst werden kann. Auf der anderen Seite ist sie jedoch sehr flexibel, wenn Sie mehr zahlen möchten (in Form einer höheren Rate). Hinzu kommt die Möglichkeit, jederzeit Sondertilgungen in beliebiger Höhe leisten zu dürfen (anders als bei Annuitätendarlehen).
- Bausparen ist teuer, wenn man nur das Produkt an sich betrachtet. Wenn man sich jedoch darüber klar wird, dass man sich zum einen Sicherheit erkauft und zum anderen ggf. eine Zinsersparnis für die restliche Finanzierung, dann ist in vielen Fällen die Beimischung eines Bausparvertrags ausgesprochen günstig.

Je nach Lebens- und Finanzierungssituation kann Bausparen ein wunderbarer Finanzierungsbaustein sein. Eine besonders sinnvolle

Einsatzmöglichkeit stelle ich Ihnen noch in Kapitel 6 vor, wenn es um gemischt genutzte Immobilien geht (z. B. ein Doppelhaus, in dem eine Hälfte vermietet und die andere selbst bewohnt wird).

Exkurs: Staatliche Förderung

Da es in diesem Buch um Immobilienfinanzierung geht, werden weitere Aspekte eines Bausparvertrags an dieser Stelle nur kurz angerissen. Ein Bausparvertrag wird unterschiedlich von staatlicher Seite her gefördert.

1. Die Riesterförderung: Diese können Sie in bestimmte Bausparverträge einfließen lassen. Die Riesterförderung darf jedoch nur bei selbst genutzten Immobilien für die Finanzierung genutzt werden.

2. Die Arbeitnehmersparzulage: Sie können Ihre vermögenswirksamen Leistungen in einen Bausparvertrag zahlen. Je nach Einkommen zahlt Ihnen der Staat dann noch 9 Prozent Arbeitnehmersparzulage auf maximal 470 Euro im Jahr dazu. (Einkommensgrenze: 17.900 Euro bei Ledigen und 35.800 Euro zu versteuerndem Jahreseinkommen bei Verheirateten, Voraussetzung ist der Arbeitnehmerstatus, Stand April 2022.)

3. Die Wohnungsbauprämie: Die dritte Fördermöglichkeit ist die sogenannte Wohnungsbauprämie. Pro Person werden bis zu 700 Euro Sparleistung pro Jahr mit 10 Prozent Wohnungsbauprämie (kurz WoP) pro Jahr gefördert. Die Einkommensgrenze hierbei liegt bei 35.000 Euro zu versteuerndem Einkommen für Ledige und 70.000 Euro für Verheiratete.

Beide Förderungen, also die Arbeitnehmersparzulage und die Wohnungsbauprämie, können in ein und denselben Vertrag fließen. Für die Wohnungsbauprämie gilt: Diese wird nur ausgezahlt, wenn sowohl das Guthaben als auch das Darlehen wohnwirtschaftlich verwendet werden. Ausnahme: Wenn ein Kunde bei Abschluss des Bausparvertrags das 25. Lebensjahr noch nicht vollendet hat, kann er nach sieben Jahren über das Guthaben inklusive der Wohnungsbauprämie frei verfügen.

Anders bei der Arbeitnehmersparzulage: Über diese kann stets nach Ablauf von sieben Jahren frei verfügt werden, ohne Nachweis einer wohnwirtschaftlichen Verwendung.

Für beide Förderungen gilt ansonsten: Wenn das Guthaben wohnwirtschaftlich verwendet wird, gibt es keine Sieben-Jahres-Frist mehr, wie es in früheren Zeiten einmal war. Sie können bei wohnwirtschaftlicher Verwendung Ihr Guthaben jederzeit verwenden, es kann auch weit vor den sieben Jahren oder zu einem viel späteren Zeitpunkt erfolgen.

Kleine Ergänzung am Rande: Möchten Sie noch mehr staatliche Förderungen haben? Wenn Sie maximal 20.000 Euro zu versteuerndes Einkommen als Ledige oder maximal 40.000 Euro als verheiratete Person haben und als Arbeitnehmer/-in tätig sind, können Sie über einen Investmentsparvertrag zusätzlich noch 20 Prozent staatliche Förderung pro Jahr bekommen (auf maximal 400 Euro Einzahlung pro Person und Jahr).

Alle Förderungen können Sie parallel erhalten, jedoch nicht auf ein und denselben Sparbetrag, das heißt, jeder Sparbeitrag wird nur einmal gefördert (es kann nicht auf den gleichen Sparbeitrag sowohl Arbeitnehmersparzulage als auch Wohnungsbauprämie ausgezahlt werden).

Kommen wir zurück zum Thema „Immobilienfinanzierung". Mal angenommen, Sie haben eine Immobilie gefunden und möchten diese über eine Bausparlösung finanzieren. Sie haben allerdings noch keinen angesparten Bausparvertrag. Auch hierfür gibt es Lösungen, die sogenannten Kombimodelle oder auch Vorfinanzierungsmodelle.

Kombi- und Vorfinanzierungsmodelle

Das System Vorfinanzierung oder Kombiprodukt ist einfach erklärt. Sie schließen zwei Produkte ab:

1. einen Darlehensvertrag über die benötigte Summe (sog. Vorausdarlehen)
2. einen Bausparvertrag über die benötigte Summe

Das Darlehen ist ein sogenanntes Darlehen mit Tilgungsaussetzung oder auch Tilgungsaussetzungsdarlehen. Sie haben es im letzten Kapitel schon kennengelernt. Hier noch einmal eine kurze Zusammenfassung: Darlehen gegen Tilgungsaussetzung bedeutet, dass Sie während der Darlehenslaufzeit nur die Zinsen bezahlen. Die Tilgung fließt in den Bausparvertrag hinein. Sie zahlen eine vereinbarte Mindesttilgung, damit zu einem bestimmten Zeitpunkt (der Zeitpunkt, an dem die Zinsbindung des Darlehens ausläuft) der

Bausparvertrag zugeteilt, also ausgezahlt werden kann. Sie können jederzeit auch höhere Beträge oder Sondertilgungen in den Bausparvertrag hineinzahlen, um die Darlehens-Restschuld nach Ablauf der Zinsbindung weiter zu reduzieren.

Zum Zeitpunkt des Darlehensablaufs (also zum Zeitpunkt, wenn die Zinsbindung des Darlehens ausläuft) wird die gesamte Bausparsumme ausgezahlt. Das Guthaben wird zur Reduzierung der Restschuld genutzt. Die Höhe des Bauspardarlehens entspricht der Restschuld und wird mit regelmäßigen Raten (Zins und Tilgung) zurückgezahlt.

Diese Art der Finanzierung ist zum einen für Kapitalanleger interessant, die in den ersten Jahren möglichst viele Zinsen als Werbungskosten in der Steuererklärung angeben wollen. Zum anderen ist es eine Variante für diejenigen, die von Anfang bis Ende eine festkalkulierte Rate mit der Option von jederzeitigen Sondertilgungen wünschen (in der ersten Hälfte der Finanzierung würde eine Sondertilgung in den Bausparvertrag fließen, in der zweiten Hälfte der Finanzierung in das Bauspardarlehen).

Typische Gesamtlaufzeiten solcher Finanzierungmodelle sind 20 bis 30 Jahre, also zehn bis 15 Jahre Vorfinanzierung und Ansparung eines Bausparvertrags und anschließend zehn bis 15 Jahre Rückzahlung des Bauspardarlehens.

Warnhinweis! Manchmal gibt es eine Finanzierungskonstellation, die ich gerne „Aus 1 mach 4" nenne. Warum wird diese Konstellation angeboten? Ich behaupte, weil es in den meisten Fällen nicht nur eine, sondern die vierfache Provision gibt. Anders ausgedrückt: Wenn ein Kunde beispielsweise eine Finanzierung über 200.000 Euro benötigt, dann werden insgesamt Produkte in Höhe von 800.000 Euro abgeschlossen. Wenn bei jedem Produkt nun 1 bis 2 Prozent Provision fließen, dann können Sie sich selbst ausrechnen, warum diese Finanzierungskonstellation so interessant ist ... zumindest für den Vermittler.

Mag sein, dass ich selbst den wahren Vorteil dieser Finanzierungsvariante noch nicht durchschaut habe, und ich lasse mich gerne eines Besseren belehren. Doch solange das nicht geschieht, bleibe ich dabei und sage: Finger weg von so einer Finanzierungskonstellation!

Gelockt wird mit einem scheinbar unschlagbar günstigen Effektivzins. Doch Vorsicht: Dieser ist auch „gemogelt", und das auf ganz legale Art und Weise. Ich erläutere es anhand eines Beispiels:

Sie kommen als Kunde zu Ihrem Finanzierungsberater, wollen 200.000 Euro finanzieren und bekommen ein Angebot, das vom Effektivzinssatz her weit günstiger ist als alle bisherigen. Wenn mir Kunden von so einem Angebot erzählen, dann sage ich ihnen meistens auf den Kopf zu: Das geht nur mit einer Bausparkonstellation! Diese ist wie folgt:

Sie erhalten ein Darlehen über 400.000 Euro (!). 200.000 Euro davon brauchen Sie für den Kauf Ihrer Immobilie. Die anderen 200.000 Euro fließen als Soforteinzahlung in einen Bausparvertrag, der gleichzeitig mit abgeschlossen wird. Dieser Bausparvertrag hat eine Summe von 400.000 Euro. Da dieser neu abgeschlossene Bausparvertrag eine Soforteinzahlung von 200.000 Euro erhält, ist gleich zu Beginn des Vertrags die Mindestbesparung von 50 Prozent erreicht. Zur Erinnerung: Damit ein Bausparvertrag zugeteilt und somit ausgezahlt werden kann, muss eine bestimmte Mindesteinzahlung erfolgen (normalerweise in Form von regelmäßigen Raten).

Bausparkassen ist es gesetzlich verboten, in einer solchen Konstellation das Guthaben und das Darlehen sofort wieder auszubezahlen. Vom Bausparkassengesetz her muss ein Vertrag mindestens 18 Monate laufen, bevor ein Darlehen ausgezahlt werden kann. Tariflich dauert es in der Regel noch viel länger, meistens sind es ca. drei bis sechs Jahre (je nach Tarif und je nachdem, wie hoch die Rückzahlungsrate des Bauspardarlehens hinterher sein soll bzw. darf; in unserem Beispiel werden fünf Jahre zugrunde gelegt).

Die 400.000 Euro Darlehen werden tilgungsfrei für eine Laufzeit von fünf Jahren abgeschlossen. Nach fünf Jahren wird die Bausparsumme in Höhe von 400.000 Euro ausgezahlt (davon entfallen 200.000 Euro zuzüglich ein paar Zinsen auf das Guthaben und ca. 200.000 Euro auf das Darlehen). Der Kunde bekommt nun 400.000 Euro ausgezahlt, mit denen er das Tilgungsaussetzungsdarlehen zurückzahlt. Diese 400.000 Euro bestehen, vereinfacht gesagt, aus den 200.000 Euro Soforteinzahlung und aus 200.000 Euro Bauspardarlehen.

Durch diese Finanzierungskonstellation bekommt der Kunde nach Ablauf von fünf Jahren (oder je nach Tarif nach drei bis sechs Jahren) ein Darlehen, in welches jederzeit Sondertilgungen gezahlt werden können. Das Darlehen kann ab diesem Zeitpunkt so schnell zurückgezahlt werden, wie man möchte, ohne eine Vorfälligkeitsentschädigung leisten zu müssen. Nur die Mindestrate darf nicht unterschritten werden. Zu diesem Zeitpunkt kann der Kunde alle

Vorteile des Bauspardarlehens nutzen, welches teilweise sogar günstiger ist als der am Markt gängige Zins. Doch der Preis dafür ist hoch – denn er zahlt in den ersten fünf Jahren die Zinsen auf 400.000 Euro, nicht nur auf 200.000 Euro, die er zur Finanzierung seiner Immobilie benötigt.

Vielleicht fragen Sie nun, warum Menschen eine solche Konstellation unterschreiben? Was sind die Verkaufsargumente?

Verkaufsargument 1

Der (scheinbar) sehr günstige Zinssatz. Oft liegt der Zins weit unter den Angeboten anderer Anbieter. Doch das ist, gelinde gesagt, Augenwischerei. Egal, wie günstig der Zins auch sein mag, die Konstellation ist viel zu teuer und es handelt sich um einen reinen Lockzins. In der oben beschriebenen Konstellation wünscht der Kunde ja ein Darlehen in Höhe von 200.000 Euro. Er muss jedoch für die ersten Jahre ein Darlehen in Höhe von 400.000 Euro abschließen (von denen 200.000 Euro als Soforteinzahlung in einen Bausparvertrag fließen). Selbst wenn der Zinssatz unschlagbar günstig zu sein scheint, er ist auf die 400.000 Euro berechnet. Tatsächlich benötigt der Kunde aber nur 200.000 Euro. Somit zahlt er also doppelt so viele Zinsen. Gebraucht werden 200.000 Euro, Zinsen werden jedoch auf 400.000 Euro gezahlt.

Für die Zahlenfreaks hier noch ein Beispiel, um die Dimension deutlich zu machen: Kunde Nummer eins bekommt von einem Kreditinstitut ein Angebot über 200.000 Euro Darlehenssumme zu einem Zinssatz von 2 Prozent. Der zu zahlende Zinsbetrag liegt bei 4.000 Euro im ersten Jahr.

Kunde Nummer zwei bekommt ein Angebot in der oben besprochenen Konstellation. Wenn er für diese 400.000 Euro einen Zins von lediglich 1,5 Prozent bekäme, dann käme er auf eine Zinsbelastung von 6.000 Euro. Also 6.000 Euro Zinsen für 400.000 Euro Darlehen. Unser Kunde Nummer zwei benötigt aber nur 200.000 Euro. Wenn man die 6.000 Euro Zinszahlung nun in Bezug setzt zu den 200.000 Euro, dann käme man rechnerisch auf einen tatsächlichen Zinssatz von 3 Prozent (6.000 EUR : 200.000 EUR × 100 = 3 %).

Verkaufsargument 2

Die (scheinbar) günstige Rate. Bleiben wir bei den beiden Beispielen von eben. Nimmt ein Kunde 200.000 Euro zu einem Zinssatz von

2 Prozent auf, kommt auf jeden Fall noch eine Tilgung hinzu. Mal angenommen, unser Beispielkunde möchte 2 Prozent Tilgung vereinbaren. Dann kommt er auf eine jährliche Rate von 8.000 Euro (= Monatsrate von 666,67 Euro). Rechenweg: 200.000 EUR : 4 % = 8.000 EUR

In der Bausparkonstellation muss in den ersten fünf Jahren nichts weiter getilgt werden, denn es fließen ja 200.000 Euro sofort in den Bausparvertrag hinein. Dadurch bleibt es bei der jährlichen Rate von 6.000 Euro (= 500 Euro monatlich).

Wenn ein Kunde nun nur diese beiden Zahlen vergleicht, scheint es auf den ersten Blick so zu sein, dass nicht nur der Zinssatz günstiger ist, sondern auch die monatliche Rate (zumindest in den ersten fünf Jahren). Er hat einen günstigeren Zins und zahlt eine geringere monatliche Rate. Das reicht vielen Kunden schon aus, um bei einer solchen Konstellation Ja zu sagen.

Doch hier werden die sprichwörtlichen Äpfel mit Birnen verglichen: Eine Finanzierung ohne Tilgung in den ersten fünf Jahren und eine Finanzierung, bei der in den ersten fünf Jahren schon fleißig getilgt wird.

Vergleichen wir das obige Zahlenbeispiel noch mal weiter: Bei der Konstellation mit den 400.000 Euro Darlehen zahlt ein Kunde fünf Jahre lang 2.000 Euro mehr Zinsen, als wenn er nur ein Darlehen über 200.000 Euro aufnehmen würde. Das sind 10.000 Euro. Hinzu kommt die Abschlussgebühr des Bausparvertrags von mindestens 1 Prozent, also 4.000 Euro.

Somit sind in den ersten fünf Jahren insgesamt 14.000 Euro mehr zu zahlen, als wenn der Kunde ein Darlehen über 200.000 Euro aufnehmen würde. Auf fünf Jahre verteilt ergibt das 2.800 Euro zusätzliche Kosten pro Jahr (zum Vergleich: das Darlehen über 200.000 Euro lag von der Zinszahlung her lediglich 2.000 Euro über dem günstigeren Darlehen).

Hier könnte ich nun aufhören, weil allein diese Zahlen schon aufzeigen, dass die Bausparkonstellation „Aus 1 mach 4“ wesentlich teurer ist als ein normales Darlehen. Doch wir haben bisher nur die ersten fünf Jahre angeschaut. Es kann natürlich sein, dass das Bauspardarlehen als solches (was nach fünf Jahren anfängt) extrem günstig ist. Das sollte es auch, denn um die 14.000 Euro Mehrkosten am Ende wieder einzusparen, muss der Zins des Bauspardarlehens unschlagbar günstig sein.

Verkaufsargument 3

Die Flexibilität des Bauspardarlehens. Nach ca. fünf Jahren wird das Vorausdarlehen durch den zugeteilten Bausparvertrag abgelöst. Ab diesem Zeitpunkt hat der Kunde seine gewünschten 200.000 Euro Darlehen. Bauspardarlehen sind, wie vorher schon beschrieben, sehr flexibel, was Sondertilgungsmöglichkeiten und Ratenveränderungsmöglichkeiten (nach oben) angeht. Das ist tatsächlich ein großer Vorteil gegenüber klassischen Annuitätendarlehen. Aber, ob das die Mehrkosten der ersten fünf Jahre aufwiegt ...? Das muss sicherlich im Einzelfall angeschaut werden.

Resümee:

Lassen Sie sich weder von den Soll- noch von den Effektivzinsen locken (Erläuterung siehe Glossar). Schauen Sie, was Ihnen wirklich wichtig ist bei der Finanzierung und rechnen Sie sich stets die voraussichtlichen Gesamtkosten der Finanzierungslösung aus. Nur dann haben Sie eine echte Vorstellung davon, was die eine oder die andere Finanzierung tatsächlich unterm Strich kosten wird.

Variable und Cap-Darlehen

Das variable Darlehen

Ein variables Darlehen ist ein Darlehen ohne Zinsbindungsfrist und mit einem variablen Zinssatz, welcher sich in regelmäßigen Abständen verändert. Der Zinssatz richtet sich bei den meisten Kreditinstituten nach der Veränderung des Euribor. Bei den meisten in Deutschland erhältlichen variablen Darlehen kann sich bei Marktzinsveränderung der Zinssatz alle drei Monate ändern. Vorteil des variablen Darlehens ist, dass der Darlehensnehmer es jederzeit (meistens mit drei Monaten Kündigungsfrist) ohne Zahlung einer Vorfälligkeitsentschädigung zurückzahlen kann. Es ist die flexibelste Darlehensart, die es am Markt gibt.

Ob eine regelmäßige Tilgung gezahlt werden muss, ist von Kreditinstitut zu Kreditinstitut unterschiedlich. Es gibt auch Angebote, bei denen nur die Zinsen gezahlt werden müssen. Das ist insbesondere dann interessant, wenn nur eine bestimmte Zeit überbrückt werden muss (z. B. die Zeit bis zum Verkauf einer anderen Immobilie oder bis zur Fälligkeit einer angelegten Summe).

Doch für wen und in welcher Situation kann ein variables Darlehen interessant sein? Ein variables Darlehen eignet sich zum Beispiel:

- als Beimischung, wenn in beliebiger Höhe Sondertilgungen geleistet werden sollen (z. B. weil mehrmals jährlich Bonifikationen ausgeschüttet werden oder wenn jemand selbstständig ist und nicht regelmäßig, sondern je nach Höhe seiner Einkünfte tilgen möchte).
- für Zwischenfinanzierungen (z. B. für noch nicht zugeteilte Bausparverträge oder Sparverträge, die erst in den nächsten Monaten auslaufen)
- wenn beispielsweise eine andere Immobilie verkauft werden soll und der Verkaufserlös als Eigenkapital in die Finanzierung einfließen soll (z. B. wenn das Geld aus der verkauften Immobilie später kommt, als der Kaufpreis für die neue Immobilie gezahlt werden muss, der fehlende Betrag kann dann optimalerweise über ein variables Darlehen zwischenfinanziert werden)
- wenn ein Grundstück gekauft und finanziert werden muss, jedoch das zu bauende Haus noch nicht mitfinanziert werden kann. So etwas kommt häufig vor, wenn für das Grundstück auf die Schnelle eine Finanzierung benötigt wird (um es zu kaufen), doch Baupläne, Baukostenberechnung oder sogar die Baugenehmigung noch gar nicht vorhanden sind. Wenn das Grundstück mit einem festen Darlehen finanziert werden würde, dann wäre die erste Rangstelle im Grundbuch besetzt. Sollte die Bank, die nun an erster Stelle im Grundbuch steht, aus irgendwelchen Gründen das Bauprojekt aber nicht begleiten, dann könnte das zu großen Schwierigkeiten bei der Finanzierungsgenehmigung führen (denn eine andere Bank wird nur mit einem hohen Zinsaufschlag in den zweiten Rang gehen). Da ein variables Darlehen jederzeit abgelöst werden kann, kann auch der erste Rang im Grundbuch schnell wieder freigemacht werden.

Vorteil des variablen Darlehens ist ganz klar seine Flexibilität. Nachteil des variablen Darlehens ist, dass der Zins bei Zinssteigerungen am Markt theoretisch ins Unermessliche steigen kann. Um dieses Risiko abzufedern, gibt es eine Sonderform des variablen Darlehens:

Das Cap-Darlehen

Das Cap-Darlehen ist ein variables Darlehen, welches sich dadurch auszeichnet, dass es eine Zinsobergrenze gibt, die von der Bank garantiert wird (sog. Cap). Damit hat der Kunde die Sicherheit, dass der Darlehenszins in Zeiten steigender Zinsen nicht ins Unermessliche bzw. ins für den Kunden Unbezahlbare steigen kann. Manchmal gibt es auch eine Zinsuntergrenze, die dann Floor genannt wird.

Wie immer: Sicherheit kostet Geld, auch in diesem Fall. Als Kunde zahlen Sie für eine solche Absicherung eine Cap-Gebühr, die davon abhängt, über welchen Zeitraum diese Vereinbarung getroffen wird (etwa drei oder fünf Jahre, selten werden auch zehn Jahre angeboten).

Ein Cap-Darlehen wird gerne von Darlehensnehmern mit sehr unterschiedlich hohen Einkünften gewählt (z. B. Selbstständige), da die Tilgung flexibel erfolgen kann. Als Kunde können Sie jederzeit so viel oder so wenig tilgen, wie Sie möchten, und haben dennoch nicht das Risiko unbegrenzter Zinssteigerungen, weil der Zinssatz

nach oben hin gedeckelt ist. Bei der Apotheker- und Ärztebank ist dies oft die bevorzugte Darlehensform.

Nachrangdarlehen

Der Begriff „Nachrangdarlehen" kommt daher, weil es ein Darlehen ist, welches im Grundbuch nachrangig, also hinter anderen Darlehen, meistens den Hauptdarlehensgebern, abgesichert wird. Manch ein Nachrangdarlehen wird sogar überhaupt nicht mit einer Grundschuld im Grundbuch abgesichert.

Warum haben Banken überhaupt ein Problem damit, im Nachrang zu stehen? Warum ist der zweite oder dritte Rang im Grundbuch so unbeliebt bzw. teuer für einen Kunden (in Form von Zinsaufschlägen)? Das hat etwas mit dem Thema „Zwangsversteigerung" zu tun.

Exkurs: Zwangsversteigerung

Warum sind die verschiedenen Ränge im Grundbuch so wichtig?

Bei einer Zwangsversteigerung wird das Geld der Reihe nach verteilt. Kommt ein Kunde seinen Darlehensverpflichtungen nicht nach, kann eine Zwangsversteigerung vonseiten der Banken in die Wege geleitet werden. Bei einer Zwangsversteigerung können Interessierte ein Gebot für das Objekt abgeben. Die Person mit dem höchsten Gebot bekommt den Zuschlag. Das Geld wird dann wie folgt verteilt:

Zunächst werden die Gerichtskosten bezahlt. Danach bekommt die Bank im ersten Rang ihr Geld, dann die im zweiten Rang und so weiter. Das bedeutet, dass Banken in den hinteren Rängen durchaus ein größeres Risiko tragen, kein Geld mehr zu bekommen.

Beispiel:

Ein Kunde hat folgende Darlehen im Grundbuch stehen:

1. Rang 150.000 Euro ABC-Bank
2. Rang 80.000 Euro Bausparkasse Fröhlich Sparen
3. Rang 30.000 Euro XYZ-Bank

Bei einer Zwangsversteigerung bleiben nach Abzug der Gerichtskosten 210.000 Euro übrig. Diese werden wie folgt verteilt:

- 150.000 Euro bekommt die ABC-Bank.
- 60.000 Euro bekommt die Bausparkasse Fröhlich Sparen.
- Die XYZ-Bank geht komplett leer aus.

Dieses Beispiel macht deutlich, warum Kreditinstitute sich im ersten Rang des Grundbuchs absichern wollen. Jedes Nachrangdarlehen ist mit einem Zinsaufschlag (= Risikoaufschlag) versehen. Je höher der Beleihungsauslauf ist, desto teurer wird das Darlehen (Ausnahme: Bauspardarlehen).

Warum werden Nachrangdarlehen angeboten? Einer der Hauptgründe hierfür ist, die Kondition des Vorranggläubigers positiv zu verändern, da das Nachrangdarlehen für den vorrangigen Darlehensgeber wie Eigengeld wirkt. Was bedeutet das? Mal angenommen, Sie möchten 300.000 Euro finanzieren. Der Beleihungswert Ihrer Immobilie beträgt ebenfalls 300.000 Euro. Wenn Sie diesen nun über ein Darlehen absichern, haben Sie einen Beleihungsauslauf von 100 Prozent und somit eine recht hohe Zinskondition.

Wenn jetzt 60.000 Euro über eine andere Darlehensform abgeschlossen werden können (z. B. über ein Förderdarlehen, ein Bauspardarlehen oder ein sonstiges Nachrangdarlehen), dann erhalten Sie für die Hauptfinanzierung einen Beleihungsauslauf von 80 Prozent, weil über das Hauptdarlehen, welches im ersten Rang abgesichert wird, nur noch 240.000 Euro finanziert werden müssen. Die Konditionen für den 80-prozentigen Beleihungsauslauf, also für die 240.000 Euro, werden in der Regel deutlich günstiger sein, als wenn Sie 300.000 Euro hierüber finanzieren würden. Manch eine Finanzierung wird auch erst durch Nachrangdarlehen darstellbar, vor allem, wenn die Finanzierung über 100 Prozent Beleihungsauslauf hinausgeht.

Eine Finanzierung kann dann über 100 Prozent hinausgehen, wenn wenig Eigengeld eingesetzt wird und der Kaufpreis beispielsweise höher ist als der Beleihungswert, den die Bank ermittelt. Des Weiteren spricht man von „über 100-Prozent-Finanzierungen", wenn ein Teil der Kaufnebenkosten mitfinanziert werden muss (Maklerkosten, Grunderwerbsteuer, Notar- und Gerichtskosten).

Es gibt einige typische Nachrangdarlehensgeber in Deutschland (z. B. die Hanseatic Bank oder die Oyak Anker Bank, die an dieser Stelle genannt werden, weil beide in diesem Markt mehr oder weniger ein Alleinstellungsmerkmal haben, Stand April 2022). Bei beiden Kreditinstituten können Nachrangdarlehen abgeschlossen werden, obwohl beispielsweise die Hauptfinanzierung bei einem anderen Darlehensgeber läuft. Teilweise werden diese Darlehen, wie schon erwähnt, auch gar nicht in das Grundbuch eingetragen, sondern „blanko" vergeben (so nennt man es, wenn keine Grundschuldeintragung erfolgt).

Die Konditionen sind häufig auf Ratenkreditniveau, dennoch rechnet es sich in vielen Fällen, da die wesentlich größere Summe des Hauptdarlehens dadurch mit einem erheblich günstigeren Zins abgeschlossen werden kann. Teure Nachrangdarlehen sollten so schnell wie möglich zurückgezahlt werden.

Zusammenfassend kann man sagen: Teure Nachrangdarlehen verbilligen oft die Gesamtfinanzierung! Nachrangdarlehen werden auch oft als Eigenkapitalersatz oder Eigenkapitalersatzdarlehen bezeichnet.

Für die Konditionen beim Hauptdarlehensgeber ist es in der Regel egal, ob (wie im obigen Beispiel) die 60.000 Euro als Eigenkapital oder als Nachrangdarlehen eingebracht werden, da die Absicherung im Grundbuch in beiden Fällen nur über 240.000 Euro erfolgt (also 80 Prozent des Beleihungsauslaufs).

Allerdings wirkt es sich auf die Bonitätsprüfung aus, da die monatliche Belastung bei einem Nachrangdarlehen wesentlich höher ist, als wenn Sie Eigengeld einbringen würden. Bei einigen Banken müssen die Kaufnebenkosten zwingend als Eigengeld eingebracht werden. Die Finanzierung der Kaufnebenkosten führt bei diesen Kreditgebern automatisch zu einer Ablehnung der Finanzierung, auch wenn es von der Einnahmen-Ausgaben-Rechnung her machbar wäre.

Prolongationen und Forward-Darlehen

Als Prolongation wird die Verlängerung eines Darlehens bei dem gleichen Kreditinstitut bezeichnet. Das ist häufig ein sehr einfacher Vorgang. Einige Monate vor Ablauf Ihrer bisherigen Zinsbindung bekommen Sie ein Verlängerungsangebot von Ihrem Kreditgeber. Dieses muss einfach nur mit einer Unterschrift bestätigt werden und dann läuft Ihr Darlehen weiter.

Reagieren Sie nicht auf dieses Schreiben und zahlen Sie die Restschuld nicht zurück, dann wird die Bank Ihr Darlehen auf ein variables Darlehen umstellen. Sie hat allerdings auch die Möglichkeit, das Darlehen zu kündigen. Von daher sollten Sie sich rechtzeitig um eine Prolongation oder Umschuldung zu einem anderen Kreditinstitut kümmern.

Prolongationen und Umschuldungen finden immer zu dem Zeitpunkt statt, wenn die Zinsbindung ausläuft. Sie haben jedoch schon sehr viel früher die Möglichkeit, sich den Zinssatz für eine Anschlussfinanzierung zu sichern, und zwar in Form eines Forward-Darlehens.

Ein Forward-Darlehen ist ein Darlehen, welches heute abgeschlossen, aber erst in sechs bis 60 Monaten ausgezahlt wird. Voraussetzung: Es gibt schon eine Immobilie sowie ein bestehendes Darlehen für diese Immobilie, bei welchem die Zinsbindung in sechs oder mehr Monaten ausläuft.

Als Forward-Darlehen wird also eine Anschlussfinanzierung bezeichnet, die mindestens sechs Monate vor Ablauf der bestehenden Finanzierung abgeschlossen wird. Die klassischen Forward-Zeiten sind zwölf bis 36 Monate. Das bedeutet, dass zwölf bis 36 Monate vor Ablauf des alten Darlehens bereits ein neues Darlehen zur Ablösung abgeschlossen werden kann.

Bei Darlehen mit weniger als zwölf Monaten Vorlaufzeit wird häufig mit einer sogenannten bereitstellungszinsfreien Zeit (siehe Erläuterung unten oder im Glossar) gearbeitet. Vorlaufzeiten von mehr als 36 Monaten sind nur bei wenigen Kreditinstituten darstellbar. Doch es gibt sie, die Darlehensgeber, die auch Forward-Darlehen mit einer Vorlaufzeit von sechs bis 60 Monaten anbieten. Klassischerweise wird es in Form eines Annuitätendarlehens vereinbart, es wäre aber auch ein Zinszahlungsdarlehen denkbar. Je länger ein Darlehen im Voraus abgeschlossen wird, desto höher ist der Zinsaufschlag.

Sinn des Forward-Darlehens: Sicherung von niedrigen Zinsen für die Anschlussfinanzierung. Das ist vor allem dann ratsam, wenn mit steigenden Zinsen gerechnet wird.

Echte und unechte Forward-Darlehen

Es gibt übrigens echte und unechte Forward-Darlehen. Um den Unterschied zu erläutern, schauen wir uns ein Beispiel an. Lassen Sie uns eine Zeitreise machen:

Heute ist der 15.11.2022. Sie haben im Jahre 2015 ein Darlehen mit einer Zinsbindung von zehn Jahren abgeschlossen. Die Zinsbindung dieses Darlehens läuft am 31.10.2025 aus. Zu diesem Zeitpunkt werden Sie noch eine Restschuld von 180.000 Euro haben. Da Sie Angst vor steigenden Zinsen haben, möchten Sie sich Ihre Anschlussfinanzierung schon heute sichern. Aus diesem Grund unterschreiben Sie schon heute, also am 15.11.2022, den Vertrag für eine Anschlussfinanzierung in Höhe von 180.000 Euro, die am 31.10.2025 ausgezahlt wird, um Ihr altes Darlehen abzulösen. Dabei ist es unerheblich, ob Sie diese Anschlussfinanzierung über das gleiche Kreditinstitut wie bisher machen, oder ob das bisherige Darlehen dann von einer anderen Bank abgelöst wird.

Bei Forward-Darlehen gibt es manchmal sehr hohe Zinsunterschiede. Diese hängen davon ab, ob es sich um ein echtes oder ein unechtes Forward-Darlehen handelt.

Beispiel:

Rahmendaten: Das bisherige Darlehen läuft am 31.10.2025 aus. Sie schließen am 15.11.2022 bereits einen Darlehensvertrag für die Anschlussfinanzierung ab. Dieses Darlehen wird am 31.10.2025 ausgezahlt, um die bisherige Finanzierung abzulösen. Das neue Darlehen wird mit einer Zinsbindung von zehn Jahren vereinbart.

Echtes Forward-Darlehen: Die Zehn-Jahres-Zinsbindung beginnt mit Auszahlung des Darlehens, also am 31.10.2025. Die neue Zinsbindung endet demnach am 31.10.2035. Ab Auszahlungsdatum haben Sie weitere zehn Jahre Zinssicherheit. Die tatsächliche Zinssicherheit ab Abschlussdatum beträgt 13 Jahre (2022 bis 2035).

Unechtes Forward-Darlehen: Die Zehn-Jahres-Zinsbindung beginnt ab sofort, auch wenn das Darlehen erst am 31.10.2025 ausgezahlt wird. Bei dieser Darlehensform haben Sie 36 Monate bereitstellungszinsfreie Zeit. Zum Zeitpunkt der Darlehensauszahlung, also am 31.10.2025, sind bereits die ersten drei Jahre Zinsbindung vergangen. Die Zinsbindung des neuen Darlehens endet bereits am 15.11.2032. Die Zinsbindung von zehn Jahren beginnt sofort, sodass Sie zum Zeitpunkt der Ablösung des alten Darlehens nur noch sieben Jahre Zinssicherheit haben.

Bitte achten Sie vor Unterschrift auf dem Forward-Darlehen darauf, ob es sich um ein echtes oder um ein unechtes Forward-Darlehen handelt.

Exkurs: Was sind Bereitstellungszinsen

Wenn ein Darlehensvertrag abgeschlossen und ausgezahlt wird, werden ab diesem Zeitpunkt Zinsen fällig. Doch nicht jeder Darlehensvertrag wird sofort ausgezahlt. Manchmal braucht man das Geld erst zu einem späteren Zeitpunkt (z. B. bei einem Neubau, wenn zunächst nur das Grundstück gekauft wird und anschließend nach Baufortschritt bezahlt wird, oder bei dem oben beschriebenen Forward-Darlehen).

Für Darlehensteile, die noch nicht ausgezahlt sind, kann die Bank eine Gebühr verlangen, die sogenannten Bereitstellungszinsen. Diese betragen je nach Kreditinstitut meist zwischen 0,2 und 0,25 Prozent monatlich auf die noch nicht ausgezahlte Darlehenssumme (klingt erst einmal wenig, doch, wenn Sie diesen Zins auf das Jahr hochrechnen, kommen Sie auf einen Sollzins von 2,4 bis 3 Prozent). Bei dem aktuellen Zinsniveau (Stand 2022) ist das sicherlich ein höherer Zinssatz als der vereinbarte Darlehenszins.

Aus diesem Grund sollte man sich genau ausrechnen, ob man sich das Darlehen nicht schon frühzeitig auszahlen lässt und beispielsweise beim Neubau alles von dem Baukonto bezahlt, auf welches das Darlehen ausgezahlt wird. Leider ist eine sofortige Gesamtauszahlung des Darlehens nicht bei jedem Kreditinstitut möglich.

Noch ein Hinweis: Die Tilgung eines Darlehens beginnt ab dem Zeitpunkt, an dem es komplett ausgezahlt wird. Solange das Darlehen noch nicht ganz ausgezahlt ist, zahlen Sie nur Zinsen auf den bereits ausgezahlten Anteil (diese werden dann Bauzeitzinsen genannt) und Bereitstellungszinsen auf den nicht ausgezahlten Teil.

Tipp:

Die meisten Kreditinstitute bieten eine bereitstellungszinsfreie Zeit (also eine Zeit ohne Gebühren für nicht ausgezahlte Darlehensteile) von bis zu sechs Monaten an. Bei einigen Banken kann man sogar eine bis zu 18 Monate bereitstellungszinsfreie Zeit erhalten – leider manchmal mit einem Zinsaufschlag für das gesamte Darlehen. Auch hier gilt es, genau zu prüfen, welche die günstigste Variante unterm Strich ist.

Zurück zum Forward-Darlehen. Wenn Sie ein Forward-Darlehen mit einem Kreditinstitut vereinbaren, dann seien Sie sich bitte bewusst, dass es ein fest abgeschlossener Darlehensvertrag ist und keine Option! Wenn Sie heute ein Forward-Darlehen abschließen und die Zinsen sinken entgegen Ihren Erwartungen, dann müssen Sie dieses Darlehen dennoch in Anspruch nehmen. Wenn Sie es nicht in Anspruch nehmen, können hohe Kosten in Form einer Nichtabnahmeentschädigung oder einer Vorfälligkeitsentschädigung (siehe Glossar) auf Sie zukommen. Diese können mehrere tausend Euro betragen. Deswegen sollte der Zeitpunkt des Abschlusses genau überlegt sein. Beobachten Sie den Markt. Wie realistisch sind Zinssteigerungen?

Sie erkaufen sich mit einem Forward-Darlehen Sicherheit. Habe ich es schon erwähnt? Sicherheit kostet Geld! Wenn Sie ein Forward-Darlehen abschließen, dann freuen Sie sich bitte über den Zins, den Sie erhalten, und ärgern Sie sich nicht, wenn Sie bei Auszahlung des Forward-Darlehens feststellen, dass Sie einen zu hohen Sollzins im Vergleich zum Marktzins zahlen. Sie hatten bei der Entscheidung für das Darlehen quasi eine Wette auf steigende Zinsen abgeschlossen.

Wenn die Zinsen tatsächlich steigen und vielleicht um einiges höher liegen als der Zins, den Sie mit Ihrem Forward-Darlehen vereinbart haben, dann wird Ihre Freude sicherlich groß sein.

Tipp:
Wenn Sie ein Forward-Darlehen abschließen, dann bitte mit der Grundeinstellung, dass der vereinbarte Zins für Sie absolut okay ist – unabhängig davon, was am Markt mit den Zinsen passiert.

Kommen wir zu einem letzten wichtigen Thema, wenn wir über Anschlussfinanzierungen bzw. über Forward-Darlehen sprechen: Das Sonderkündigungsrecht bei Darlehen, die eine längere Zinsbindung als zehn Jahre haben.

Exkurs: Sonderkündigungsrecht von Darlehen

Sonderkündigungsrecht nach § 489 BGB: Ein Darlehensvertrag mit einer Zinsbindung von mehr als zehn Jahren kann jederzeit nach Ablauf von zehn Jahren mit einer Kündigungsfrist von sechs Monaten gekündigt werden. Es fällt keine Vorfälligkeitsentschädigung an. Zu beachten ist aber Folgendes: Die Zehnjahresfrist beginnt erst, wenn das Darlehen komplett ausgezahlt wurde.

Beispiel:

Abschluss des Darlehens am 01.11.2012 mit einer Zinsbindung von 15 Jahren. Die Zinsbindung läuft zum 31.10.2027 aus. Da es sich um einen Neubau handelte, wurde der letzte Euro aus diesem Darlehen erst am 10.08.2013 ausgezahlt. Ab diesem Zeitpunkt beginnt die Zehnjahresfrist.

Des Weiteren ist die sechsmonatige Kündigungsfrist zu beachten: Die Zehnjahresfrist endet am 10.08.2023. Sechs Monate später ist der 10.02.2024. Somit kann das Darlehen frühestens zum 11.02.2024 umgeschuldet werden.

Nach Ablauf der zehn Jahre gilt stets die sechsmonatige Kündigungsfrist, das Darlehen kann also ab diesem Zeitpunkt jederzeit mit einer Frist von sechs Monaten gekündigt werden.

Förderdarlehen, Förderbanken und sonstige Förderungen (inklusive Riester, Baukindergeld)

In diesem Abschnitt erhalten Sie einen Überblick darüber, welche Fördermöglichkeiten Sie ggf. nutzen können. Es ist keinesfalls vollständig, da sich die Förderungen immer mal wieder ändern und nicht alle Fördermöglichkeiten für jeden infrage kommen. Es werden auch die Förderungen von selbst genutztem Wohneigentum erwähnt, denn es könnte ja sein, dass Sie sich für eine gemischt genutzte Immobilie interessieren, zum Beispiel ein Doppelhaus, in dem eine Einheit vermietet wird, oder ein Haus mit Einliegerwohnung. Eventuell interessieren Sie sich auch für ein Mehrfamilienhaus, in dem Sie eine Einheit für sich selbst nutzen wollen.

Wenn die eine oder andere Fördermöglichkeit infrage kommt, erhalten Sie (hoffentlich) alle notwendigen Informationen zu den entsprechenden Produkten von Ihrem Finanzierungsberater. Manche Produkte können ganze Bücher füllen.

KfW-Darlehen und Baukindergeld

KfW-Darlehen sind staatlich geförderte Darlehen. Bei einigen Darlehen bekommen Sie einen vergünstigten Zins (im Vergleich zum Marktzins), bei anderen Darlehen erhalten Sie einen Tilgungszuschuss (z. B. bei einigen Darlehen mit dem Merkmal „Energieeffizient Bauen"). KfW-Darlehen werden normalerweise von dem Kreditinstitut mit beantragt, bei dem Ihre Hauptfinanzierung läuft. Sie werden dann mit der gleichen Grundschuld abgesichert wie Ihr Hauptdarlehen. KfW-Darlehen können nicht direkt bei der KfW beantragt werden.

Die Abkürzung KfW steht für „Kreditanstalt für Wiederaufbau". Sie ist übrigens die weltweit größte nationale Förderbank (Stand April 2022) und die drittgrößte Bank Deutschlands (gemessen an der Bilanzsumme). Gegründet wurde sie 1948.

In manchen Bundesländern ist es möglich, dass KfW-Kredite über bestimmte Förderbanken beantragt werden. In diesem Fall können die Darlehen nachrangig in das Grundbuch eingetragen werden und wirken sich dadurch positiv auf die Konditionen des Hauptdarlehens aus (siehe auch Kapitel über Nachrangdarlehen). Welche KfW-Darlehen für Sie infrage kommen könnten, hängt zum Beispiel davon ab, ob Sie eine Bestandsimmobilie oder einen Neubau kaufen bzw. bauen wollen. Es hängt des Weiteren davon ab, ob Sie die Immobilie selbst nutzen oder vermieten werden. Auch für Sanierungs- und Umbaumaßnahmen gibt es spezielle KfW-Darlehen. Diese sind jedoch zum Zeitpunkt der Drucklegung dieses Buchs größtenteils auf Eis gelegt. Da es aber sehr wahrscheinlich ist, dass diese Programme wieder aktiviert werden, sind sie der Vollständigkeit halber hier aufgeführt.

Es kommen immer mal wieder neue Programme dazu, und andere werden deaktiviert. Deswegen informieren Sie sich auf jeden Fall vor einem Beratungsgespräch mit Ihrem Finanzierungsberater einmal selbst im Internet über die jeweils aktuellen Möglichkeiten: https://www.KfW.de. Auch Finanzierungsberater kennen nicht zwangsläufig alle wohnwirtschaftlichen Programme.

Leider wurden im Januar 2022 alle Energieeffizienz-Programme gestoppt. Begründung der KfW: „Die enorme Antragsflut der letzten Wochen, die in den vergangenen Tagen noch einmal erhebliche zusätzliche Dynamik erlangt hat, führt zu einer Ausschöpfung der vom Bund für die Bundesförderung für effiziente Gebäude (BEG) bereitgestellten Haushaltsmittel; das Programm musste daher auch und angesichts der Vorläufigkeit der Haushaltsführung gestoppt werden." 5

Der Vollständigkeit halber sind sie in der folgenden Auflistung jedoch noch enthalten, da aktuell unklar ist, welche Programme wieder aufgelegt werden und welche endgültig der Vergangenheit angehören.

Darlehensname und Programmnummer	**Verwendungszweck**	**Hinweis**	**Maximale Darlehenshöhe**
Wohneigentumsprogramm 124	Für den Kauf einer Immobilie zur Eigennutzung	Nur für selbst genutzte Immobilien	100.000 EUR
Energieeffizient Bauen 153	Für Immobilien, die bestimmte Energieverbrauchswerte unterschreiten	Für selbst genutzte und vermietete Immobilien	100.000 EUR je Wohneinheit

Darlehensname und Programmnummer	Verwendungszweck	Hinweis	Maximale Darlehenshöhe
Energieeffizient Sanieren 151, 152	Für energetische Sanierungsmaßnahmen mit dem Ziel, die Heizkosten massiv zu reduzieren	Für selbst genutzte und vermietete Immobilien, deren Bauantrag vor dem 01.02.2002 gestellt wurde	100.000 EUR je Wohneinheit
Altersgerecht umbauen 159	Für barrierefreies Wohnen	Für selbst genutzte und vermietete Immobilien	50.000 EUR je Wohneinheit
Sonstige Kredite für energetische Maßnahmen 167, 270, 275	Förderung von erneuerbaren Energien	Kann für selbst genutzte und für vermietete Immobilien beantragt werden	50.000 EUR bis 50 Mio. EUR
Wohneigentumsprogramm Genossenschaftsanteil 134	Für den Kauf von Genossenschaftsanteilen	Nur für selbst genutzten Wohnraum	50.000 EUR
KfW-Zuschüsse 430, 431, 433	Für energetische Maßnahmen	Für selbst genutzte und vermietete Immobilien	4.000 EUR bis 30.000 EUR
KfW-Zuschüsse 455-B, 455-E	Barrierereduzierung, Einbruchsschutz	Für selbst genutzte und vermietete Immobilien	1.600 EUR bis 6.250 EUR
Baukindergeld 424	Zuschuss vom Staat für Familien mit Kindern	Für den Bau oder Kauf einer selbst genutzten Immobilie	12.000 EUR Zuschuss pro Kind (verteilt auf 10 Jahre je 1.200 EUR)

Weiterführende Informationen finden Sie im Internet unter: https://www.KfW.de

Förderbanken der Bundesländer

Einige Bundesländer haben Förderbanken. Eine Auflistung aller Förderbanken finden Sie unter: https://investitionsbank.info oder https://foerdermittel-deutschland.de/foerderbanken/

5

Bitte informieren Sie sich in jedem Fall über Fördermöglichkeiten in Ihrem Bundesland. Teilweise werden nur selbst genutzte Immobilien gefördert. Bei einigen Förderbanken dürfen Sie auch ein bestimmtes Einkommen nicht übersteigen, damit Kredite abgeschlossen werden können. Diese fallen natürlich komplett raus, wenn es um Immobilien als Kapitalanlage geht. Bei anderen Förderbanken erhalten Sie einkommensunabhängige Möglichkeiten. Das sind in der Regel auch die Förderbanken, die Darlehen für vermietete Immobilien genehmigen.

Beispiele:

KfW-Darlehen über Förderbanken

Über einige Förderbanken können Sie die KfW-Darlehen beantragen.

Zur Erinnerung: Die KfW-Darlehen müssen immer über ein Kreditinstitut beantragt werden. Wenn Sie das KfW-Darlehen über die Hauptbank mit beantragen, dann wird sie über die Grundschuld dieser Bank mit abgesichert und Sie haben insgesamt einen höheren Beleihungsauslauf und damit höhere Zinsen. Wenn Sie die KfW-Darlehen über eine Förderbank beantragen, dann wird das KfW-Darlehen im zweiten Rang im Grundbuch abgesichert und wirkt damit auf das Hauptdarlehen wie Eigenkapital. Sie können dadurch eine hohe Summe an Zinsen sparen.

Die Bedingungen für die Beantragung über eine Förderbank sind unterschiedlich. Bei manchen Förderbanken spielt das Einkommen eine Rolle (z. B. bei der NBank in Niedersachen, die vor allem Eigennutzer unterstützt). Bei anderen Förderbanken brauchen Sie lediglich 7,5 Prozent der Gesamtkosten als Eigenkapital einzusetzen, um in den Genuss der Förderung zu kommen (z. B. bei der Investitionsbank Schleswig-Holstein [IB.SH], bei der Hamburgischen Investitions- und Förderbank [IFBHH] und bei der BayernLaBo – steht für Bayerische Landesbodenkreditanstalt, wird jedoch immer BayernLaBo genannt). Für Kapitalanleger (also Darlehensnehmer, die eine Immobilie zur Vermietung kaufen) liegt der erforderliche Eigenkapitaleinsatz jedoch in der Regel höher als 7,5 Prozent (z. B. bei 15 Prozent). Die genauen Prozentsätze können Sie auf den jeweiligen Internetseiten der Förderbanken finden oder Sie lassen sich einen Beratungstermin geben.

„Verdopplung" der KfW-Darlehen

Bei manchen Förderbanken können die KfW-Darlehen quasi verdoppelt werden. Wenn ein KfW-Darlehen beantragt wird, kann man in gleicher Höhe und zu gleichen Konditionen ein zweites Darlehen über diese Förderbank beantragen (z. B. bei der Hamburgischen Investitions- und Förderbank, kurz: IFB).

Familienförderung (gilt nur für Selbstnutzung)

Wenn Familien bestimmte Einkommensgrenzen unterschreiten, gibt es in verschiedenen Bundesländern die Möglichkeit, günstige Familienkredite für den Erwerb eines Eigenheims zu erhalten. Oft gibt es ein bestimmtes Budget für ein bestimmtes Jahr. Wenn das Budget ausgeschöpft ist, können auch keine Förderdarlehen für Familien mehr ausgegeben werden. Hier empfiehlt es sich, bei der in Ihrem Bundesland ansässigen Förderbank nachzufragen (auch über das Internet sind die meisten Informationen verfügbar).

Sonstige Kredite über Förderbanken

Exemplarisch sei hier die Investitionsbank Schleswig-Holstein genannt, über die verschiedene andere Kredite abgeschlossen werden können. Interessant sind solche Kredite vor allem, wenn nicht genug Eigengeld vorhanden ist, um in die nächstgünstigere Zinsstufe bei der Bank zu kommen, welche die Hauptfinanzierung begleitet.

Beispiel: Ihnen fehlen 10.000 Euro, um in einen Beleihungsauslauf von 80 Prozent zu kommen. Diese könnten Sie über ein Nachrangdarlehen erhalten (ist jedoch oft sehr teuer) oder über eine Förderbank. Vorteil der Förderbanken sind die günstigeren Konditionen. Leider geht das nur bei wenigen Förderbanken und oft auch nur in Kombination mit anderen Darlehen (also z. B. ein KfW-Darlehen). Bedingung bei der Investitionsbank ist beispielsweise, dass 7,5 Prozent der Gesamtkosten (bei Vermietung teilweise 15 Prozent) als Eigengeld eingebracht werden.

Zuschüsse (gilt nur für Selbstnutzung)

In manchen Bundesländern gibt es sogar Zuschüsse für den Bau oder Kauf einer Immobilie zur Selbstnutzung. So bekommen zum Beispiel Personen, die ein bestimmtes Einkommen nicht überschreiten, in Bayern einen Zuschuss von 10.000 Euro für den Kauf einer Immobilie, vorausgesetzt, die Person lebt oder arbeitet seit mindestens einem Jahr in Bayern. Diese Förderung nennt sich „Bayerische Eigenheimzulage".

5

In meiner aktiven Beraterzeit habe ich viel mit Förderbanken zusammengearbeitet. Leider machen das nicht alle Vermittler, da die Förderbanken wenig bis gar keine Provisionen zahlen. Meine Vorgehensweise war so, dass ich dies meinen Kunden offengelegt habe. Wenn nennenswerte Finanzierungssummen (also 100.000 Euro und mehr) über eine Förderbank abgewickelt worden sind, habe ich mit den Kunden eine Beratungsgebühr hierfür vereinbart. Dadurch waren beide Seiten glücklich: der Kunde, weil er sehr viel günstigere

Konditionen (im Vergleich zu anderen Angeboten) bekommen hat, und ich, weil es sich dennoch betriebswirtschaftlich für mich gelohnt hat.

Denken Sie bitte auch als Kunde daran: Ihr Vermittler oder Berater lebt davon, mit Ihnen (oder anderen) Geschäfte zu machen. Er ist nicht ehrenamtlich tätig. Je offener über das Thema „Geld und Verdienst" gesprochen wird, desto bessere Angebote werden Sie als Kunde bekommen. Wenn Sie bereit sind, für die Dienstleistung des Beraters zu zahlen, ist dieser nicht mehr davon abhängig, ob das gewählte Kreditinstitut vernünftige Provisionen zahlt.

Exkurs: Sollzins und Effektivzins

Sollzins: Auf Grundlage des Sollzinses wird die zu zahlende Rate berechnet.

Beispiel: Darlehen gegen Tilgungsaussetzung

Darlehen: 100.000 EUR
Sollzins: 2 %
Zu zahlende Rate: 100.000 × 0,02 = 2.000 EUR pro Jahr
Die Monatsrate beträgt 2.000 EUR : 12 Monate = 166,67 EUR

Beispiel: Annuitätendarlehen

Darlehen: 100.000 EUR
Sollzins: 2 %, Tilgung: 2 % (= 4 % Annuität, also jährliche Gesamtrate)
Zu zahlende Rate: 100.000 × 0,04 = 4.000 EUR pro Jahr
Die Monatsrate beträgt 4.000 EUR : 12 Monate = 333,33 EUR.

Sonstige Kosten wie Bearbeitungsgebühren oder der Tilgungs-Tilgungseffekt bei einem Annuitätendarlehen sind hierbei nicht berücksichtigt.

Effektivzins: Der Effektivzins ist ein Vergleichszinssatz und soll unterschiedliche Darlehen miteinander vergleichbar machen, indem Gebühren, Kosten, Tilgungseffekte etc. als Gesamtzinssatz aufgezeigt werden. Doch Achtung: Nicht alle Kosten und Gebühren fließen tatsächlich in den Effektivzinssatz mit hinein. Auch unterschiedliche Finanzierungsformen können nicht objektiv über den Effektivzins verglichen werden.

Zwei Beispiele hierzu: Beim Annuitätendarlehen findet der Tilgungsanteil bei der Berechnung des Effektivzinses Berücksichtigung, nicht jedoch beim Darlehen gegen Tilgungsaussetzung. Die Tilgungsrate, die in ein separates Sparprodukt fließt, findet keine Berücksichtigung bei der Ermittlung des Effektivzinssatzes. Die Abschlussgebühr eines Bausparvertrags (welcher beispielsweise als Tilgungsersatz für ein Darlehen gegen Tilgungsaussetzung dienen soll) muss nicht im Effektivzinssatz des Darlehens mitberücksichtigt werden.

Die Berechnung des effektiven Darlehenszinses ist komplex. Der Vergleich über den effektiven Jahreszins ist ein guter Anhaltspunkt, sollte jedoch nicht ausschlaggebend dafür sein, sich für die eine oder andere Finanzierungslösung zu entscheiden. Vergleichen Sie am besten die tatsächlichen Kosten verschiedener Darlehensangebote über die gesamte Laufzeit (bzw. über die Zinsbindungsfrist). Schauen Sie weiter, welche Finanzierungslösung von den Rahmendaten her am besten für Sie passt (Zinssicherheit, Flexibilität, Rate etc.). Der Zinssatz ist nur eines von verschiedenen Kriterien, um sich für oder gegen eine Finanzierungslösung zu entscheiden.

Mehr über die Berechnung des Effektivzinssatzes finden Sie im § 6 PANGV (Preisangabenverordnung).

Finanzierungsgestaltung in der Praxis

Einführung

Nun haben Sie schon viel theoretisches Hintergrundwissen erhalten. Damit die Theorie etwas greifbarer wird, zeige ich Ihnen in diesem Kapitel einige Beispiele für Finanzierungslösungen. Jede Finanzierung ist individuell, und wie bereits mehrfach erwähnt, hängt die richtige Lösung nicht nur von den persönlichen Wünschen, Zielen und Vorstellungen ab, sondern auch von der Bonität (= finanzielle Leistungsfähigkeit der Darlehensnehmer) und vom Objekt. Nicht jedes Objekt wird auch von jeder Bank finanziert.

Das Thema „Bonität" spielt eine wichtige Rolle. Pauschal kann man sagen, je weniger Eigenkapitel Sie haben, desto weniger Banken kommen infrage. Ob Sie ein Darlehen erhalten, hängt weiterhin davon ab, wie hoch Ihre Einnahmen und Ausgaben sind. Auch die Anzahl an Krediten spielt eine große Rolle.

Wenn Sie auf der einen Seite zwar hohe Einnahmen, auf der anderen Seite jedoch mehrere Ratenkredite und/oder kein Eigenkapital zur Verfügung haben, dann wird es schon schwierig mit einer Finanzierungszusage. Ein Kreditprüfer denkt sich: „Wenn die Einnahmen so hoch sind, warum konnte es der Kunde nicht schaffen,
6 Eigengeld anzusparen?" Oder: „Warum hat der Kunde trotz der hohen Einnahmen so viele Ratenkredite? Der scheint mit seinem Geld nicht auszukommen."

Die **Bonität**: Im Bankenjargon wird von materieller und persönlicher Kreditwürdigkeit gesprochen. Bei der materiellen Kreditwürdigkeitsprüfung geht es um Zahlen, Daten und Fakten. Die materielle Bonität steht unter der Frage: „Können Sie als Kunden mit Ihren Einnahmen und Ausgaben einen Kredit ordnungsgemäß zurückzahlen?" Es wird also Ihre dauerhafte finanzielle Leistungsfähigkeit geprüft.

Bei der persönlichen Bonität werden andere Kriterien angeschaut: Haben Sie häufiger Ihr Konto überzogen? Sind Lastschriften zurückgegangen? Wie war Ihr bisheriges Zahlungsverhalten? Wie zuverlässig sind Sie (werden beispielsweise Vereinbarungen eingehalten)? Bei der persönlichen Bonität werden aber auch die berufliche Qualifikation und Berufserfahrung, häufige Wechsel des Arbeitgebers, Stellung des Arbeitgebers (Insolvenzgefahr?) und vieles mehr geprüft. Auch die Einholung einer Schufa-Auskunft gehört dazu.

Kreditinstitute haben Richtlinien. Und wenn Sie nicht in das Schema der Richtlinien passen, gibt es häufig keine Chance der Darlehensgenehmigung. Solche Kriterien sind zum Beispiel:

- Mindestbeschäftigungsdauer bei einem Arbeitgeber muss gegeben sein
- eine bestimmte maximale Anzahl an Ratenkrediten darf nicht überschritten werden
- Vergabe von Krediten nur an Menschen im Arbeitnehmerverhältnis (bei diesen Kreditinstituten haben Selbstständige keine Chance)
- bei anderen Kreditgebern werden Selbstständige zwar finanziert, aber die Selbstständigkeit muss seit einer bestimmten Anzahl von Jahren bestehen (meistens müssen drei Jahresabschlüsse vorgelegt werden können)

Doch nicht nur die Bonitätsmerkmale spielen eine Rolle, sondern auch die Immobilie, die finanziert werden soll. So werden bestimmte Objekte pauschal nicht finanziert (zu groß, zu klein, zu alt, zu weit von der nächsten Stadt entfernt etc.). Insgesamt prüfen Kreditinstitute die folgenden Punkte:

- Einnahmen und Ausgaben
- Vermögen und Verbindlichkeiten
- Persönliches wie Familienstand, Anzahl der Kinder, Berufsstand, Sicherheit des Arbeitsplatzes
- Objektdaten

Mehr dazu erfahren Sie in Kapitel 9.

Doch wie wird die zu finanzierende Darlehenssumme berechnet?

Berechnung der Finanzierungssumme

Wie setzt sich die Finanzierungssumme zusammen? Die Rechnung ist im Grunde genommen einfach: Kaufpreis zuzüglich aller Kaufnebenkosten abzüglich Eigenkapital.

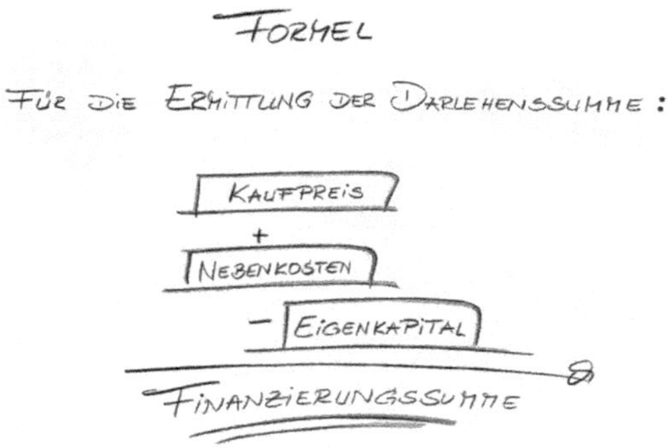

Komplizierter wird es bei einem Neubau oder wenn Sanierungsmaßnahmen mitfinanziert werden sollen. Dann müssen die Kosten genau kalkuliert werden. Leider sind nur wenige Banken so flexibel und bauen einen finanziellen Puffer mit ein, bei dem es egal ist, ob Sie ihn abrufen oder nicht.

Schwierig kann es werden, wenn Sie eine zu hohe oder eine zu niedrige Finanzierungssumme aufnehmen. Das kann passieren, wenn Sie ein Objekt neu bauen oder wenn Sie ein Objekt sanieren, um es
6 vermietungsfähig zu machen. Dazu zwei Beispiele:

Beispiele:

1. Am Ende des Bauprojekts/am Ende eines Sanierungsvorhabens fehlt noch Geld und Sie müssen einen weiteren Kredit aufnehmen. Das kann teuer werden, da Sie diesen Kredit nicht zu den Konditionen des Hauptkredites erhalten werden.

   Grund 1: Er muss im Grundbuch nachrangig abgesichert werden.

   Grund 2: Dieser zusätzliche Kredit ist bei der Prüfung des Beleihungsauslaufs nicht berücksichtigt worden.

   Grund 3: (Achtung: Vermutung, die sicherlich nicht für jedes Kreditinstitut gilt.) Es ist für Banken ein lukratives Geschäft. Sie brauchen als Kunde dringend diesen Kredit, Sie sind sozusagen in einer „Notsituation" und werden mit teuren Zinsen bestraft.

2. Sie haben einen (viel) zu hohen Kredit abgeschlossen. Das führt im Extremfall dazu, dass der Zins für den gesamten Vertrag abgeändert werden kann. Sie kalkulieren beispielsweise mit Gesamtkosten von 400.000 EUR (inkl. Grundstück) für einen Neubau. Mal angenommen, dies entspricht auch dem Beleihungswert des Objekts. Sie finanzieren 320.000 EUR, also 80 %. Nun geben Sie aber insgesamt keine 400.000 EUR aus, sondern nur 380.000 EUR.

   Da die Bank die Kondition auf Grundlage eines Beleihungswertes von 400.000 EUR gemacht hat, muss sie den Beleihungswert nach unten korrigieren. Wenn die Bank den Beleihungswert auf 380.000 EUR reduziert, haben Sie bei 320.000 EUR Kreditsumme nun einen Beleihungsauslauf von 84 %. Das könnte sich negativ auf den Zins auswirken. Dies ist natürlich ein Worst-Case-Szenario. Es gibt oft Möglichkeiten, gegenzusteuern. Doch das besprechen Sie bitte im Einzelfall mit Ihrem Finanzierungsberater.

Kommen wir zu den einfacheren Fällen zurück und schauen uns zunächst ein paar Nebenkosten an, die beim Kauf einer Immobilie anfallen bzw. anfallen können.

Nebenkosten

Kosten, die Sie stets berücksichtigen müssen:

- **Grunderwerbsteuer:** Je nach Bundesland beträgt sie 3,5 bis 6,5 Prozent auf den Kaufpreis der Immobilie. Wenn Sie nur ein Grundstück (ohne Bauträger bzw. ohne dazugehöriges Bauprojekt) kaufen, dann zahlen Sie die Grunderwerbsteuer nur auf das Grundstück. Wenn Sie mit dem Grundstück auch ein damit verbundenes Bauprojekt kaufen (z. B. beim Kauf über einen Bauträger), zahlen Sie die Grunderwerbsteuer auf die gesamte Kaufsumme, also auf das Grundstück und den Bau.
- Notar- und Gerichtskosten: Etwa 1,5 bis 2 Prozent Notar- und Gerichtskosten fallen für den Notartermin an – für die Löschung des alten Eigentümers, für die Eintragung des neuen Eigentümers, für die Eintragung einer Grundschuld und für sonstige Eintragungen wie beispielsweise eine Auflassungsvormerkung (= Eigentumsvormerkung). Wenn Sie mit einem Notarander-

konto oder einem Treuhandkonto arbeiten, dann fallen hierfür auch noch Kosten an. Die Höhe der Notar- und Gerichtskosten, die auf die Grundschuldeintragung entfallen, hängt von der Höhe der Grundschuld ab. Aus diesem Grund wird pauschal mit 1,5 bis 2 Prozent Notar- und Gerichtskosten gerechnet. Wenn Sie die genauen Kosten ermitteln wollen, geben Sie in Ihrer Suchmaschine zum Beispiel „Grundbuchrechner" oder „Grundschuldrechner" ein. Unter diesen Stichpunkten finden Sie sehr gute und genaue Rechner.

Kosten, die in vielen Fällen anfallen:

- Maklerkosten: Je nach Bundesland betragen sie 3 bis 6 Prozent zuzüglich Mehrwertsteuer, also 3,57 bis 7,14 Prozent. Die Höhe ist gesetzlich nicht festgeschrieben. Sie sollte sich an der „üblichen Maklerprovision" orientieren. So urteilte beispielsweise der Bundesgerichtshof, dass die Provision keine 11 Prozent betragen darf, wenn in der Region 7 Prozent gängig sind (BGH, Az.: I ZR 5/15).
- Individuelle Kosten:
  - Sanierungs-/Modernisierungskosten
  - Ausstattungsstandards verändern (z. B. neue Küche, neue Auslegeware)
  - Umzugskosten bei Eigennutzung
- Kosten durch Doppelbelastung (Miete auf der einen Seite, Finanzierungskosten auf der anderen Seite, wenn es Überschneidungen gibt)
- Bereitstellungszinsen/Bauzeitzinsen

6

Exkurs: Wer bezahlt den Makler?

Seit 23.12.2020 gelten folgende Regelungen:

Der Makler wird in der Regel von demjenigen bezahlt, der ihn beauftragt, also in der Regel vom Verkäufer. Es gilt das sogenannte Besteller-Prinzip. Es darf aber auch eine Doppelprovision mit Käufer und Verkäufer vereinbart werden. In diesem Fall müssen beide Seiten, also Käufer und Verkäufer, jeweils den gleichen Anteil an Provision an den Makler zahlen (z. B. je 3 Prozent zzgl. Mehrwertsteuer).

Dieses Gesetz gilt jedoch nur, wenn der Käufer als Verbraucher handelt, also eine Immobilie zur Selbstnutzung oder zur privaten Vermietung kauft. Handelt der Käufer gewerblich oder kauft er beispielsweise ein Mehrfamilienhaus, kann die Maklerprovision frei verhandelt werden.

Exkurs: Notaranderkonto/Treuhandkonto

Manchmal ist ein Notaranderkonto oder ein Treuhandkonto zwingend erforderlich.

Beispiel: Sie möchten ein Haus kaufen und müssen dafür 200.000 Euro Darlehen aufnehmen. Ihre Bank (Bank A) möchte dafür eine Grundschuld über 200.000 Euro in das Grundbuch eintragen lassen. Dies muss natürlich vor Auszahlung geschehen, da die Bank ansonsten keinerlei Sicherheiten hat.

Mal angenommen, der Verkäufer hat noch ein Restdarlehen von 100.000 Euro laufen, welches ebenfalls im Grundbuch abgesichert ist. Die Bank des Verkäufers (Bank B) möchte zunächst die 100.000 Euro Rückzahlung haben, bevor sie die Genehmigung zur Grundschuldlöschung erteilt.

Wir haben hier eine Patt-Situation: Bank A zahlt nicht aus, solange sie nicht erstrangig im Grundbuch eingetragen ist. Der erste Rang im Grundbuch ist jedoch von Bank B belegt. Diese erteilt keine Genehmigung zur Löschung, bevor nicht das Darlehen zurückgezahlt wurde.

Variante 1: Irgendwoher werden 100.000 Euro „gezaubert“, damit das Darlehen von Bank B zurückgezahlt wird. Diese Variante ist absolut unrealistisch.

Variante 2: Die Finanzierungssumme von Bank A, also die 200.000 Euro, werden auf ein Notaranderkonto oder ein Treuhandkonto gezahlt. Sobald das Geld ausgezahlt wurde, gibt der Notar (oder die Bank, bei der das Treuhandkonto läuft) „grünes Licht“ für Bank B. Diese kann nun sichergehen, dass das Darlehen zurückgezahlt wird, denn das Geld liegt auf dem Konto. Daraufhin erteilt sie die Genehmigung zur Löschung der Grundschuld.

Die Grundschuld von Bank B wird gelöscht, Bank A kann eine Grundschuld eintragen lassen und das Geld wird entsprechend freigegeben, sodass der Verkäufer und seine Bank es ausgezahlt bekommen können.

Eigenkapital, Eigenkapitalersatz und Eigenleistung

Eigenkapital

Als Eigenkapital werden liquide Mittel bezeichnet, die in eine Finanzierung mit eingebracht werden. Woher das Geld kommt (ob vom Girokonto, aus Sparguthaben, aus Versicherungsguthaben, aus der Familie etc.) ist unerheblich.

Grundsätzlich gilt: Gesamtkosten abzüglich Eigenkapital = zu finanzierende Summe.

Ebenso als Eigenkapital gilt ein bezahltes Grundstück. Wenn beispielsweise auf einem lastenfreien Grundstück (also auf einem Grundstück, welches nicht mit Grundschulden belastet ist) ein Neubau errichtet wird, dann gilt dieses Grundstück als Eigenkapitel.

Die Rechnung sieht dann wie folgt aus: Wert des Grundstücks zuzüglich Wert des Gebäudes = Gesamtwert des Objekts. (Je nachdem, welche Kriterien angesetzt werden, sprechen wir hier vom Verkehrswert [tatsächlicher Marktwert] oder vom Beleihungswert [nachhaltig erzielbarer Wiederverkaufswert aus Sicht der Bank].)

Beispiel:

Wert des Grundstücks: 100.000 EUR
Wert des Gebäudes: 400.000 EUR
= Gesamtwert 500.000 EUR

Wenn nun ausschließlich die 400.000 EUR finanziert werden müssen, weil ein lastenfreies Grundstück vorhanden ist und die Nebenkosten aus Eigengeld bezahlt werden, dann läge der Beleihungsauslauf bei 80 % (Rechnung: 400.000 : 500.000 × 100).

Eigenkapitalersatz(-darlehen)

Als Eigenkapitalersatz bzw. Eigenkapitalersatzdarlehen werden Darlehen bezeichnet, die entweder im Grundbuch nach dem Hauptdarlehen oder gar nicht eingetragen werden, zum Beispiel Ratenkredite. (Blättern Sie auch gerne zurück zum Thema „Nachrangdarlehen" im Kapitel über die verschiedenen Darlehensarten.) Durch eine solche Konstellation können Darlehenszinsen für das Hauptdarlehen reduziert werden.

Beispiel:

Gesamtkosten inkl. Nebenkosten: 440.000 EUR

Das entspricht auch der zu finanzierenden Summe.

Der Beleihungswert (= nachhaltig erzielbarer Wiederverkaufswert aus Sicht der Bank) liegt jedoch nur bei 400.000 EUR. Somit ergäbe sich hier ein Beleihungsauslauf von 110 %.

Wenn die Bank aber nur bis 100 % finanzieren könnte, dann müssten 40.000 EUR als Eigenkapital eingesetzt oder alternativ ein Eigenkapitalersatzdarlehen aufgenommen werden.

Warum das so ist, haben Sie bereits im „Exkurs Zwangsversteigerung" im vorigen Kapitel gelesen. Nachrangdarlehen sind für die Ermittlung der Kondition des Erstrangdarlehens nicht relevant. Allerdings verändern Nachrangdarlehen natürlich die Bonität, weil weitere Darlehensraten gezahlt werden müssen.

Eigenleistung

Als Eigenleistung werden ersparte Handwerksleistungen bezeichnet. Um den Wert einer Eigenleistung zu ermitteln, ist es erforderlich, den Handwerkerlohn für eine bestimmte Handwerkstätigkeit zu kennen. Eigenleistungen können bei der Konditionsgestaltung der Bank teilweise wie Eigenkapital betrachtet werden.

Beispiel: Sanierungsmaßnahmen

Kaufpreis des Objekts: 250.000 EUR
Nebenkosten: werden aus Eigenkapital gezahlt
Sanierungsmaßnahmen: 50.000 EUR – hiervon entfallen 20.000 EUR auf die Materialkosten und 30.000 EUR auf Handwerksleistungen
Gesamtkosten: 300.000 EUR
Beleihungswert des Objekts nach Sanierung: 300.000 EUR

Variante 1: Die vollen 300.000 EUR werden finanziert und ein Handwerker wird mit den Sanierungsmaßnahmen beauftragt. Der Beleihungsauslauf (und die entsprechende Kondition hierfür) läge bei 100 %.

Variante 2: Die Handwerksleistungen können selbst durchgeführt werden, in sogenannter Eigenleistung. Es werden also

250.000 EUR für den Kaufpreis und 20.000 EUR für das Material benötigt, insgesamt also 270.000 EUR. Der Wert der ersparten Handwerksleistung liegt bei 30.000 EUR und kann wie Eigengeld betrachtet werden.

Der Beleihungswert der Immobilie liegt bei 300.000 EUR, es werden jedoch nur 270.000 EUR benötigt, weil die Handwerksleistungen selbst durchgeführt werden. Somit beträgt der Beleihungsauslauf nur noch 90 % und die Kondition wird dadurch sehr wahrscheinlich etwas günstiger ausfallen.

Achtung: Bei Laien (bezogen auf das Handwerk) wird von den meisten Banken lediglich eine Eigenleistung von maximal 12.000 bis 15.000 Euro akzeptiert. Wenn die beruflichen Qualifikationen jedoch nachgewiesen werden können, dann werden von vielen Banken durchaus auch höhere Eigenleistungen akzeptiert. Aus diesem Grund fragen Banken nach dem Beruf derjenigen, die die Eigenleistung ausführen werden. Gleichzeitig wird auch hinterfragt, ob überhaupt die Zeit für Eigenleistungen vorhanden ist.

Wenn beispielsweise ein komplettes Haus in Eigenleistung erstellt werden soll, weil der Darlehensnehmer Zimmermann ist und seine Brüder Elektriker und Dachdecker sind, dann ist die Qualifikation durchaus gegeben. Doch, wenn alle „nebenbei" noch einen 40-Stunden-Job haben, dann ist die Frage nach der Zeit für die Errichtung des Neubaus durchaus berechtigt. Nehmen sich alle Beteiligten Urlaub? Wird das Objekt nur an den Wochenenden erbaut? Wie wird die Bauzeit kalkuliert?

Finanzierungsgestaltung für Kapitalanleger

Als Kapitalanleger wird in der Immobilienwelt jemand bezeichnet, der eine Immobilie zur Vermietung kaufen möchte. Die Motive hierfür können unterschiedlich sein. Hauptmotive sind meistens:

- Vermögensaufbau
- Altersvorsorge
- Steuern sparen
- Suche nach inflationsgeschützter Kapitalanlage

- Geld von Girokonten oder Sparkonten aufgrund von Negativzinsen und Verwahrentgelten herunterzunehmen und gewinnbringend anzulegen
- Suche nach interessanten Investitionsmöglichkeiten
- Aufbau eines passiven Einkommens durch Mieteinnahmen

Für die Finanzierungsgestaltung stellt sich vor allem die Frage, ob die Schnelligkeit der Entschuldung (also Höhe der Tilgung) oder steuerliche Themen im Vordergrund stehen. Fragen, die Sie sich als Darlehensnehmer also stellen sollten, sind: Soll die Finanzierung so gestaltet werden, dass Sie möglichst lange die Zinsen als Werbungskosten geltend machen können? Oder möchten Sie in erster Linie Kapital (z. B. für die Rente) aufbauen?

Die Antworten sind entscheidend dafür, welche Darlehensform gewählt werden sollte. Steht der Kapitalaufbau und die schnelle Entschuldung im Vordergrund, bietet sich ein Annuitätendarlehen an. Liegt der Schwerpunkt bei der „steuerlichen Optimierung", dann sollten Sie ein Darlehen gegen Tilgungsaussetzung bevorzugen. Wie das mit der steuerlichen Absetzbarkeit funktioniert und welche Kosten wann als Werbungskosten in der Steuererklärung angegeben werden können, das erfahren Sie im nächsten Kapitel.

Welche Finanzierungsform passt zu Ihnen?

Um diese Frage beantworten zu können, gebe ich Ihnen ein paar Hilfestellungen an die Hand. Wie wichtig sind Ihnen die folgenden Punkte auf einer Skala von eins bis fünf, wobei eins für „nicht besonders wichtig" und fünf für „ganz besonders wichtig" stehen?

Motiv	**Auf einer Skala von 1 bis 5 wären es …**
Allgemeiner Vermögensaufbau	
Inflationsgeschützte Investition von Kapital	
Altersvorsorge	
Steuerliche Vorteile	
Aufbau eines passiven Einkommens durch die Kaltmiete	

Bitte beantworten Sie auch die folgende Frage. Was ist Ihnen wichtiger?

a) eine schnelle Entschuldung (und damit der möglichst schnelle Aufbau eines Einkommens aus Mieteinnahmen)

b) eine optimale Nutzung von steuerlichen Vorteilen

Das eine schließt das andere nicht zwangsläufig aus, jedoch sollten Sie beim Thema „Finanzierung" hier eine Entscheidung treffen.

Ist der Zinssatz bei allen Finanzierungsvarianten gleich hoch, gilt Folgendes: Wenn Sie die wirtschaftlich günstigste Variante (ohne Berücksichtigung von steuerlichen Vorteilen) nutzen möchten, dann sollten Sie auf jeden Fall direkt tilgen, also ein Annuitätendarlehen abschließen. Wenn Sie möglichst lange einen möglichst hohen Betrag an Zinsen steuerlich geltend machen möchten (in Form von Werbungskosten), dann bietet sich ein Tilgungsaussetzungsdarlehen an. Beide Finanzierungsformen wurden bereits im Kapitel über die verschiedenen Darlehensarten erläutert.

Mal angenommen, Sie möchten den größtmöglichen steuerlichen Effekt nutzen, dann bietet es sich an, möglichst wenig Eigenkapital einzusetzen (auch wenn der Sollzinssatz dann etwas höher ist) und ein Darlehen gegen Tilgungsaussetzung abzuschließen. Von der Rate her investieren Sie optimalerweise maximal 75 Prozent der Kaltmiete.

Wenn Sie ein Darlehen gegen Tilgungsaussetzung abschließen, können Sie einen gleichbleibenden Zinsbetrag jedes Jahr als Werbungskosten angeben. Die Tilgung (= Rückzahlung) fließt dann in ein anderes Produkt, zum Beispiel in einen Bausparvertrag oder einen Investmentsparvertrag.

Wie sich ein Annuitätendarlehen und ein Zinszahlungsdarlehen (= Darlehen gegen Tilgungsaussetzung) bezüglich der steuerlichen Absetzbarkeit unterscheiden, zeige ich Ihnen anhand des folgenden Vergleichs: Das Darlehen beträgt in beiden Varianten 300.000 Euro und der Zinssatz liegt bei 3 Prozent. Der Einfachheit halber wird von jährlicher Zahlungsweise ausgegangen. Die Gesamtrate pro Jahr beträgt gleichbleibend 18.000 EUR.

Variante 1: Annuitätendarlehen

Die Beträge in der Tabelle sind Euroangaben pro Jahr, kaufmännisch gerundet. Die Spalte zur Zinszahlung und die Spalte zur Tilgungsleistung ergeben addiert stets 18.000 EUR Gesamtleistung pro Jahr.

Jahr	Darlehensstand zu Jahresbeginn	Zinszahlung bis Jahresende	Tilgungsleistung im Berechnungsjahr	Darlehensstand zum Jahresende	Werbungskosten	Steuerersparnis bei 30 % Spitzensteuersatz
1	300.000	9.000	9.000	291.000	9.000	2.700
2	291.000	8.730	9.270	281.730	8.730	2.619
3	281.865	8.456	9.544	272.321	8.456	2.537

Bei einem Annuitätendarlehen sinkt durch die regelmäßige direkte Tilgung der jährlich zu zahlende Zinsanteil. Da jedoch nur die gezahlten Zinsen als Werbungskosten in der Steuererklärung angegeben werden können, sinkt die jährliche Steuerersparnis aus dieser Finanzierung.

Variante 2: Darlehen gegen Tilgungsaussetzung

Die Spalte zur Zinszahlung und die Spalte zur Tilgungsleistung ergeben addiert stets 18.000 EUR Gesamtleistung pro Jahr. Das Darlehen wird jedoch nicht direkt getilgt. Die Tilgungsleistung wird in einen Sparvertrag (z. B. Investmentsparen oder Bausparen) gezahlt.

Jahr	Darlehensstand zu Jahresbeginn	Zinszahlung bis Jahresende	Tilgungsleistung im Berechnungsjahr	Darlehensstand zum Jahresende	Werbungskosten	Steuerersparnis bei 30 % Spitzensteuersatz
1	300.000	9.000	9.000	300.000	9.000	2.700
2	300.000	9.000	9.000	300.000	9.000	2.700
3	300.000	9.000	9.000	300.000	9.000	2.700

Bei dieser Variante wird während der Zinsbindungsfrist immer der gleiche Zinsbetrag gezahlt. Dieser Zinsbetrag kann jedes Jahr in gleicher Höhe als Werbungskosten in der Steuererklärung angegeben werden. Die Steuerersparnis bleibt somit über den gesamten Zinsbindungszeitraum gleich (vorausgesetzt, der persönliche Spitzensteuersatz verändert sich nicht). Am Ende der Zinsbindungsfrist wird das Darlehen ganz oder teilweise aus dem Kapital zurückgezahlt, welches in den Sparvertrag geflossen ist.

Wie sollte sich die Finanzierungrate gegenüber der zu erwartenden Miete verhalten?

Um diese Frage zu beantworten, stellt sich zunächst die Frage, welche sonstigen (objektbezogenen) Kosten Sie von der Miete zu zahlen haben. Viele Kosten, die mit einer Immobilie verbunden sind, können Sie auf den Mieter umlegen, zum Beispiel die Grundsteuer oder die Kosten für Gartenpflege, Gebäudereinigung und Müllbeseitigung. Andere Kosten wiederum sind nicht auf den Mieter umlegbar und müssen von Ihrer Kaltmiete gezahlt werden. Sie werden nicht umlagefähige Kosten genannt.

Kosten, die nicht auf den Mieter umlegbar sind:

- Verwaltungskosten
- Reparaturkosten
- Instandhaltungskosten
- Bankkosten
- Mietausfallwagnis bzw. Mietausfallversicherung

Welche Kosten auf den Mieter umlegbar sind und welche nicht, ist in der Betriebskostenverordnung geregelt. In dieser ist unter anderem auch festgelegt, dass Verwaltungskosten und Kosten für den Erhalt der Immobilie bereits mit der Miete beglichen werden. Verwaltung und Instandhaltung sind laut Gesetz zwingend erforderlich, um für den Mieter überhaupt einen bestimmungsgemäßen Gebrauch des Mietobjekts zu gewährleisten. Deswegen sind sie nicht umlagefähig.

Wie können Sie die Kosten kalkulieren?

Grundsätzlich gibt es hier zwei Ansätze: die Individualbetrachtung und das Rechnen mit Pauschalen.

Individualberechnung

Wie viel Geld Sie von Ihrer Kaltmiete für Instandhaltung und Reparaturmaßnahmen als Rücklage behalten sollten, hängt vor allem vom Alter und dem Zustand des Objekts ab. Deswegen ist dieser Kostenpunkt individuell zu betrachten. Verwaltungs- und Bankkosten hingegen können Sie sehr genau kalkulieren. Diese sind in der Regel festgelegt.

Thema „Mietausfallwagnis“: Wie viele Monate könnten Sie einen Mietausfall finanziell verkraften? Haben Sie Rücklagen oder sind Ihre sonstigen Einkünfte hoch genug, um einen eventuellen Mietausfall kompensieren zu können? Falls ein Mietausfall für Sie wirtschaftlich schwer zu verkraften wäre, sollten Sie sich unbedingt mit Mietausfallversicherungen beschäftigen.

Berechnung von Pauschalen

Wenn Sie die individuellen Kosten nicht berechnen können oder wollen, dann können Pauschalen genutzt werden. Kreditinstitute haben zwei unterschiedliche Ansätze. Welcher dieser Ansätze genutzt wird, ist in den Kreditrichtlinien der einzelnen Banken geregelt.

Variante 1: Es werden 25 Prozent Rücklage für die oben genannten Kosten- und Risikopositionen kalkuliert. Das bedeutet, dass Sie maximal 75 Prozent der voraussichtlichen Kaltmiete für eine Finanzierungsrate nutzen sollten. 6

Variante 2: Es werden 1,50 bis 2,50 Euro pro Quadratmeter Wohnfläche als Rücklage kalkuliert (je nach Zustand des Objekts).

Beispiel:

Ihre zu erwartende Kaltmiete für eine 50-Quadratmeter-Wohnung beträgt 500 EUR.

Bei Berechnungsvariante 1 ergäbe sich eine Rücklage von 125 EUR (das würde einem Wert von 2,50 EUR pro Quadratmeter Wohnfläche entsprechen). Für die Finanzierung wären somit 375 EUR monatlich übrig.

Bei Berechnungsvariante 2 ergäbe sich eine monatliche Rücklage von lediglich 75 EUR (bei 1,50 EUR pro Quadratmeter Wohnfläche) bis 125 EUR (bei 2,50 EUR pro Quadratmeter Wohnfläche).

Je nach Ansatz bleiben somit zwischen 375 EUR und 425 EUR für die monatliche Finanzierungsrate (oder als zusätzliche Brutto-Einnahme) übrig.

Resümee:

Auch wenn Sie 500 Euro Kaltmiete einnehmen, sollten Sie maximal 400 Euro davon monatlich ausgeben.

Vorsorglich sei noch erwähnt: Es handelt sich um eine Brutto-Einnahme, das heißt, diese Einnahme ist noch zu versteuern. Sollte die Summe der steuerlich absetzbaren Kosten (z. B. Zinsen und AfA) höher sein als Ihre Einnahme, dann haben Sie hierauf keine Einkommensteuer zu zahlen. Sollten sich jedoch unterm Strich Ihre Gesamteinnahmen durch die Mieteinnahme erhöhen, dann kalkulieren Sie bitte die Steuerbelastung mit ein.

Finanzierungsgestaltung für Eigennutzer

Da auch die selbst genutzte Immobilie Kapitalaufbau bedeutet, gibt es an dieser Stelle ein kleines Kapitel zu diesem Thema. Die Fragen, die Sie sich im Vorfeld stellen sollten, haben Sie schon in den vorherigen Kapiteln kennengelernt.

Zusammengefasst sind es vor allem die folgenden Punkte, über die Sie sich Klarheit verschaffen sollten:

- Länge der Zinsbindung (oder anders gefragt: Wie viele Jahre Zinssicherheit wünschen Sie?)
- Wie viel Eigengeld kann/soll eingebracht werden?
- Wie hoch darf/kann die Rate sein (vielleicht auch im Hinblick darauf, dass Sie in der Zukunft noch die eine oder andere Immobilie zur Vermietung kaufen möchten)?
- Welchen Stellenwert haben für Sie Sondertilgungs- oder Ratenveränderungsoptionen?
- Können oder wollen Sie eventuelle Förderungen (z. B. KfW-Darlehen) mit einbinden?

- Wie sieht es mit der Absicherung Ihrer Arbeitskraft aus? Sollten Ihre Versicherungen überprüft werden?

Im Unterschied zu Kapitalanlegern gilt: Zinsen sind beim Eigennutzer echte Kosten, und zwar in voller Höhe! Sie können nicht als Werbungskosten in der Steuererklärung angegeben werden. Je schneller Sie das Darlehen tilgen, umso günstiger wird Ihre Immobilie unterm Strich, denn Sie zahlen für Ihre Immobilie nicht nur den Kaufpreis, sondern auch die Zinsen.

Doch eine schnelle Tilgung ist nicht alles. Vergessen Sie bitte nicht, dass Sie wahrscheinlich auch noch einen gewissen Lebensstandard haben möchten. Leider habe ich in der Vergangenheit häufiger Familien erlebt, bei denen das Traumhaus irgendwann zum Albtraum wurde, weil sie sich ein zu großes finanzielles Gefängnis gebaut haben. Ich nenne es gerne das Geld-Zeit-Gefängnis. Je höher die Verschuldung ist und je höher die zu zahlenden monatlichen Raten sind, umso weniger Möglichkeiten bleiben (je nach Einkommenshöhe und Rücklagen), um beispielsweise die Arbeitszeit mal zu reduzieren, in einen anderen Job zu wechseln, sich selbstständig zu machen oder sich einfach mal einen teureren Urlaub zu leisten.

Wenn neben der Belastung für das Haus vielleicht noch unerwartet Kredite aufgenommen werden (beispielsweise für Heizungs- oder Dachreparaturen), wird das Budget immer enger. Im Zweifel muss noch mehr gearbeitet und an Konsumausgaben gespart werden, um die Raten bezahlen zu können.

Die monatliche Rate sollte also gut kalkuliert werden. Meine Empfehlung ist, eine Sondertilgungsoption mit einzubauen. Je schneller Sie sich entschulden, zum Beispiel durch Sondertilgungen, umso günstiger wird Ihr Haus unterm Strich. Bitte lassen Sie sich von Ihrem Berater auch Angebote für KfW-Darlehen geben (z. B. für das Wohneigentumsprogramm), die teilweise hochinteressante Zinssätze haben. Besonders spannend wird es, wenn Sie diese KfW-Darlehen über eine Förderbank beantragen und sie im Grundbuch an zweiter Stelle eintragen können. Dadurch sinkt der Zinssatz des Hauptdarlehens durch den besseren Beleihungsauslauf (siehe Kapitel 5).

Für Eigennutzer bieten sich sowohl das Annuitätendarlehen als auch eine Bausparfinanzierung an. Das Annuitätendarlehen ist der Klassiker und im Vergleich zur Bausparvariante kostengünstiger, weil das Darlehen ab der ersten Rate getilgt wird (vorausgesetzt, beide Varianten rechnen mit dem gleichen Sollzinssatz). Da bei einer Bausparfinanzierung in den ersten zehn bis 15 Jahren die Tilgung in einen Bausparvertrag gezahlt wird (und nicht direkt zur Darlehenstilgung genutzt wird), zahlen Sie einerseits einen höheren Gesamtbetrag an Zinsen und andererseits noch eine Abschlussgebühr für den Bausparvertrag. Doch Bausparen kann, je nach Gesamtkonstellation, auch eine sehr sinnvolle Variante bei einer selbst genutzten Immobilie sein.

Sie lohnt sich häufig dann, wenn eine langfristige Zinssicherheit gewünscht wird. Nur sehr wenige Kreditgeber bieten aktuell (Stand Frühjahr 2022) im Bereich der Annuitätendarlehen eine Zinsbindungsdauer von 30 oder sogar 40 Jahren an. Es sind gerade mal drei Kreditgeber (Münchner Hypothekenbank, Hannoversche Leben und die Allianz), die diese Möglichkeit bieten.

Ob bei langfristigen Zinssicherheiten ein Annuitätendarlehen oder eine Bausparlösung günstiger ist, hängt vom Zinssatz und den Gesamtkosten ab. Häufig sind die langfristigen Darlehenslösungen (mit entsprechender Zinssicherheit) über Bausparkassen kostengünstiger als langfristige Annuitätendarlehen. Eine Bausparlösung für Eigennutzer lohnt sich also vor allem dann, wenn der Durchschnittssollzins günstiger ist als bei einem Annuitätendarlehen.

Sollten Sie zwei Angebote vorliegen haben (Annuitätendarlehen und Bausparkombilösung), dann vergleichen Sie beide Finanzierungsvarianten am besten über die Berechnung der (voraussichtlichen) Gesamtkosten. Das ist recht einfach, da bei beiden Darlehensvarianten alle Kosten und Raten bis zur Komplettrückzahlung des Darlehens bekannt sind und im Angebot aufgeführt werden. Optimalerweise können Sie die Summe der Gesamtkosten bereits dem Angebot entnehmen.

Falls nicht, rechnen Sie einfach alle Raten zusammen (wenn beispielsweise für 30 Jahre durchgängig die gleiche Rate angegeben ist, dann rechnen Sie Rate mal 12 mal 30 Jahre und haben dann die Gesamtkosten). Achtung bei Abschlussgebühren eines Bausparvertrags: Schauen Sie hier bitte, ob Sie die Abschlussgebühr mit der laufenden Rate begleichen oder eine Soforteinzahlung tätigen müssen. Die Abschlussgebühr sowie eventuelle Kontoführungsgebühren müssen bei der Gesamtkostenbetrachtung mit hinzugezogen werden. Übrigens: Für ein Darlehen darf keine Kontoführungsgebühr vonseiten eines Kreditinstituts berechnet werden. Die Kontoführungsgebühr kann also lediglich beim Bausparvertrag berechnet werden, oder bei Girokonten, die extra für die Finanzierung abgeschlossen werden.

Die wirtschaftliche Betrachtung (Zinssatz und Gesamtkosten) ist ein Ansatz, um eine Entscheidung für oder gegen eine Finanzierungslösung zu treffen. Doch unabhängig davon sollten Sie sich zusätzlich die Vor- und Nachteile beider Finanzierungsvarianten anschauen (siehe Kapitel 5). Manchmal sind Punkte wie Flexibilität, Sondertilgungsoptionen, Ratenveränderungsmöglichkeiten etc. die wichtigeren Entscheidungskriterien als der Zinssatz bzw. die Gesamtkosten.

Der Vollständigkeit halber sei an dieser Stelle noch die Riester-Förderung genannt. Prüfen Sie individuell, ob die Einbindung der Riester-Förderung für Sie infrage kommen könnte. Riester hat viele Vor- und Nachteile. Im Bereich der Immobilienfinanzierung ist es ein recht komplexes Thema, welches allein schon mehrere Kapitel füllen könnte; weil sich dieses Buch aber auf Kapitalanleger fokussiert, bekommt es hier keinen weiteren Raum. Da keine pauschale Aussage getroffen werden kann, ob Riester für Sie gut oder schlecht ist, empfehle ich, eine individuelle Beratung in Anspruch zu nehmen.

Übrigens: Sie werden feststellen, dass viele Vermittler/Berater beim Thema „Riester" fachlich nicht sattelfest sind. Lassen Sie sich nicht mit pauschalen Aussagen wie „Wohnriester ist sowieso Mist" abspeisen. Es hat durchaus seine Berechtigung – und wie bei jedem Produkt gibt es Vor- und Nachteile. Eine durchaus interessante Riester-Variante ist meiner persönlichen Meinung nach (hier sind andere vielleicht anderer Meinung), dass Sie die Riester-Förderung in einen Riester-Bausparvertrag zahlen. So können Sie auf der einen Seite die Riester-Förderung nutzen und haben auf der anderen Seite während der Ansparphase noch nicht die komplizierten Regularien der Riester-Darlehen zu beachten. Doch wie gesagt, das Thema „Wohnriester" (in Form von Darlehen) ist komplex, und ich empfehle hier eine individuelle Beratung.

Finanzierungsgestaltung für gemischt genutzte Immobilien

Manchmal werden Objekte gemischt genutzt, zum Beispiel, wenn Sie ein Doppelhaus kaufen und eine Seite selbst bewohnen, während die andere vermietet wird, oder Sie erwerben ein Haus mit

Einliegerwohnung oder ein Mehrfamilienhaus, in dem Sie eine Wohnung selbst nutzen.

Bei solchen Konstellationen gilt es, eine möglichst geschickte Finanzierungsvariante zu wählen, die es Ihnen ermöglicht, die selbst genutzte Einheit so schnell wie möglich zu entschulden und die andere(n) Einheit(en) steuerlich so günstig wie möglich zu finanzieren.

Hier ist es notwendig, dass es unterschiedliche Kreditverträge gibt, damit vonseiten des Finanzamtes die Kreditverträge genau zugeordnet werden können. Auch, wenn mehrere Kreditverträge abgeschlossen werden, kann alles über die gleiche Grundschuld abgesichert werden. Das Finanzamt interessiert sich lediglich für die Darlehensverträge, nicht für die Grundschuld.

Die Grundschuld ist die sogenannte dingliche Absicherung (also die Sicherheit für die Bank) für abgeschlossene Darlehensverträge. Theoretisch könnte die Grundschuld zur Absicherung der Darlehen auch über ein anderes Objekt laufen.

Zur Wiederholung, damit die folgende Beispielrechnung für Sie nachvollziehbar wird:

- Darlehenszinsen bei einer vermieteten Immobilie können als Werbungskosten abgesetzt werden. Wenn Sie beispielsweise einen Spitzensteuersatz von 35 Prozent haben, dann bekommen Sie quasi 35 Prozent Ihrer Zinszahlungen in Form von Steuererstattungen vom Finanzamt zurück.
- Bei einer selbst genutzten Wohneinheit können Zinsen NICHT als Werbungskosten in der Steuererklärung angegeben werden.

Daraus folgt, dass die Finanzierung so gestaltet sein sollte, dass möglichst viel des Eigengeldes und ein Großteil der Tilgung in die selbst genutzte Wohneinheit fließen sollte. Ich verdeutliche es anhand eines vereinfachten Beispiels:

Es soll ein Doppelhaus gekauft und finanziert werden. Würde der Darlehensnehmer sich keine Gedanken über Steueroptimierung machen und einen einzigen Kreditvertrag über die gesamte Finanzierungssumme abschließen, dann würde das Finanzamt das Eigenkapital bzw. die Finanzierungssumme anteilig auf beide Hälften entsprechend der Wohnfläche verteilen. Daher empfehle ich zwei separate Kreditverträge, einen anteilig für die vermietete und einen anteilig für die selbst genutzte Immobilie.

Mal angenommen, das Haus kostet inklusive Nebenkosten 600.000 Euro und Sie wollen 500.000 Euro finanzieren. Das Haus hat 200 Quadratmeter Wohnfläche, von denen 80 selbst genutzt und 120 Quadratmeter vermietet werden. Das sind 40 Prozent Selbstnutzung und 60 Prozent Vermietung. Wenn Sie nun einen Darlehensvertrag für das Gesamtobjekt abschließen würden, dann würde das Finanzamt Ihre 100.000 Euro Eigenkapital aufteilen: 40 Prozent, also 40.000 Euro, werden der selbst genutzten Einheit zugeordnet, 60.000 Euro der vermieteten. Ähnlich ist es bei den Darlehenszinsen: 40 Prozent der Darlehenszinsen können steuerlich nicht als Werbungskosten angesetzt werden, weil sie auf die selbst genutzte Einheit entfallen. Wäre es demnach nicht viel sinnvoller, das gesamte Eigenkapital für die selbst genutzte Einheit aufzubringen und einen möglichst hohen Zinsbetrag steuerlich abzusetzen?

Wenn Sie mir bis hierhin folgen konnten, nehme ich Sie nun mit auf eine kleine Zahlenreise. Wir bleiben bei dem Beispiel: Sie kaufen ein Doppelhaus. Dieses Haus hat 200 Quadratmeter Wohnfläche. 80 Quadratmeter (also 40 Prozent) werden selbst genutzt, 120 Quadratmeter (also 60 Prozent) werden vermietet. Der Verständlichkeit halber verändere ich die oben genannten Rahmendaten ein wenig: Der Kaufpreis der Immobilie liegt bei 600.000 Euro, von denen Sie 500.000 Euro finanzieren möchten. Die Kaufnebenkosten bleiben (ebenfalls der Einfachheit halber) an dieser Stelle unberücksichtigt. Sie werden aus Eigengeld bezahlt. Im nächsten Kapitel erhalten Sie noch Informationen zur steuerlichen Absetzbarkeit von Kaufnebenkosten.

Wenn Sie nun einen einzigen Darlehensvertrag abschließen, dann teilt das Finanzamt das Darlehen auf: 60 Prozent des Darlehens, also 300.000 Euro, entfallen auf den vermieteten Teil. Nur die anteiligen Zinsen für diese 300.000 Euro können als Werbungskosten abgesetzt werden. Die Zinsen für die 200.000 Euro Darlehen bleiben steuerlich unberücksichtigt.

Somit wäre aus steuerlicher Sicht die nachfolgende Vorgehensweise sinnvoller. (Hinweis: Ich bin keine Steuerberaterin und dies ist keine steuerliche Beratung, sondern ein gut gemeinter Tipp. Bitte sprechen Sie den Einzelfall mit Ihrem Steuerberater durch.)

Für die Bonitätsprüfung der Bank gilt Ihre Gesamtsituation: Kaufpreis 600.000 Euro, von denen 500.000 Euro finanziert werden müssen. Vom Kaufpreis her entfallen 240.000 Euro (40 Prozent von

600.000 Euro) auf die selbst genutzte Einheit und 360.000 Euro (60 Prozent von 600.000 Euro) auf die vermietete.

Schritt 1: Aufteilung des Eigenkapitals

Das Eigenkapital wird komplett in die selbst genutzte Einheit investiert. Daraus ergibt sich ein erforderliches Darlehen von 140.000 Euro (240.000 Euro anteiliger Kaufpreis abzüglich 100.000 Euro Eigenkapital). Die vermietete Einheit wird ohne Eigenkapital finanziert. Daraus ergibt sich eine Darlehenssumme von 360.000 Euro (500.000 Euro Gesamtfinanzierung abzüglich 140.000 Euro Darlehen für die selbst genutzte Einheit).

Schritt 2: Darlehensgestaltung

Die selbst genutzte Einheit sollte so schnell wie möglich entschuldet werden. Hierfür bietet sich ein Annuitätendarlehen mit möglichst hoher Tilgung an. Für die vermietete Seite empfehle ich in diesem Fall ein Darlehen mit Tilgungsaussetzung. Die Tilgung für die vermietete Seite wird nun zum Beispiel in einen Bausparvertrag gezahlt.

Die Laufzeit für den ersten Teil hängt von den persönlichen Wünschen und der Höhe der Rate ab. Für dieses Beispiel nehmen wir einmal zehn Jahre Zinsbindung an. Während dieser zehn Jahre sollte das selbst genutzte Darlehen so hoch wie möglich getilgt werden. Die Zinsen für die vermietete Einheit können über diese zehn Jahre in voller Höhe als Werbungskosten abgesetzt werden.

Nach zehn Jahren hat das Annuitätendarlehen für die selbst genutzte Einheit eventuell noch eine Restschuld. Diese könnte beispielsweise mit dem Guthaben des Bausparvertrags abgelöst werden. Für die vermietete Einheit kann dann das Bauspardarlehen genutzt werden. Alternativ kann der gesamte Bausparvertrag (Guthaben und Darlehen) für die selbst genutzte Einheit verwendet werden, und für die vermietete Seite wird ein neues Darlehen beantragt.

Mit dieser Konstellation erzielen Sie folgende Ergebnisse:

- in den ersten zehn Jahren die höchstmögliche Steuerersparnis aus der vermieteten Einheit
- die gesamte Tilgung wird zur Entschuldung der selbst genutzten Einheit verwendet (da Sie nach zehn Jahren frei entscheiden können, wie der Bausparvertrag eingesetzt werden soll)

- Sie kommen der Verpflichtung zur Tilgung nach, da der Bausparvertrag in den ersten zehn Jahren der vermieteten Seite zugeordnet ist (Hinweis: Damit Zinsen überhaupt abgesetzt werden können, muss eine langfristige Gewinnerzielungsabsicht erkennbar sein. Reine Steuersparmodelle ohne Gewinnabsicht sind aus steuerlicher Sicht nicht erlaubt.)

Sehen Sie diese Finanzierungskonstellation als Anregung an. Bitte sprechen Sie Ihre individuelle Situation mit Ihrem Steuerberater durch.

Wie kann ich einen Zinssatz optimieren?

Zur Auffrischung: Der Zinssatz für ein Immobiliendarlehen hängt maßgeblich von dem sogenannten Beleihungsauslauf ab. Die dahinterstehende Frage lautet: Wie viel Prozent vom Beleihungswert wird an Darlehen aufgenommen? Der Beleihungswert ist der nachhaltig erzielbare Objektwert aus Sicht der Bank. Um ihn zu ermitteln, muss eine Bank bestimmte Kriterien einhalten. Diese findet man in der Beleihungswertermittlungsverordnung.

Typische Beleihungsgrenzen sind: 60, 80 und 100 Prozent. Wenn diese Grenze unterschritten werden, gibt es den nächstgünstigeren Zins. Einige Banken haben auch Zinsgrenzen bei 70 und 90 Prozent.

Um seinen Zinssatz zu optimieren, ist es zunächst sinnvoll, den Beleihungswert oder den aktuellen Beleihungsauslauf zu erfragen. Wenn dieser beispielsweise bei 82 Prozent liegt, dann ergibt es Sinn, unter die 80-Prozent-Grenze zu kommen, um den nächstbesseren Zinssatz zu erhalten. Hierfür gibt es vor allem zwei Möglichkeiten:

1. Einsatz von mehr Eigenkapital
2. Einsatz von Nachrangdarlehen

Um mehr darüber zu erfahren, blättern Sie gern zurück zu den bereits behandelten Themen „Nachrangdarlehen“ und „Förderdarlehen“ in Kapitel 5.

Wie sinnvoll sind Sondertilgungsmöglichkeiten?

Eine Sondertilgungsoption zu vereinbaren, ist in vielen Fällen sinnvoll. Wenn sie kostenfrei eingeschlossen werden kann, sollte sie in jedem Fall inkludiert werden. Ist sie jedoch mit einem höheren Zins verbunden, beantworten Sie sich selbst folgende Frage: Wie wahrscheinlich ist es, dass Sie in den nächsten zehn Jahren tatsächlich zusätzlich Geld in Ihre Finanzierung einzahlen, um schneller zu entschulden?

6 Einer der Hauptgründe für Sondertilgungen ist die schnellere Darlehenstilgung. Bei vermieteten Immobilien stellt sich die Frage, wie sinnvoll das tatsächlich ist. Wenn es nur um Kapitalaufbau geht, dann kann es durchaus sinnvoll sein, schnell zu entschulden. Je schneller das Darlehen zurückgezahlt wird, umso eher kann die Kaltmiete als zusätzliches Einkommen verwendet werden.

Auf der anderen Seite stellt sich beim jetzigen – ausgesprochen niedrigen – Zinsniveau die Frage, ob Sie Ihr Geld nicht lieber anderweitig für sich arbeiten lassen, anstatt schnell zu entschulden. In verschiedenen Anlagebereichen erhalten Sie eine höhere Rendite für Ihr Geld, als Sie an Zinsen für das Darlehen bezahlen.

Weiterhin sollte eine Sondertilgung gut überlegt sein, wenn steuerliche Gründe eine Rolle spielen. Wenn Sie die Kreditzinsen als Werbungskosten absetzen und Ihre zu zahlende Steuerlast reduzieren, ist es genau zu überlegen, inwiefern eine schnelle Entschuldung sinnvoll ist.

Einen Grund möchte ich Ihnen noch nennen, der ganz klar dafür spricht, eine Sondertilgungsoption in einen Darlehensvertrag zu inkludieren. Wenn Sie innerhalb der ersten zehn Jahre Ihr Darlehen kündigen sollten (z. B. aufgrund eines Verkaufs der Immobilie), dann haben Sie wahrscheinlich eine Vorfälligkeitsentschädigung an die Bank zu zahlen. Wenn Sie eine Sondertilgungsoption vereinbart haben, dann muss diese bei der Berechnung der Vorfälligkeitsentschädigung ab Kündigungszeitpunkt berücksichtigt werden. Die Bank muss bei der Berechnung des Zinsausfallschadens so tun, als ob Sie jedes Jahr (ab Kündigungszeitpunkt) die Sondertilgung in voller Höhe einzahlen würden. Das kann eine Vorfälligkeitsentschädigung massiv reduzieren.

Resümee:
Eine Sondertilgungsoption in den Vertrag zu inkludieren, ist auf jeden Fall sinnvoll. Ob sie dann tatsächlich auch genutzt werden sollte, hängt von verschiedenen Rahmenfaktoren ab.

Kann die Rate während der Zinsbindungszeit verändert werden?

John Lennon sagte einst: „Life is what happens to you while you're busy making other plans." Frei übersetzt heißt das: Leben ist das, was passiert, während du fleißig andere Pläne machst. 6

Finanzierungen werden meist über einen sehr langen Zeitraum abgeschlossen. In dieser Zeit kann viel passieren – Schönes, aber auch nicht so Erfreuliches. Manchmal erfordert es das Leben, seine monatlichen Kosten zu verändern. Dazu gehört auch die Finanzierungsrate. Leider ist das gar nicht so einfach. In vielen Fällen zieht eine Änderung der Darlehensrate eine neue Bonitätsprüfung nach sich. Gerade in Zeiten, in denen es Ihnen wirtschaftlich nicht so gutgeht, sollte es wohl überlegt sein, inwiefern Sie mit der Bank ins Gespräch gehen. Natürlich haben Kreditinstitute erst einmal das Ziel, mit Ihnen gemeinschaftlich gute Lösungen zu finden. Doch es gibt auch ein paar – für den Darlehensnehmer nicht so schöne – gesetzliche Regelungen im BGB, die dazu führen können, dass die Bank Ihr Darlehen außerordentlich kündigen kann. Solange Ihr Darlehen ganz normal läuft, Sie Ihren Ratenverpflichtungen ohne Verzögerungen nachkommen, ist alles gut. Doch vorsichtshalber möchte ich zwei Stellen im BGB zitieren, nach denen die Bank Ihr

Darlehen kündigen kann, wenn Sie in einer wirtschaftlichen Schieflage sind.

Doch zunächst beantworte ich Ihnen die Frage aus der Überschrift: Eine Ratenänderung ist schwierig bis ausgeschlossen. Deswegen kann es sinnvoll sein, von vornherein eine Ratenänderungsoption (= Tilgungssatzwechseloption) in den Vertrag einzubauen. Leider wird dies nur von einigen Kreditinstituten angeboten. Meist ist es so, dass Sie zweimal während der Laufzeit kostenfrei den Tilgungssatz verändern können.

Hier nun die beiden Gesetzesstellen, aufgrund derer Kreditinstitute außerordentliche Kündigungen aussprechen können:

§ 490 Abs. 1 BGB

Wenn in den Vermögensverhältnissen des Darlehensnehmers oder in der Werthaltigkeit einer für das Darlehen gestellten Sicherheit eine wesentliche Verschlechterung eintritt oder einzutreten droht, durch die die Rückzahlung des Darlehens, auch unter Verwertung der Sicherheit, gefährdet wird, kann der Darlehensgeber den Darlehensvertrag vor Auszahlung des Darlehens im Zweifel stets, nach Auszahlung nur in der Regel fristlos kündigen.

Erläuterung: Es muss noch nicht einmal eine Verschlechterung der wirtschaftlichen Verhältnisse eingetreten sein. Eine Bank kann theoretisch schon dann kündigen, wenn diese Verschlechterung einzutreten droht. Der zweite Teil des Absatzes bedeutet, dass ein Kreditgeber vor Auszahlung des Darlehens zu jedem Zeitpunkt kündigen kann – nach Auszahlung des Darlehens nur fristlos (der Darlehensgeber muss also keinerlei Kündigungsfristen einhalten).

Zum Glück habe ich es während meiner aktiven Zeit als Finanzierungsberaterin nie erlebt, dass eine Bank tatsächlich aufgrund des § 490 Absatz 1 BGB einen Darlehensvertrag gekündigt hat. Doch, weil es diesen Paragrafen gibt, sollten Sie nicht die sprichwörtlichen Hunde wecken, wenn Sie einen Liquiditätsengpass haben. In solchen Fällen ist eine Tilgungssatzwechseloption auf jeden Fall sinnvoll.

§ 498 BGB – Gesamtfälligstellung bei Teilzahlungsdarlehen

(1) Der Darlehensgeber kann den Verbraucherdarlehensvertrag bei einem Darlehen, das in Teilzahlungen zu tilgen ist, wegen Zahlungsverzugs des Darlehensnehmers nur dann kündigen, wenn

1. der Darlehensnehmer
   a) mit mindestens zwei aufeinander folgenden Teilzahlungen ganz oder teilweise in Verzug ist,
   b) bei einer Vertragslaufzeit bis zu drei Jahren mit mindestens 10 Prozent oder bei einer Vertragslaufzeit von mehr als drei Jahren mit mindestens 5 Prozent des Nennbetrags des Darlehens in Verzug ist und
2. der Darlehensgeber dem Darlehensnehmer erfolglos eine zweiwöchige Frist zur Zahlung des rückständigen Betrags mit der Erklärung gesetzt hat, dass er bei Nichtzahlung innerhalb der Frist die gesamte Restschuld verlange.

Der Darlehensgeber soll dem Darlehensnehmer spätestens mit der Fristsetzung ein Gespräch über die Möglichkeiten einer einverständlichen Regelung anbieten.

(2) Bei einem Immobiliar-Verbraucherdarlehensvertrag muss der Darlehensnehmer abweichend von Absatz 1 Satz 1 Nummer 1 Buchstabe b mit mindestens 2,5 Prozent des Nennbetrags des Darlehens in Verzug sein.

Übersetzt heißt das für Immobiliendarlehen: Eine Bank kann eine Immobilienfinanzierung kündigen, wenn der Darlehensnehmer mit zwei aufeinanderfolgenden Raten ganz oder teilweise im Verzug ist *und* er gleichzeitig mit mindestens 2,5 Prozent der ursprünglich vereinbarten Darlehenssumme im Rückstand ist. 6

Ganz oder teilweise heißt, dass es einem Darlehensnehmer leider nicht positiv ausgelegt wird, wenn er Zahlungswilligkeit zeigt, indem er eine Teilzahlung der Rate macht. Damit die Regelung etwas klarer wird, hier ein Zahlenbeispiel:

Beispiel:

Ursprünglicher Darlehensbetrag: 100.000 EUR
Vereinbarter Zinssatz: 1 %
Vereinbarter anfänglicher Tilgungssatz: 2 %

Daraus ergibt sich eine monatliche Rate von 250 EUR.

Mit zwei (Teil-)Raten im Rückstand zu sein, das kann schnell gehen. Allerdings gilt nach § 498 Abs. 2 BGB, dass gleichzeitig ein Rückstand von mindestens 2,5 % des Darlehensnennbetrags (= Ursprungsbetrag) bestehen muss, damit eine Bank das Darlehen kündigen darf. Das wäre in unserem Fall eine Summe von 2.500 EUR (2,5 % von 100.000 EUR). Somit muss der Darlehensnehmer mindestens mit 10 Raten im Rückstand sein.

Doch Achtung: Im Zweifel kann sich die Bank auf den vorher zitierten § 490 Abs. 1 BGB beziehen.

Resümee:
Die Vereinbarung einer Tilgungssatzwechseloption ist auf jeden Fall sinnvoll.

Die steuerliche Betrachtung

Reduzierung der Steuerlast

Eine vermietete Immobilie zu kaufen, lohnt sich in vielen Fällen allein schon deshalb, um die eigene Steuerlast zu reduzieren. Je höher das zu versteuernde Einkommen ist, desto höher ist auch der Steuerspareffekt durch eine vermietete Immobilie. Grundsätzlich können folgende Positionen als Werbungskosten (und somit zur Reduzierung der Steuerlast) angegeben werden:

1. die gezahlten Zinsen
2. bestimmte Kosten und Gebühren, die mit der Finanzierung im Zusammenhang stehen
3. bestimmte Kosten, die durch die Immobilie selbst entstehen
4. die AfA

Doch was genau gehört nun zu diesen Positionen? Vor allem die Punkte zwei bis vier schauen wir uns im Folgenden etwas genauer an. Die folgenden Berechnungen und Beispiele dienen dazu, Ihnen einen Überblick zu geben. Für konkrete Berechnungen wenden Sie sich bitte an Ihren Steuerberater.

Vermietete Immobilien – was kann abgesetzt werden?

Viele (aber leider nicht alle) Kosten, die durch den Kauf einer vermieteten Immobilie und die dazugehörige Finanzierung entstehen, können steuerlich abgesetzt werden. Mit steuerlicher Absetzbarkeit ist gemeint, dass entstandene Kosten in der Steuererklärung angegeben werden können. Diese Kosten reduzieren das zu versteuernde Einkommen und damit die Steuerlast. Die Kosten, die in der Steuererklärung angegeben werden können, heißen Werbungskosten.

Im Bereich der vermieteten Immobilien sind unter anderem folgende Kosten als Werbungskosten steuerlich absetzbar:

- Darlehenszinsen (jedoch *nicht* die Tilgung)
- Abschlussgebühren
- Bearbeitungsgebühren
- Beratungsgebühren (im Zusammenhang mit dem Kauf oder der Finanzierung der Immobilie)

- Fahrtkosten zur Immobilie
- Versicherungen
- verschiedene regelmäßig anfallende Kosten der Immobilie, die nicht vom Mieter getragen bzw. übernommen werden
- jährliche AfA (Absetzung für Abnutzung)

Manche Kosten werden in dem Jahr, in dem sie angefallen sind, als Werbungskosten angegeben, andere Kosten fallen in die sogenannte AfA und werden auf 40 bzw. 50 Jahre regelmäßig verteilt. Um zu unterscheiden, welche Kosten wann und wie abgesetzt werden können, gibt es steuerlich gesehen zwei Kostenarten:

1. die direkten Erwerbs- und Erwerbsnebenkosten
2. die indirekten Erwerbsnebenkosten

Die direkten Erwerbs- und Erwerbsnebenkosten können nicht als Ganzes im Entstehungsjahr abgesetzt werden, sondern werden in Form einer AfA (Absetzung für Abnutzung) auf mehrere Jahre verteilt (bei Standard-Wohnimmobilien auf 50 Jahre, das entspricht 2 Prozent AfA).

Die indirekten Erwerbsnebenkosten haben zum einen etwas mit der Finanzierung zu tun (Zinsen, Beratungsgebühren, Abschlussgebühren, Grundschuldbestellungsgebühren etc.), zum anderen gehören noch weitere Kosten, die mit dem Kauf der Immobilie zusammenhängen, dazu. Beispielhaft können hier Beratungskosten durch Anwälte und Steuerberater genannt werden. All diese Kosten werden als indirekte Erwerbsnebenkosten bezeichnet. Diese indirekten Erwerbsnebenkosten können in voller Höhe in dem Jahr, in dem sie entstanden sind, als Werbungskosten steuerlich abgesetzt werden.

Das klingt vielleicht zunächst kompliziert, ist es aber gar nicht. Kleine Eselsbrücke zur Unterscheidung: Mal angenommen, Sie hätten jede Menge Bargeld und brauchen für die Immobilienfinanzierung keine weiteren Finanzierungslösungen und auch keine Berater, weder Anwälte noch Steuerberater. Es fallen also nur die Kosten an, die direkt mit dem Kauf der Immobilie zu tun haben. Dazu gehören der Kaufpreis, die Grunderwerbsteuer, Maklerkosten (wenn vorhanden), aber auch die Notarkosten für die Beurkundung des Kaufvertrags und die Grundbuchkosten für die Eigentumsumschreibung. All diese Kosten fallen auf jeden Fall an, unabhängig davon, ob Sie eine Finanzierung benötigen oder nicht. Um diese Kosten kommen Sie nicht herum. Es sind direkte Erwerbs- und Erwerbsnebenkosten.

Die Berechnung dieser Kosten ist notwendig, um die AfA-Bemessungsgrundlage zu ermitteln. Auf Grundlage der AfA-Bemessungsgrundlage wird die jährliche AfA berechnet. Doch, bevor es hierzu weitere Erläuterungen und ein Berechnungsbeispiel gibt, differenzieren wir die Notar- und Gerichtskosten.

Zum einen gibt es die Kosten, die direkt mit dem Kauf und der Eigentumsübertragung zusammenhängen. Das sind die Beurkundungskosten des Kaufvertrags und die Kosten für die Eigentumsumschreibung beim Amtsgericht. Diese Kosten gehören zu den direkten Erwerbsnebenkosten. Alle anderen Notar- und Gerichtskosten fallen nur dann an, wenn die Immobilie finanziert wird. Dazu gehören die Beurkundung der Grundschuld beim Notar und die Eintragung dieser Grundschuld ins Grundbuch. Diese Kosten können in voller Höhe als Werbungskosten angesetzt werden.

Die Berechnung der AfA ist etwas komplexer, zumal ein Teil der anfallenden Kosten keinerlei steuerliche Berücksichtigung findet.

Wichtig: Für die Berechnung der AfA-Bemessungsgrundlage dürfen ausschließlich die Gebäudekosten und die anteilig darauf entfallenden Nebenkosten berücksichtigt werden.

Hintergrund: Nur ein Gebäude kann sich abnutzen, ein Grundstück nicht. Deswegen fließen nur die Gebäude- und anteiligen Gebäudenebenkosten in die AfA-Bemessungsgrundlage ein.

Jährliche AfA und AfA-Bemessungsgrundlage

Was genau heißt „jährliche AfA“ überhaupt für den Kapitalanleger? Die AfA ist ein jährlich gleichbleibender Betrag (eine Kostenposition), die jedes Jahr in genau dieser Höhe als Werbungskosten angegeben werden darf – unabhängig von den weiteren angefallenen Kosten, und unabhängig davon, ob eine vermietete Immobilie finanziert ist oder aus Eigenkapital bezahlt wurde. Solange die Immobilie im Eigentum verbleibt, darf dieser Betrag jedes Jahr als Werbungskosten angesetzt werden. Bei Verkauf der Immobilie entfällt die restliche AfA. Wenn ein Käufer diese Immobilie erwirbt, beginnt für ihn die AfA-Zeit von vorn.

Die AfA kann von ein und demselben Eigentümer maximal 40 bzw. 50 Jahre lang als Werbungskosten angegeben werden. Dann ist die

Immobilie voll abgeschrieben. Die Gesamtlaufzeit der Abschreibung hängt vom Baujahr des Gebäudes ab. Die Standardsätze für Wohnimmobilien betragen gemäß § 7 Abs. 1 Nr. 2 EStG:

Gebäude, die nach dem 31.12.1924 erbaut worden sind: 2 Prozent
Gebäude, die vor dem 01.01.1925 erbaut worden sind: 2,5 Prozent

Für einige Spezial-Immobilien (z. B. Baudenkmäler oder Immobilien in Sanierungsgebieten) gibt es noch weitere AfA-Sätze. Diese finden Sie in § 7 ff. EStG.

Damit es etwas nachvollziehbarer wird, schauen wir uns ein ausführliches Beispiel an:

Beispiel:

Kauf einer vermieteten Immobilie mit einem Kaufpreis von 500.000 EUR (hiervon entfallen 100.000 EUR auf den Grundstücksanteil).

Baujahr: 1995
Notar- und Gerichtskosten: 2 % (hiervon sollen in diesem Beispiel die Hälfte der Kosten direkte, die andere Hälfte indirekte Erwerbsnebenkosten sein)
Grunderwerbsteuer: 5 %
Makler: 6,95 % inkl. Mehrwertsteuer

Berechnung der Gesamtkosten:

Kaufpreis:	500.000 EUR
Gesamte Notar- und Gerichtskosten:	10.000 EUR
Grunderwerbsteuer:	25.000 EUR
Maklerkosten:	34.750 EUR
Gesamtkosten:	569.750 EUR

Die zu zahlenden Gesamtkosten inklusive Eintragung einer Grundschuld betragen knapp 570.000 EUR. Das ist der Betrag, der tatsächlich fließt. Doch nicht der gesamte Betrag kann als AfA-Berechnungsgrundlage genommen werden. Im nächsten Schritt werden die Gebäudekosten und die anteiligen Kaufnebenkosten für das Gebäude ermittelt. Um den anteiligen Gebäudewert zu ermitteln, muss der Grundstückspreis vom Gesamtpreis abgezogen werden.

Bei den Gutachterausschüssen der jeweiligen Regionen können die Bodenrichtwerte erfragt werden. Teilweise geht das auch

7

als Online-Abfrage. Die Bodenrichtwerte werden durch die Gutachterausschüsse auf Grundlage aller verkauften Immobilien in der entsprechenden Region ermitteln. Der Bodenrichtwert ist pro Quadratmeter Grundstück angegeben und kann mit der Größe des Grundstücks multipliziert werden.

Mal angenommen, der Bodenrichtwert für dieses Grundstück liegt bei 200 EUR pro Quadratmeter. Wenn das Grundstück 500 Quadratmeter groß ist, läge der gesamte Grundstückswert bei 100.000 EUR (ohne Berücksichtigung von irgendwelchen Sonderfaktoren). Kaufpreis der Immobilie abzüglich 100.000 EUR Grundstückswert ergibt 400.000 EUR anteiliger Kaufpreis für das Gebäude.

Berechnung der AfA-Bemessungsgrundlage:

Anteiliger Kaufpreis für das Gebäude:	400.000 EUR
AfA-wirksame Nebenkosten:	
Direkte Erwerbsnebenkosten (1 % auf 400.000 EUR):	4.000 EUR
Anteilige Grunderwerbsteuer (5 % auf 400.000 EUR):	20.000 EUR
Anteilige Maklerkosten (6,95 % auf 400.000 Euro):	27.800 EUR
AfA-wirksame Gesamtkosten:	451.800 EUR

7

Die AfA-Bemessungsgrundlage beträgt in diesem Fall 451.800 EUR (obwohl tatsächlich knapp 570.000 EUR bezahlt wurden). Das bedeutet, dass knapp 120.000 EUR der Gesamtkosten in keiner Weise steuerlich wirksam sind – weder als Anschaffungskosten noch als AfA.

Berechnung der jährlichen AfA:

Im nächsten Schritt wird der AfA-Satz herausgesucht. In unserem Beispiel haben wir das Baujahr 1995, somit gilt der AfA-Satz von 2 % (gemäß § 7 Abs. 1 Nr. 2 EStG).

451.800 EUR × 2 % : 100 = 9.036 EUR

Die jährliche AfA beträgt 9.036 EUR. Es können somit jedes Jahr 9.036 EUR AfA als Werbungskosten in der Steuererklärung steuermindernd angegeben werden, und das Ganze 50 Jahre lang.

Unverhofft kommt oft: Sanierung, Kündigung, Finanzierungsfehler

8

Wenn es nicht nach Plan läuft

Nicht immer läuft alles wie geplant. Doch für die meisten Ernstfälle und Probleme können Sie sich wappnen – durch Vorsorge, Rücklagen und gute Planung bzw. Beratung. In diesem Kapitel widmen wir uns den Kosten durch Sanierungsmaßnahmen, der Umfinanzierung und Kündigung von Darlehen, und auch unerwarteten Zahlungsschwierigkeiten sowie Fehlern bei der Finanzierung von vermieteten Immobilien.

Kapitalbedarf für Sanierungen

Unerwartete Sanierungsmaßnahmen können ein großes Loch in die Liquiditätsrechnung reißen. Deswegen sollte eine ausreichend große Kapitalrücklage vorhanden sein – abhängig vom Alter des Objekts. Doch was bedeutet ausreichend? Wie viel Geld sollte monatlich gespart werden für eventuelle Sanierungsmaßnahmen? Hier scheiden sich die Geister. Es gibt unterschiedliche Empfehlungen. Drei klassische Empfehlungen sind:

1. Die zweite Berechnungsverordnung des Wohnungsbaugesetzes (WoBauG)

Laut dieser Verordnung wird die Höhe der Rücklage auf Grundlage des Alters der Immobilie und der Wohnfläche berechnet. Empfohlen werden folgende Rücklagen:

8

- Liegt die Bezugsfertigkeit der Immobilie weniger als 22 Jahre zurück, sollen rund 7,10 Euro pro Quadratmeter Wohnfläche im Jahr anzusparen sein.
- Liegt die Bezugsfertigkeit der Immobilie mindestens 22 Jahre zurück, sollen rund 9 Euro pro Quadratmeter Wohnfläche im Jahr anzusparen sein.
- Liegt die Bezugsfertigkeit der Immobilie mindestens 32 Jahre zurück, sollen rund 11,50 Euro pro Quadratmeter Wohnfläche im Jahr anzusparen sein.

2. Berechnung nach Verband privater Bauherren (VPB)

Bei dieser Methode spielt lediglich die Größe der Immobilie eine Rolle. Bauzustand und Alter werden außen vor gelassen. Die Berechnung ist einfach: Pro Quadratmeter Wohnfläche soll 1 Euro pro

Monat zurückgelegt werden. Bei 120 Quadratmetern werden also 120 Euro pro Monat zurückgelegt.

Achtung: Je älter eine Immobilie ist, desto weniger passt diese einfache Formel. Es spielen noch viele weitere Faktoren eine Rolle, zum Beispiel, wann Dach und Heizung das letzte Mal modernisiert wurden und wie viel Wohnfläche es im Verhältnis zum Gesamtgrundstück gibt. Ich selbst wohne beispielsweise in einem kleinen Haus mit sehr viel Grundstück. Auf diesem Grundstück stehen weitere Nebengebäude, die nicht zur Wohnfläche gehören (denn es ist Nutzfläche). Es wäre fatal, wenn ich nur 1 Euro pro Quadratmeter Wohnfläche zurücklegen würde. Bei neuen oder modernisierten Eigentumswohnungen passt diese Berechnung da schon eher.

3. Die Peterssche Formel

Diese Formel wird häufig von Eigentümergemeinschaften zur Ermittlung des Rücklagewertes herangezogen. Die Berechnung liegt zugrunde, dass eine Immobilie in 80 Jahren etwa das Eineinhalbfache ihrer Herstellungskosten zur Sanierung benötigt.

Mal angenommen, eine Immobilie hat einen Herstellungswert von 400.000 Euro. Das Eineinhalbfache davon sind 600.000 Euro. Wenn das durch 80 Jahre geteilt wird, ergibt sich ein Jahreswert von 7.500 Euro, das entspricht einer monatlichen Rücklage von 625 Euro.

Sie merken, die Empfehlungen klaffen weit auseinander. Am Ende muss jeder Immobilieneigentümer selbst entscheiden, wie viel Geld zurückgelegt werden soll.

Als Nächstes stellt sich die Frage, wie dieser monatliche Betrag angespart werden sollte? Vielleicht in einem Sparvertrag? Auf dem Girokonto? Oder, welche Alternativen gibt es? Folgendes sollten Sie dabei berücksichtigen: **8**

- Das Geld sollte möglichst sicher angelegt werden (damit fallen viele Investmentsparverträge raus), und
- es sollte verfügbar sein (denn, wenn unerwartete Sanierungen oder Reparaturmaßnahmen anstehen, sollten Sie keine langen Kündigungsfristen haben).

Damit bleiben nur Sparkonten, Girokonten und Tagesgelder als Möglichkeiten übrig.

Eine interessante Möglichkeit für (zeitlich) planbare Sanierungsmaßnahmen ist der Bausparvertrag. Vermittler nennen ihn auch gern „Krankenversicherung für die Immobilie“.

Bei einem Bausparvertrag sparen Sie nicht nur Rücklagen an, sondern können auch für jeden Euro, den Sie sparen, zusätzlich rund 1 Euro Kredit bekommen (je nach Tarif sogar noch mehr – blättern Sie zurück zum Thema „Bausparen“ in Kapitel 5, dort finden Sie die Erläuterungen dazu). Wenn Sie also beispielsweise 8.000 Euro Guthaben angespart haben, können Sie je nach Bauspartarif noch einmal zwischen 8.000 und 12.000 Euro als zinsgünstiges Darlehen dazubekommen und verfügen somit über eine Gesamtsumme von rund 16.000 bis 20.000 Euro. Allerdings benötigen Sie hierfür eine Vorlaufzeit von (ebenfalls je nach Tarif) drei bis zehn Jahren. Laut Bausparkassengesetz könnte ein Bausparvertrag theoretisch bereits nach anderthalb Jahren zugeteilt werden, jedoch gibt es dazu kaum bis gar keine Angebote am Markt.

Tipp:

Teilen Sie die Rücklage für Sanierungsmaßnahmen auf ein Konto, auf das Sie jederzeit zugreifen können, und auf ein Bausparkonto auf.

Welche Kosten können auf den Mieter umgelegt werden?

8

Bei Modernisierungen dürfen 8 Prozent der entstandenen Kosten als Aufschlag auf die Jahresmiete angerechnet werden. Allerdings hat der Gesetzgeber hier seit dem 01.01.2019 eine sogenannte Kappungsgrenze eingeführt. So dürfen Mieterhöhungen nur bis zu 3 Euro pro Quadratmeter innerhalb von sechs Jahren betragen. Bei Wohnungen mit einer Miete von bis zu 7 Euro pro Quadratmeter sind es sogar nur 2 Euro (§ 559 Abs. 3a BGB).

Dieser sogenannte Wertverbesserungszuschlag umfasst Kosten für Baumaterial, Handwerkerleistungen oder auch Eigenleistungen, die vom Eigentümer getätigt werden. Zinsen für Darlehen dürfen nicht mit eingerechnet werden.

Der Eigentümer einer Immobilie muss die Kosten schriftlich auflisten und den Mietern zur Einsicht bereitstellen. Als Vermieter müssen Sie Modernisierungsmaßnahmen drei Monate vor Beginn der Arbeiten ankündigen. Während der Bauarbeiten können Mieter ihre Miete mindern.

Folgende Maßnahmen rechtfertigen eine Mieterhöhung:

- Maßnahmen, die Primär- oder Endenergie sparen, beispielsweise der Einbau von Solaranlagen oder eine bessere Dämmung.
- Maßnahmen, die Wasser sparen, etwa der Einbau von Wasserzählern.
- Maßnahmen, die die Wohnqualität oder den Gebrauchswert der Mietsache erhöhen, beispielsweise Schallschutz oder der Anbau eines Balkons.
- Maßnahmen, die aufgrund von gesetzlichen Verpflichtungen des Vermieters durchgeführt werden, beispielsweise der Einbau von Rauchmeldern.
- Maßnahmen, die mindestens ein Drittel des für eine vergleichbare Neubauwohnung erforderlichen finanziellen Aufwands (ohne Grundstücksanteil) erreichen – dabei sind regionale Unterschiede zu berücksichtigen. Nicht dazu zählen Kosten für Erhaltungsmaßnahmen. Zudem muss die Wohnung in wesentlichen Bereichen qualitativ einem Neubau entsprechen (BGH, VIII ZR 369/18).

Modernisierungsmieterhöhungen sind unabhängig von sonstigen Mieterhöhungen, zum Beispiel Mieterhöhungen auf das Niveau der ortsüblichen Vergleichsmiete. Weiterhin sind sie auch unabhängig von der Mietpreisbremse. Das bedeutet:

- Wenn Sie als Vermieter die Miete zunächst auf das Niveau der ortsüblichen Vergleichsmiete erhöhen, so kann danach trotzdem eine Modernisierungsmieterhöhung, die den gesetzlichen Vorgaben entspricht, durchgeführt werden, selbst, wenn die Miete danach auf ein Niveau steigt, welche die Höhe der ortsüblichen Miete übersteigt.
- Führen Sie als Vermieter hingegen zuerst eine Modernisierung durch, durch die die Miete auf oder über das ortsübliche Niveau steigt, so können Sie danach keine weitere Mieterhöhung verlangen.
- Kommt es nach einer Modernisierung, die zu einer Miethöhe über dem ortsüblichen Niveau führt, zu einer Neuvermietung der Wohnung, so können Sie als Vermieter – unabhängig von der Mietpreisbremse – vom neuen Mieter die überhöhte Miete

verlangen. Die Miete darf in diesem Fall also auch mehr als 10 Prozent über dem ortsüblichen Niveau liegen.

Möglichkeiten von Mieterhöhungen und Mietpreisbremse

Auch wenn im Mietvertrag keine Vereinbarung zu einer Mieterhöhung enthalten ist (z. B. in Form einer Staffel- oder Indexmiete), können Sie als Vermieter gemäß § 558 BGB eine Mieterhöhung bis zur ortsüblichen Vergleichsmiete verlangen. Auskünfte über den Mietspiegel für den Immobilienstandort bekommen Sie über die Gemeinde- oder Stadtverwaltung. Alternativ finden Sie viele Mietspiegel auch im Internet. Als Richtwert für den Mietspiegel werden die Mieten der letzten vier Jahre für vergleichbaren Wohnraum in dem entsprechenden Ort herangezogen.

Damit Sie die Miete auf eine ortsübliche Vergleichsmiete erhöhen können, müssen Sie einige Bedingungen einhalten:

1. Die Miete darf sich innerhalb eines Zeitraums von drei Jahren um nicht mehr als 20 Prozent steigern (Kappungsgrenze). In Regionen mit angespannten Wohnungsmärkten existiert für die Mieterhöhung sogar eine Grenze von 15 Prozent.
2. Sie müssen die Mieterhöhung schriftlich mitteilen. Dies kann in Form eines Briefs, einer E-Mail oder eines Fax geschehen.
3. Die Mieterhöhung muss begründet werden. Dabei kann sich auf den Mietspiegel der Gemeinde berufen werden, auf Auskünfte aus einer Mietdatenbank oder auf das Gutachten eines Sachverständigen. Alternativ dazu können Sie drei Vergleichswohnungen im Ort benennen, aus deren Mieten sich die neue Miete berechnet.
4. Ungeachtet, welche Begründung angegeben wird, muss der Mieter Angaben über den qualifizierten Mietspiegel erhalten, sofern ein solcher für den Wohnort existiert.
5. Die Miete kann nach Erhalt des Schreibens erst nach Verstreichen von zwei vollen Kalendermonaten erhöht werden. Der neue Mietbetrag gilt dann ab Beginn des dritten Monats.
6. Mieter müssen eine Mieterhöhung nur alle 15 Monate hinnehmen. Erfolgt sie in kürzeren Abständen, können die Mieter ihre Zustimmung verweigern.

Wenn diese Punkte erfüllt sind und Sie die Formalien für das Schreiben eingehalten haben, hat der Mieter der Mieterhöhung in der Regel formlos zuzustimmen. Der Mieter hat zwei Monate Zeit, zu prüfen, ob die Mieterhöhung zulässig ist. Sollte der Mieter nicht reagieren, können Sie als Vermieter die Zustimmung auch einklagen. Zahlt der Mieter nach Ablauf dieser zwei Monate, also zu Beginn des dritten Monats widerspruchslos die neue Miete, kann das als Zustimmung gewertet werden.

Es sei erwähnt, dass zum Zeitpunkt der Entstehung dieses Buchs die Miete maximal 10 Prozent über der ortsüblichen Vergleichsmiete liegen darf. Bitte beachten Sie immer die grundsätzlichen und speziellen Regeln für Ihre Objektart (z. B. Neubau/Altbau) und für Ihre Region. Das Thema „Mietrecht" würde ein eigenes Buch füllen. Deswegen ist meine Empfehlung an dieser Stelle: Holen Sie sich im Fall der Fälle rechtliche Unterstützung durch Personen, zum Beispiel Rechtsanwälte, die sich im Mietrecht auskennen.

Kündigung durch den Darlehensnehmer

Wann sind Kündigung und Umschuldung möglich? Zunächst stellt sich die Frage, was genau unter den Begriff „Umschuldung" fällt. Die Antwort ist einfach: Immer dann, wenn die Restschuld eines Darlehens durch einen neuen Darlehensvertrag abgelöst wird, spricht man von einer Umschuldung. Dabei ist es unerheblich, ob das neue Darlehen bei dem bisherigen Darlehensgeber abgeschlossen oder ob das Kreditinstitut gewechselt wird.

Das Sonderkündigungsrecht nach Ablauf von zehn Jahren gemäß § 489 Abs. 2 BGB haben Sie bereits in Kapitel 5 (Forward-Darlehen) kennengelernt. Auch die sonstigen ordentlichen Kündigungs- und Umschuldungsmöglichkeiten finden Sie in diesem Paragrafen. Grundsätzlich gilt: Eine Umschuldung ist immer zum gleichen Zeitpunkt möglich, zu dem auch die Kündigung eines Darlehensvertrags möglich ist. Die Zeitpunkte sind schnell erläutert:

1. Zum Ablauf der Zinsbindung
2. Bei Darlehen mit einem variablen Zinssatz: jederzeit unter Einhaltung einer Kündigungsfrist von drei Monaten
3. Bei Darlehen, deren Zinsbindung länger als zehn Jahre ist: nach Ablauf von zehn Jahren nach vollständiger Auszahlung der Dar-

lehenssumme jederzeit mit einer Kündigungsfrist von sechs Monaten

Beispiel:

Darlehensbeginn:	01.02.2013
Zinsbindung bis:	31.01.2028
Vollvalutierung (= Vollauszahlung)	15.05.2013
Ablauf der zehn Jahre nach § 489 Abs. 1 Satz 2 BGB:	15.05.2023
zzgl. sechs Monate Kündigungsfrist:	15.11.2023

Das Darlehen kann also zum 15.11.2023 gekündigt bzw. zum 16.11.2023 umgeschuldet werden. Eine Vorfälligkeitsentschädigung darf nicht berechnet werden.

Ab diesem Zeitpunkt kann das Darlehen jederzeit mit sechs Monaten Kündigungsfrist gekündigt werden.

Außerordentliches Kündigungsrecht

Wenn es ein ordentliches Kündigungsrecht gibt, so muss es auch ein außerordentliches Kündigungsrecht geben. Dabei stellt sich die Frage, welche Möglichkeiten es gibt, ein Darlehen zu kündigen, wenn das Leben nicht so läuft wie geplant und beispielsweise ein Darlehen aufgrund irgendwelcher persönlicher Schicksalsschläge oder Planänderungen vorzeitig gekündigt werden muss. Antwort hierauf gibt der § 490 Abs. 1 BGB haben Sie bereits in diesem Buch kennengelernt. In Absatz 2 finden wir die Antwort darauf, wann Sie als Darlehensnehmer Ihren Darlehensvertrag außerordentlich kündigen können.

§ 490 Abs. 2 BGB – Außerordentliches Kündigungsrecht des Darlehensnehmers

Der Darlehensnehmer kann einen Darlehensvertrag, bei dem der Sollzinssatz gebunden und das Darlehen durch ein Grund- oder Schiffspfandrecht gesichert ist, unter Einhaltung der Fristen des § 488 Abs. 3 Satz 2 vorzeitig kündigen, wenn seine berechtigten Interessen dies gebieten und seit dem vollständigen Empfang des Darlehens sechs Monate abgelaufen sind. Ein solches Interesse liegt insbesondere vor, wenn der Darlehensnehmer ein Bedürfnis nach einer anderweitigen Verwertung der zur Sicherung des Darlehens beliehenen Sache hat. Der Darlehensnehmer hat dem Darlehensgeber denjenigen Schaden zu ersetzen, der diesem aus der vorzeitigen Kündigung entsteht (Vorfälligkeitsentschädigung).

Die erste Frage, die sich hierbei stellt: Was genau ist ein berechtigtes Interesse? Hat nicht jeder Darlehensnehmer grundsätzlich ein berechtigtes Interesse, wenn er sein Darlehen kündigen möchte? Leider nein, im Bürgerlichen Gesetzbuch gibt es nur zwei Situationen, in denen dieses berechtigte Interesse gemäß § 490 Abs. 2 BGB tatsächlich zutrifft:

1. Bei Verkauf des Objekts. Dann ist eine außerordentliche Kündigung des Darlehens möglich. Die Bank kann hierfür jedoch eine sogenannte Vorfälligkeitsentschädigung berechnen.
2. Sie als Kunde benötigen zwingend ein weiteres Darlehen und können dieses über den bisherigen Kreditgeber nicht bekommen.

Beispiel:

Das Dach Ihres Hauses ist undicht. Die Mieter haben vielleicht schon eine Mietminderung geltend gemacht. Es ist quasi „Gefahr im Verzug", denn der Schaden durch das undichte Dach wird permanent größer. Um das undichte Dach zu sanieren, brauchen Sie dringend einen neuen Kredit für dieses Objekt. Die Bank, über die die Immobilienfinanzierung läuft und für die ein Grundpfandrecht im Grundbuch eingetragen ist, lehnt Ihren Darlehenswunsch jedoch ab. Wenn Sie nun einen anderen Kreditgeber suchen, haben Sie die Herausforderung, dass der erste Rang im Grundbuch belegt ist. Möglichkeit eins wäre ein teurer Ratenkredit, Möglichkeit zwei wäre ein Bauspardarlehen (doch auch bei Bausparkassen gibt es bestimmte Beleihungsgrenzen), und Möglichkeit drei wäre ein anderes Kreditinstitut, welches auch Ihr bisheriges Darlehen mit übernimmt. Wenn das bisherige Darlehen mit umgeschuldet wird, dann müsste die Bank die Grundschuld im ersten Rang freigeben. Das neue Darlehen könnte dann um den Betrag der Dachsanierung aufgestockt werden.

Wenn Sie also eine andere Bank finden, die Ihnen das Darlehen für die Dachsanierung nur unter der Voraussetzung genehmigen würde, dass das bisherige Darlehen mit umgeschuldet und somit die erstrangige Grundschuld frei wird, dann müsste die bisherige Bank das Darlehen und das Grundpfandrecht freigeben. Sie kann für diese vorzeitige Darlehenskündigung eine Vorfälligkeitsentschädigung verlangen.

Die meisten Kunden haben in der Regel eine ganz andere Vorstellung von dem Begriff „berechtigtes Interesse", beispielsweise die Kündigungsmöglichkeit bei Arbeitslosigkeit, längerer Krankheit, Berufsunfähigkeit, Trennung oder Scheidung, Lottogewinn et cetera.

Doch diese Kündigungsmöglichkeiten bestehen gemäß § 490 Abs. 2 BGB nicht. Die Bank kann hier jedoch auf Kulanz einer Kündigung stattgeben. Ein gesetzlicher Anspruch auf Freigabe des Darlehens und der Grundschuld besteht hier leider nicht.

Sprechen Sie bei Zahlungsschwierigkeiten rechtzeitig mit Ihrer Bank. Normalerweise sind Kreditinstitute daran interessiert, mit Ihnen gemeinsam Lösungen zu finden. Kooperation und Offenheit öffnen Ihnen mehr Türen, als wenn Sie eine fordernde Haltung einnehmen. In den Kreditabteilungen sitzen Menschen, die auch nur ihren Job machen. Je freundlicher, offener und zugewandter Sie sind, desto eher sind auch diese Menschen bereit, kreative Lösungen für Sie zu finden. Es darf gemenschelt werden – auch beim Thema „Geld".

Vorfälligkeitsentschädigung

Als Vorfälligkeitsentschädigung wird eine Gebühr bezeichnet, die einen eventuellen Zinsschaden der Bank (durch die Kündigung) ausgleicht. Die Berechnung ist ausgesprochen komplex und wird hier stark vereinfacht erläutert. Zunächst einmal kann eine Vorfälligkeitsentschädigung nur dann anfallen, wenn der Bank auch ein Schaden entsteht. Das ist dann der Fall, wenn das Zinsniveau im Vergleich zum Darlehenszins gesunken ist.

Beispiel:

Sie haben einen Darlehensvertrag mit einem Zinssatz von 2,5 % laufen. Die Restschuld beträgt 150.000 EUR und die Restlaufzeit drei Jahre. Der Einfachheit halber soll hier ein Darlehen mit Tilgungsaussetzung betrachtet werden. Bei einem Annuitätendarlehen müsste der Zinsverlust der Bank für jeden einzelnen Monat betrachtet werden.

Bei diesem Darlehen würde die Bank normalerweise noch drei Jahre lang von Ihnen 2,5 % Zinsen, also 3.750 EUR pro Jahr, erhalten. Das sind in drei Jahren 11.250 EUR. Wenn Sie Ihr Darlehen nun zurückzahlen, dann müsste das Kreditinstitut dieses Geld neu als Darlehen vergeben oder als Kapital irgendwo anlegen.

Wenn die Bank für dieses Geld nur noch 1 % Zinsen (statt 2,5 %) pro Jahr bekommt, macht sie einen Zinsverlust durch Ihre Darlehenskündigung. Diesen Zinsverlust müssen Sie in Form einer Vorfälligkeitsentschädigung ausgleichen, abzüglich bestimmter Kosten, die nicht mehr anfallen, wie zum Beispiel Verwaltungskosten. Unabhängig von einem Zinsschaden kann das Kreditinstitut Bearbeitungsgebühren für die Berechnung und Auflösung des Darlehens in Rechnung stellen.

Sie möchten noch ein wenig tiefer in diese Thematik einsteigen? Dann lesen Sie gern weiter. Falls nicht, blättern Sie vor zum nächsten Kapitel.

Nice to know: Es gibt zwei unterschiedliche Berechnungsmethoden für die Höhe der Vorfälligkeitsentschädigung. Im Europäischen Standardisierten Merkblatt (ESIS) muss angegeben werden, welche der beiden Methoden die Bank im Fall einer Kündigung anwenden wird.

Bei der „Aktiv-Aktiv-Methode" gibt die Bank den vom Kreditnehmer zurückgezahlten Kredit als neues Darlehen an einen anderen Darlehensnehmer heraus. Wenn die Bank dies nur zu einem niedrigeren Zins an den neuen Darlehensnehmer herausgeben kann (im Vergleich zum ehemaligen Darlehensnehmer), dann ist der daraus entstandene Zinsschaden zu ersetzen. Kurz, das zurückgezahlte Geld wird als neues Darlehen herausgegeben.

Bei der „Aktiv-Passiv-Methode" legt die Bank das zurückgezahlte Geld in Hypothekenpfandbriefe mit gleicher Restlaufzeit an. Erhält die Bank einen schlechteren Zins als den bisher vom Darlehensnehmer gezahlten, so hat dieser den entsprechenden Zinsschaden zu erstatten. Kurz, das zurückgezahlte Geld wird angelegt. 8

Es gibt dabei zwei verschiedene Schadensarten: der Zinsmargen- und der Zinsverschlechterungsschaden. Der entstandene Schaden ist jedoch um die sogenannten ersparten Risiko- und Verwaltungskosten zu reduzieren. Was bedeutet das? Zum einen muss das Darlehen nicht mehr verwaltet werden, zum anderen besteht kein Risiko mehr, dass der Darlehensnehmer zahlungsunfähig und das Darlehen nicht mehr ordnungsgemäß bedient wird.

Probleme bei der Darlehensauszahlung

Versetzen Sie sich bitte in folgende Situation: Ein Traum wird wahr! Sie haben ein tolles Baugrundstück gefunden und Sie wollen sich Ihr persönliches Traumhaus darauf errichten lassen, vielleicht zur Eigennutzung, vielleicht auch zur Vermietung. Es war gar nicht so einfach, sich für einen Bauträger zu entscheiden. Bei dem einen passte der Preis nicht, beim nächsten die Leistung, irgendwas war immer. Doch dann haben Sie eine Entscheidung für einen Bauträger oder Bauunternehmer getroffen. Sie waren bei mehreren Banken und Finanzberatern und konnten sich nach langem Hin und Her auch für ein Kreditinstitut entscheiden.

Sie sind mächtig stolz darauf, dass das mit der Finanzierung so gut geklappt hat. Sie besteht aus drei Darlehen:

- 100.000 Euro „KfW-Energieeffizent Bauen" über eine Förderbank
- 50.000 Euro „KfW-Wohneigentumsprogramm", ebenfalls über die Förderbank
- 250.000 Euro Bankdarlehen über die ABC-Bank

Die Darlehensverträge liegen unterschrieben bei Ihnen und das Geld wartet nur noch darauf, abgerufen zu werden. Die kompletten Kauf- und Baunebenkosten sowie die Kosten für die Küche können Sie aus Eigengeld bezahlen. Von den insgesamt 400.000 Euro Finanzierungssumme entfallen 100.000 Euro auf das Grundstück.

8

Die erste Rechnung flattert ins Haus: Die Rechnung für den Grundstückspreis. Kein Problem, denken Sie, ich habe ja meine genehmigten Kreditverträge vorliegen. Sie füllen eine Auszahlungsanweisung aus und senden sie zunächst an die ABC-Bank. Von dieser erhalten Sie folgende Antwort:

> Sehr geehrte/r Frau/Herr X,
>
> vielen Dank für die Einreichung der Auszahlungsanweisung. Leider kann das Darlehen noch nicht ausgezahlt werden, da zuerst das Eigengeld und die nachrangigen Darlehen gemäß unseren Kreditrichtlinien eingesetzt werden müssen. Reichen Sie bitte erneut eine Auszahlungsanweisung ein, sobald Ihr Eigengeld und das Geld aus den anderen Darlehen verwendet wurden.

Sie ärgern sich kurz und denken vielleicht, na gut, was soll's! Dann rufe ich eben zuerst das Geld der Förderbank ab. Gesagt, getan! Die nächste Auszahlungsanweisung wird ausgefüllt und an die Förderbank gesendet. Von der Förderbank bekommen Sie jedoch folgende Antwort:

> Sehr geehrte/r Frau/Herr X,
>
> leider kann der von Ihnen angeforderte Betrag nicht ausgezahlt werden, da das Programm ‚Energieeffizient Bauen' nicht für den Kauf des Grundstücks, sondern nur für den Bau des Gebäudes genutzt werden darf. Vom Wohneigentumsprogramm können leider nur 50 Prozent ausgezahlt werden, solange Ihre Hausbank das dort beantrage Darlehen noch nicht ausgezahlt hat.

Manche Förderbanken zahlen das Wohneigentumsprogramm auch gar nicht vor Auszahlung des Hauptdarlehens aus, andere wiederum können vorrangig sogar bis zu 100 Prozent auszahlen.

Ähnliche Situationen können auch entstehen, wenn Ihr Eigenkapital noch nicht verfügbar ist, weil beispielsweise erst eine andere Immobilie verkauft werden muss, oder weil es Kündigungsfristen gibt. Viele Kreditinstitute bestehen auf den vorrangigen Einsatz von Ihrem Eigenkapital, bevor die Darlehen ausgezahlt werden können. Wenn Sie also noch nicht über Ihr Eigenkapital verfügen können, wird auch der Kredit nicht ausgezahlt. Das kann zu sehr unangenehmen Situationen führen.

Und nun? Sie sollen 100.000 Euro für das Grundstück bezahlen. Sie haben drei genehmigte Kreditverträge und keiner kann ausgezahlt werden (oder Ihr Eigengeld ist noch nicht verfügbar). Das ist ein echtes Dilemma und kommt leider immer mal wieder vor. Ein professioneller Finanzierungsberater achtet im Vorfeld auf die Auszahlungsbedingungen der Banken. Achten Sie aber bitte unbedingt auch selbst darauf, ob Sie die zugesendeten Auszahlungsbedingungen überhaupt erfüllen können.

Übrigens: Ein echter Vorteil von Filialbanken ist, dass sie über eigene Mittel eine solche Situation leicht überbrücken können, zum Beispiel durch die Einrichtung eines Kontokorrentkredites für diesen Zweck.

Wie kommt man aus dem Dilemma heraus? Leider wirklich nur mit der Wahl des richtigen Finanzierungspartners im Vorfeld. Lesen Sie sich also auf jeden Fall die Auszahlungsbedingungen durch, bevor Sie einen Kreditvertrag unterschreiben. Lassen Sie sich gerne schon im Beratungsgespräch die Bedingungen aushändigen, wenn möglich.

Wenn Sie feststellen, dass die Auszahlungsbedingungen nicht erfüllbar sind, dann wählen Sie ein anderes Kreditinstitut – die Auszahlungsbedingungen der Banken sind unterschiedlich. So gibt es auch jede Menge Kreditinstitute, die ein Darlehen auch vor Auszahlung von Förderbankdarlehen auszahlen können. Oder Sie sprechen von vornherein über die Möglichkeit von Zwischenfinanzierungen: Eine Zwischenfinanzierung ist die Finanzierung zur Überbrückung von Liquiditätsengpässen. Wenn das Eigengeld oder die anderen Darlehen ausgezahlt werden können, wird die Zwischenfinanzierung mit diesem Geld zurückgezahlt.

Bietet das Kreditinstitut, über das Ihre Hauptfinanzierung läuft, eine Zwischenfinanzierung an? Oder kann über ein anderes Kreditinstitut eine Zwischenfinanzierung beantragt werden?

Das sollte auf jeden Fall geklärt werden.

Sonstige Fallen beim Thema „Auszahlung“:

- Es wurde Eigengeld angegeben, welches aber noch nicht verfügbar ist, weil es beispielsweise aus einem Hausverkauf oder einem Sparvertrag kommt. Die meisten Banken bestehen darauf, dass zuerst das Eigengeld eingesetzt wird. In diesem Fall muss auch nach einer Lösung geschaut werden (beispielsweise ebenfalls über eine Zwischenfinanzierung).
- Beim Neubau von Eigentumswohnungen soll eine Anzahlung geleistet werden. Die Grundbücher sind jedoch noch nicht erstellt und die Bank kann keine Grundschuld darauf eintragen lassen.
- Beim Kauf eines Neubaus inklusive Grundstück von einem Bauträger: Kann Ihre Bank schon eine Grundschuld auf dem Grundstück eintragen lassen oder ist hier noch die Finanzierung des Bauträgers abgesichert? Manchmal gibt es noch keine neuen Grundbücher, wenn zum Beispiel ein großes Grundstück in mehrere kleine aufgeteilt wird. Wenn es noch keine Grundbücher gibt, kann das Darlehen nicht abgesichert werden. Somit gibt es auch keine Darlehensauszahlung.

Noch einmal: Bitte prüfen Sie vor Unterschrift auf dem Vertrag eines Bauträgers/Bauunternehmens und vor Unterschrift des Kreditvertrags immer, inwieweit die Auszahlungsbedingungen erfüllt werden können. Sie ersparen sich jede Menge Ärger dadurch.

Manchmal müssen Sie beim Neubau nach Baufortschritt zahlen. Wenn Ihre Finanzierung aus verschiedenen Kreditbausteinen besteht, dann schauen Sie bitte, bei welchem Kredit Sie welche bereitstellungszinsfreie Zeit haben (KfW-Kredite haben oft andere bereitstellungszinsfreie Zeiten als beispielsweise die Kredite der Bank, welche die Hauptfinanzierung macht). Rufen Sie, wenn möglich, zunächst die Darlehen mit der kürzesten bereitstellungszinsfreien Zeit ab, denn nach Ablauf dieser Zeit zahlen Sie Bereitstellungszinsen (also Zinsen für das nicht abgerufene Darlehen), die aktuell sogar höher liegen als die Darlehenszinsen selbst. Meistens nehmen Banken 0,2 oder 0,25 Prozent pro Monat an Bereitstellungszinsen (also 2,4 bzw. 3 Prozent pro Jahr).

Zehn typische Fehler bei der Finanzierung von vermieteten Immobilien

8

1. Sich vor der Beratung keine Gedanken über die Ziele, Pläne und Wünsche zu machen

Machen Sie sich Gedanken über Ihre Wunschlaufzeit, Ihre Wunschrate, wie wichtig Ihnen Zinssicherheit ist und wie viel Flexibilität Sie haben möchten (zum Beispiel in Form von Sondertilgungsoptionen oder der Möglichkeit, die Rate während der Laufzeit auch mal zu verändern). Sollen steuerliche Vorteile in der Finanzierungsgestaltung berücksichtigt werden? Haben Sie gerne einen persönlichen Ansprechpartner in einer Filialbank oder wäre für Sie auch die telefonische Hotline einer Internetbank okay?

2. Sich von zu vielen vermeintlichen Fachleuten verwirren lassen

Fragen Sie fünf Personen und Sie erhalten mindestens sieben Meinungen. Jede Person hat unterschiedliche Ansichten, Bewertungen und Wünsche bei den verschiedenen Finanzierungsmöglichkeiten. Gerade deswegen ist Punkt eins so wichtig.

3. Konditionsvergleich nur über den Effektivzins

Vergleichen Sie lieber die echten Kosten (Ratenhöhe × Laufzeit und sonstige Kosten) und ob die angebotene Finanzierungslösung möglichst viele Ihrer Ziele und Wünsche abdeckt (siehe Punkt eins).

4. Keine alternativen Finanzierungsformen anschauen oder bestimmte Finanzierungsformen pauschal ablehnen

Lassen Sie sich auf jeden Fall unterschiedliche Angebote geben, auch über unterschiedliche Produkte. Ob beispielsweise ein Annuitätendarlehen oder ein Tilgungsaussetzungsdarlehen infrage kommt, hängt von Ihren Zielen und Wünschen an die Finanzierung ab. Lehnen Sie zunächst kein Produkt pauschal ab. Als Beispiel könnte man hier die Bausparfinanzierung nennen. Die einen lieben sie, andere hassen sie. Beide Seiten haben irgendwie recht. Doch wer weiß, vielleicht ist eine Bausparfinanzierung in Ihrem Fall genau die richtige Variante?

5. Sich auf Konditionen von Online-Rechnern zu verlassen

Wer sich auf die Konditionen eines Online-Rechners verlässt, der ist schnell verlassen. Die stimmen in der Regel nie. Ihnen wird zwar aufgrund der Eingabe einiger Rahmenbedingungen eine Kondition angezeigt, aber für eine echte Konditionsermittlung fehlen häufig relevante Daten, beispielsweise konkrete Objektdaten oder ganz genaue Bonitätsdaten inklusive Schufa-Scoring (Kreditwürdigkeit).

6. Sich nicht über Zuschüsse und Förderdarlehen zu informieren

Auch für vermietete Immobilien gibt es interessante KfW-Programme, zum Beispiel die Energieeffizienz-Programme oder das Programm „Altersgerecht umbauen/barrierefreies Wohnen". Derzeit (Frühjahr 2022) sind zwar alle KFW-Energieeffizienz-Programme ausgesetzt, aber die Chance, dass einige Programme wiederaufgenommen werden, ist groß.

7. Sich die Auszahlungsbedingungen des Darlehens vor Unterschrift nicht genau anzuschauen

Können Sie die Auszahlungsbedingungen des Darlehensvertrags erfüllen? Eine Bedingung könnte sein, dass vor Auszahlung des Darlehens zunächst Ihr Eigenkapital eingesetzt werden muss. Was aber ist, wenn Sie über dieses erst in ein paar Wochen verfügen können, weil es noch festgelegt ist? Oder Sie müssen vielleicht zunächst eine andere Immobilie verkaufen, um das Eigengeld liquide zu haben. Ein anderes Beispiel für Auszahlungsprobleme könnte sein, dass Sie laut Auszahlungsbedingungen zwingend die Nebenkosten aus Eigengeld zahlen müssen. Sie hatten jedoch geplant, dafür einen

Ratenkredit oder ein Nachrangdarlehen aufzunehmen. Das kann sogar ein K.o.-Kriterium für die Gültigkeit des Darlehensvertrags darstellen. Lesen Sie sich bitte genau die Auszahlungsbedingungen durch, um keine bösen Überraschungen zu erleben.

8. Zu kurzfristig angesetzter Notartermin

Makler und Verkäufer drängen gerne auf einen schnellen Notartermin. Ihre Bank benötigt aber noch Zeit, um Ihre Finanzierungsanfrage endgültig zu genehmigen. Diese Situation kann ganz schön Stress machen, vor allem, wenn es eventuell noch andere Kaufinteressenten gibt, die sofort zum Notar gehen könnten. Dennoch möchte ich Ihnen hier den Tipp geben: Warten Sie bitte mit dem Notartermin, bis Sie eine endgültige, rechtskräftige Finanzierungszusage Ihrer Bank erhalten haben. Sollten Sie vor dieser Zusage zum Notar gehen und im Anschluss eine Kreditablehnung erhalten, kann eine Rückabwicklung sehr teuer werden.

9. Zu kurzfristig angesetzter Zahlungstermin

Selbst wenn Sie eine rechtskräftige Finanzierungszusage von Ihrer Bank vorliegen haben, braucht es Geduld und Zeit, bis so ein Darlehen ausgezahlt werden kann. Das hängt von verschiedenen Faktoren ab. Klären Sie bitte genau mit Ihrem Kreditgeber, wann das Darlehen frühestens ausgezahlt werden kann. Wenn Sie einen Zahlungstermin im Notarvertrag vereinbaren und diesen nicht einhalten können, werden einige Kosten in Form von Verzugszinsen et cetera auf Sie zukommen.

10. Beim Notartermin beschließen, einen Teil des Kaufpreises auf das Mobiliar entfallen zu lassen

Die Finanzierungszusage und Konditionsgestaltung ist auf Grundlage des sogenannten Beleihungsauslaufs entstanden. Dieser verändert sich jedoch, wenn plötzlich ein Teil des Kaufpreises auf Mobiliar verwendet wird, denn das kann eine Bank nicht in ihrem Beleihungswert berücksichtigen.

Beispiel:

Der Beleihungswert Ihrer Immobilie beträgt 300.000 EUR. Dies entspricht auch Ihrer Finanzierungssumme. Beim Notar wird zusammen mit den Verkäufern spontan vereinbart, dass

30.000 EUR auf Mobiliar und Küche entfallen sollen. Sie würden auf diese 30.000 EUR anteilig die Grunderwerbsteuer sparen. Das klingt erst einmal verlockend. Bei zum Beispiel 5 % Grunderwerbsteuer sind es immerhin 1.500 EUR Ersparnis.

Das Ganze hat jedoch einen großen Haken, denn der Kreditgeber muss diese 30.000 EUR dann aus der Berechnung des Beleihungswertes herausnehmen. Der Beleihungswert würde auf 270.000 EUR sinken. Wenn Sie nun nach wie vor 300.000 EUR benötigen, dann finanzieren Sie weit über 100 % des Beleihungswertes. Im besten Fall wird infolge „nur" der Zins verändert, das heißt, Sie zahlen für Ihre Kreditsumme einen wesentlich schlechteren Zins als ursprünglich vereinbart. Alternativ könnten Sie noch versuchen, diese 30.000 EUR anderweitig zu organisieren. Die ehemals vereinbarte Kreditsumme von 300.000 EUR würde dann auf 270.000 EUR reduziert werden.

Im schlimmsten Fall ist jedoch der ganze Kreditvertrag hinfällig, weil die Voraussetzungen jetzt ganz andere sind. Sie stünden erst mal ohne Finanzierung da und müssten auf die Schnelle einen neuen Kreditgeber finden. Bei solch einer „spontanen Vereinbarung" hätten Sie zwar einige Euro an Grunderwerbsteuer gespart, jedoch leider auch eine Finanzierungslücke von 30.000 EUR, eine teurere Finanzierung oder im schlimmsten Fall gar keine Finanzierung mehr.

Einzureichende Unterlagen bei der Bank

Gesamtprozess bei der Bank

Die Immobilie ist gefunden und eine passende Finanzierung ebenso. Wie geht es nun weiter? Als Erstes werden Sie eine lange, lange Liste von bei der Bank einzureichenden Unterlagen erhalten. Bei einigen Unterlagen ist es sofort klar, warum diese eingefordert werden. Bei anderen Unterlagen kommt es einem manchmal vor wie Schikane. Doch jede einzureichende Unterlage hat ihren Sinn.

Bevor wir uns den Unterlagen widmen, möchte ich Ihnen einen kurzen Überblick über den Gesamtprozess bei der Bank geben:

Finanzierungsprüfung

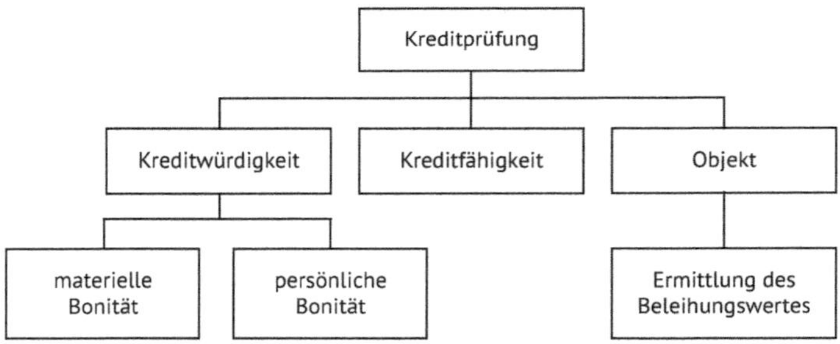

Doch was bedeuten die einzelnen Begriffe? Einige Erläuterungen haben Sie schon im Kapitel „Finanzierungsgestaltung in der Praxis" gelesen. Hier kommt noch einmal die kompakte Zusammenfassung:

Kreditfähigkeit: Als Kreditfähigkeit wird die Fähigkeit bezeichnet, rechtswirksam Kreditverträge abzuschließen. Kreditfähig sind natürliche Personen, wenn sie nach dem BGB unbeschränkt geschäftsfähig sind.

9

Und wer gehört dazu? Unbeschränkt geschäftsfähig sind alle volljährigen Personen, die nicht unter Betreuung stehen und bei denen es keine Anordnung zum Einwilligungsvorbehalt in finanziellen Angelegenheiten gibt. Ich nehme an, dass ist bei Ihnen, lieber Leser, liebe Leserin, gegeben.

Kreditwürdigkeit: Zur Prüfung der Kreditwürdigkeit wird die wirtschaftliche Leistungsfähigkeit des Kunden zugrunde gelegt. Diese wird auch als Bonität bezeichnet. Die dahinterstehende Frage lautet: Traut die Bank dem Kunden zu, einen Kredit vollständig und störungsfrei zurückzuzahlen? Es wird zwischen materieller und persönlicher Bonität unterschieden.

Materielle Bonität: Bei der materiellen Bonität geht es um die reinen Zahlen, Daten und Fakten. Die Frage, die hier gestellt wird, lautet: Ist der Schuldner wirtschaftlich in der Lage, seinen Zahlungsverpflichtungen nachzukommen (Rückzahlung von Krediten, Bezahlen von Rechnungen etc.)?

Geprüft wird die materielle Bonität anhand von diversen Unterlagen zu Einnahmen, Ausgaben, Vermögen und Verbindlichkeiten. Zur Prüfung müssen beispielsweise Eigenkapitalnachweise, Gehaltsabrechnungen, Steuerbescheide und Kreditverträge eingereicht werden.

Persönliche Bonität: Während es bei der materiellen Bonitätsprüfung nur um Zahlen, Daten und Fakten geht (Zahlungsfähigkeit), steht bei der persönlichen Bonität die Zahlungswilligkeit und Zuverlässigkeit im Vordergrund. Dazu gehören unter anderem die Zahlungsmoral des Kunden in der Vergangenheit und auch der persönliche Eindruck. Um die persönliche Bonität zu prüfen, werden beispielsweise Kontoauszüge angefordert und eine Schufa-Anfrage gemacht.

Prüfung des Objekts: Ob eine Finanzierung genehmigt werden kann, hängt nicht nur von der Bonität des Kunden ab, sondern auch von dem Objekt. Manche Objekte sind per se schwer finanzierbar, zum Beispiel Resthöfe, besonders kleine Eigentumswohnungen, Eigentumswohnungen in einem Objekt mit sehr vielen Wohneinheiten, Ferienwohnungen und Ferienhäuser (die nicht zur Dauernutzung geeignet oder genehmigt sind), private Erbbaurechte und einige mehr. Wenn das Objekt vom Grundsatz her für eine Bank infrage kommt, wird sie den Beleihungswert ermitteln. Hierfür benötigt die Kreditabteilung diverse Unterlagen. Der Beleihungswert eines Objekts wird unter anderem anhand folgender Fragen ermittelt:

- Wie ist der Objektzustand?
- Wie ist die Lage des Objekts?
- Wie gut kann das Objekt wieder veräußert werden?
- Bei Eigentumswohnungen: Wie groß ist die Wohnung und wie viele Einheiten gehören zu dem Gesamtobjekt?

- Gibt es vorrangige, den Wert beeinflussende Rechte im Grundbuch?

Damit kommen wir direkt zu den Unterlagen, die in der Regel zur Kreditprüfung eingereicht werden müssen. Ich gebe Ihnen einige Erklärungen dazu.

Bonitätsunterlagen

Hierbei handelt es sich um Unterlagen zur Prüfung Ihrer Kreditwürdigkeit:

Checkliste: Unterlagen für die Kreditwürdigkeitsprüfung

- Die letzten drei Gehaltsabrechnungen

  Wie hoch ist Ihr Einkommen und wie setzt es sich zusammen (Festgehalt, Provisionen, Spesen et cetera)? Des Weiteren ist auf den Gehaltsabrechnungen erkennbar, seit wann Sie beim aktuellen Arbeitgeber beschäftigt sind, wie viele Kinder auf Ihrer Lohnsteuerkarte stehen, ob vielleicht schon eine Kündigung ausgesprochen wurde (dann steht das als „Ende der Beschäftigungszeit" auf der Abrechnung), und einiges mehr.
- Dezemberabrechnung des Vorjahres oder Lohnsteuerbescheinigung

  Wie hoch waren Ihre Gesamteinkünfte im Jahr vor der Beantragung des Darlehens? Sollten die letzten drei Gehaltsabrechnungen einen Jahreswechsel beinhalten, dann wird die Dezemberabrechnung bzw. Lohnsteuerbescheinigung des davorliegenden Jahres angefordert.

  Beispiel: Die letzten drei Gehaltsabrechnungen sind die Abrechnungen 12/2019, 01/2020 und 02/2020, dann wird die Dezemberabrechnung bzw. Lohnsteuerbescheinigung aus 2018 mit angefordert.
- Letzter vorliegender Einkommensteuerbescheid

  Auf einem Einkommensteuerbescheid ist ersichtlich, ob es weitere Einkünfte (oder Verluste) gibt. Warum kann das wichtig sein? Mal angenommen, Sie haben noch ein Nebengewerbe laufen und das macht Verluste. Dann müssen diese Verluste durch die normalen Einkünfte ausgeglichen werden.

Das bedeutet, dass weniger Geld für die Finanzierung zur Verfügung steht.

- Nachweis Eigenkapital

  Das Kreditinstitut muss sichergehen, dass das angegebene Eigenkapital auch tatsächlich existiert. Sinnvoll ist es, Ihr gesamtes Eigenkapital offenzulegen, auch, wenn es nicht in die Finanzierung mit eingebracht werden soll. Es zeigt der Bank, dass Sie auch finanziell schwierigere Zeiten überstehen können (weil Puffer vorhanden ist) oder das Geld für eventuelle spätere Instandhaltungsmaßnahmen zur Verfügung steht.

- Kopien von anderen Kreditverträgen

  Welche Zahlungsverpflichtungen bestehen noch? Wie hoch ist die zu zahlende Rate? Bis wann läuft das Darlehen? Gibt es nach Ablauf der Zinsbindungsfrist/des Darlehens noch eine Restschuld? Oft ist bei Autofinanzierungen am Ende der Darlehenszeit noch eine gewisse Summe offen (solche Finanzierungen werden auch „Ballonfinanzierungen" genannt, denn der Kunde zahlt eine verhältnismäßig geringe monatliche Rate, hat aber am Ende eine hohe Abschlussrate zu zahlen).

- Letzter Jahreskontoauszug des Darlehens

  Wie hoch war die Restschuld am Ende des letzten Jahres? Stimmt diese Restschuld mit der kalkulierten Restschuld laut Vertrag überein oder gab es mal Zahlungsschwierigkeiten? Kamen Lastschriftrückläufer vor? Wurden die Raten regelmäßig gezahlt?

- Bei Selbstständigen: die letzten drei BWA und die letzten drei Jahresabschlüsse

  BWA steht für betriebswirtschaftliche Auswertung. Je nach Größe und Umsatz des Unternehmens muss diese monatlich oder quartalsweise erstellt werden. Einzelunternehmer machen häufig nur eine Einnahmenüberschussrechnung. Eine Bank möchte grundsätzlich über die aktuellen Zahlen informiert sein, deswegen reichen die Jahresabschlüsse nicht aus. Die aktuellen Einkünfte des Unternehmens können der BWA entnommen werden. Deswegen seien Sie bitte als Selbstständiger mit Ihren Auswertungen auf dem Laufenden, bevor Sie einen Termin für ein Finanzierungsgespräch vereinbaren.

Objektunterlagen

Checkliste: Unterlagen für die Prüfung des Objekts

- Exposé

  Beschreibung des Objekts inklusive Fotos. Sind keine oder zu wenig Fotos im Exposé enthalten, müssen diese nachgeliefert werden. Die Bank möchte in der Regel sowohl Fotos von innen als auch von außen haben. Manche Banken wollen auch ein Foto von der Heizungsanlage sehen. Aufgrund der Fotos kann sich die Bank ein Bild machen, wie gepflegt das Gesamtobjekt ist.

- Grundrisse, Schnitte

  Auf dem Grundriss sind die Größe, Lage und die Raumaufteilung erkennbar. Auf dem Schnitt ist das Haus als Ganzes zu sehen. Auf diesen Unterlagen ist beispielsweise die Grundform des Hauses und die Deckenhöhe erkennbar. Dies sind wichtige Unterlagen zur Objektbewertung. Auf dem Grundriss ist beispielsweise erkennbar, ob es „gefangene Räume" gibt, also Zimmer, die nur über einen anderen Raum erreichbar sind. Wie groß oder klein sind die Räume? Wie gut lässt sich ein Haus mit diesem Grundriss im Zweifel wieder verkaufen?

- Wohnflächenberechnung und Berechnung umbauter Raum (Kubatur)

  Auch diese Unterlagen dienen der Objektbewertung. Liegen sie nicht vor, müssen sie erstellt werden. Gerade bei älteren Objekten fehlen diese oft. Es gibt unterschiedliche Verfahren der Objektbewertung. Insbesondere bei den unterschiedlichen Ansätzen im Sachwertverfahren werden diese Unterlagen zwingend benötigt. Bei Eigentumswohnungen wird nur die Wohnflächenberechnung angefordert. Eine Kubator-Berechnung (umbauter Raum) entfällt hierbei.

- Baubeschreibung

  Aus der Baubeschreibung gehen die Bauweise und die Materialien hervor, die beim Hausbau verwendet wurden oder werden. Diese ist nicht nur bei Neubauten erforderlich, sondern auch bei Bestandsimmobilien. Manche Banken behelfen sich bei fehlender Baubeschreibung mit einem Fragebogen, auf dem verschiedene Dinge abgefragt werden (zum Beispiel die Dachform, Heizungsart, Badezimmerfliesen, Fußbödenarten usw.).

- Flurkarte, Lageplan

  Wo genau liegt das Grundstück? Wie liegt es im Verhältnis zu den anderen Grundstücken in der Nachbarschaft? Welche Art von Nachbarschaft ist da (Wohnbebauung, Gewerbe, Landwirtschaft et cetera)? Wie ist das Grundstück geschnitten (quadratisch, länglich, dreieckig et cetera)? Liegt es an der Straße oder muss ein anderes Grundstück überquert werden, um auf das Grundstück zu kommen (dann: Klärung Wegerecht)? Diese und weitere Informationen kann man aus der Flurkarte und dem Lageplan erkennen.

- Aktueller Grundbuchauszug

  Dieser darf normalerweise nicht älter als drei Monate sein. Aus dem Grundbuchauszug sind zahlreiche Informationen ersichtlich. So zum Beispiel: aktueller Eigentümer, Größe des Grundstücks, Nutzungsart, Nummer auf der Flurkarte, welche Rechte und Verpflichtungen mit dem Grundstück verbunden sind (Wegerechte, Wohnrechte, Leitungsrechte usw.). Des Weiteren kann man erkennen, ob es mal Zwangseintragungen gegeben hat (aufgrund von Zahlungsunfähigkeit) und welche Banken zum Zwecke der Finanzierung eingetragen sind.

- Bestätigungen für eventuelle KfW-Darlehen

  Je nachdem, welches KfW-Darlehen beantragt werden soll, müssen bestimmte Bescheinigungen eingereicht werden. Diese gibt es vom Bauleiter oder Architekten, je nachdem, wer die Bau-, Umbau- oder Sanierungsmaßnahmen begleitet.

- Bei Neubauten

  Bauvertrag, Werkvertrag, Auflistung aller Kosten, Auflistung von Eigenleistungen, Kopie der Baugenehmigung

- Bei Eigentumswohnungen

  Kopie der Teilungserklärung. Aus dieser geht hervor, wie viele Hauseingänge und wie viele Wohn- oder Gewerbeeinheiten zu dem Gesamtobjekt gehören. Es ist ersichtlich, wie viel Prozent bzw. Promille vom Grundstück zu jeder Einheit gehören. Es wird genau definiert, was zum jeweiligen

Sondereigentum gehört, was zum Gemeinschaftseigentum und wer welche Sondernutzungsrechte hat.

Sonstige Unterlagen

Checkliste: Sonstige Unterlagen für die Kreditprüfung

- Kopie des Personalausweises

  Legitimationspflicht. Alternativ zum Personalausweis kann auch eine Kopie des Passes in Kombination mit einer Meldebestätigung vorgelegt werden (z. B. bei nicht vorhandenem oder abgelaufenem Personalausweis oder weil es sich bei dem Antragsteller nicht um einen deutschen Staatsbürger handelt).

- Formular Selbstauskunft

  Alle Angaben in übersichtlicher Form, also persönliche Angaben, Angaben zum Arbeitsverhältnis, Angaben zu weiteren Familienmitgliedern, Einnahmen und Ausgaben, Vermögen und Verbindlichkeiten, Objektdaten, Wünsche an die Finanzierung sowie eine Übersicht, wie das Objekt insgesamt finanziert werden soll (wie viel Eigengeld wird eingesetzt, welche Darlehensarten sollen voraussichtlich genutzt werden etc.).

- Datenschutz- und Schufaerklärung

  Die Datenschutzerklärung muss zwingend unterschrieben werden, da die Bank ansonsten keinerlei Daten von Ihnen speichern darf. Die Schufaerklärung muss unterschrieben werden, da die Bank anderenfalls keine Schufa-Auskunft von Ihnen einholen darf.

9

- Vorvertragliche Information

  Erhalten Sie von Ihrem Berater oder Vermittler VOR Beantragung des Darlehens. Aus dieser Information geht hervor, mit wie vielen bzw. mit welchen Produktpartnern der Vermittler zusammenarbeitet und wie er sich finanziert. Ein Vermittler finanziert sich entweder durch Provisionen oder durch Beratungsentgelte bzw. Bearbeitungsgebühren. Manchmal gibt es auch eine Kombination aus beidem. In welcher Höhe ggf. ein Betrag von Ihnen zu bezahlen ist, das können Sie den vorvertraglichen Information entnehmen. Sie ist eine Pflichtunterlage und muss Ihnen von einem Vermittler ausgehändigt werden. Bei Banken erhalten Sie diese oft in Kombination mit dem ESIS (dem europäischen standardisierten Merkblatt, auf dem Sie über alle Details einer eventuellen Finanzierung informiert werden).

- Darlehensvermittlungsvertrag

  Der Darlehensvermittlungsvertrag ist ebenfalls eine Pflichtunterlage bei Vermittlern (jedoch nicht bei Banken). Mit dem Darlehensvermittlungsvertrag beauftragen Sie explizit den Vermittler, für Sie tätig zu werden. Ohne Darlehensvermittlungsvertrag darf ein Vermittler keinen Darlehensabschluss mit Ihnen vornehmen.

9

K.-o.-Kriterien bei Kreditinstituten

Manche Finanzierungen bzw. Finanzierungskonstellationen sind einfach schwierig. Jedes Kreditinstitut agiert anders, jedes hat seine eigenen Richtlinien. Doch bei manchen Konstellationen gibt es nur wenige bis gar keine Kreditinstitute, die diese Finanzierungen begleiten.

9 Ein paar Klassiker der Kreditablehnung möchte ich hier aufführen. Unterteilen möchte ich sie in K.-o.-Kriterien, die bei der Person des Antragstellers zu finden sind, und in Kriterien, die das Objekt betreffen.

Als Faustformel können Sie sich Folgendes merken: Je mehr dieser Kriterien zusammenkommen, desto schwieriger wird es mit der Finanzierung. Was meine ich damit?

Beispiel 1:

Je weniger Eigenkapital ein Kunde hat, desto schwieriger wird es mit der Finanzierung. Die Genehmigung ist aber nicht von vornherein ausgeschlossen, es hängt von der Gesamtsituation und den Richtlinien des entsprechenden Kreditinstituts ab.

Beispiel 2:

Wenn ein Antragsteller viele Ratenkredite laufen hat, kann das ein K.-o.-Kriterium sein. Wenn jedoch die Einnahmen trotzdem hervorragend sind und Eigenkapital in die Finanzierung eingebracht werden kann, dann sieht es mit der Kreditgenehmigung durchaus wieder realistischer aus.

Beispiel 3:

Wenn beides oder mehr zusammenkommt, also kein vorhandenes Eigengeld und Ratenkredite, die bedient werden müssen, und zusätzlich vielleicht noch eine Küche, die mitfinanziert werden soll, und die Immobilie dazu noch ein Holzhaus ist, dann ist es nahezu ausgeschlossen, einen Kreditgeber zu finden.

Grundsätzlich gilt: Jede Finanzierung ist individuell zu betrachten, und manchmal gibt es kreative Lösungen vonseiten der Kreditgeber, die ja davon leben, dass Kredite abgeschlossen werden. Dennoch ist es gut zu wissen, welche Kriterien bei Banken eher zu einer Ablehnung der Finanzierung führen und wie Sie ggf. gegensteuern können (z. B. einen Ratenkredit vorzeitig zurückzahlen).

Häufige K.-o.-Kriterien bei der Bonität des Kreditnehmers

- Befristeter Arbeitsvertrag (Ausnahmen gibt es oft bei Berufsgruppen, bei denen typischerweise Zeitverträge gemacht werden, z. B. Zeitsoldaten)
- Probezeit ist noch nicht abgelaufen
- seit weniger als sechs Monaten beim aktuellen Arbeitgeber beschäftigt
- Zeitarbeitsverträge
- selbstständige Tätigkeit seit weniger als drei Jahren

- aktuelle Zahlen (BWA, Jahresabschlüsse) von Selbstständigen liegen nicht vor
- zu viele Ratenkredite (manchmal sind zwei Kredite schon zu viel)
- zu hoher Verschuldungsgrad im Verhältnis zu den Vermögenswerten
- negativer Schufa-Eintrag
- Lastschriftrückläufer in der Vergangenheit
- Kontokündigungen, Kreditkündigungen vonseiten eines Kreditinstituts
- Darlehenslaufzeiten, die über das 75. Lebensjahr hinausgehen (Beispiel: Jemand im Alter von 50 Jahren möchte ein Darlehen mit 2 Prozent Tilgung aufnehmen. Rechnerisch wird er das Darlehen beim Zinsniveau vom Frühjahr 2022 erst nach 40 Jahren zurückgezahlt haben.)

Häufige K.-o.-Kriterien bei der Objektprüfung

- Resthöfe
- sehr alte, stark sanierungsbedürftige Gebäude
- Holzhäuser ohne sogenanntes Gütesiegel
- Immobilien, die auf einem privaten Erbpachtgrundstück stehen
- Wohnungen, die weniger als 40 Quadratmeter Wohnfläche haben
- Einzimmerwohnungen
- eine Wohnung, die in einem zu großen Objekt ist (manche Banken finanzieren nur Eigentumswohnungen, wenn maximal 20 Gesamteinheiten vorhanden sind)
- Ferienobjekte oder andere Objekte, die nicht zur Dauernutzung genehmigt sind
- Unterlagen zur Beleihungswertermittlung fehlen und können nicht geliefert werden
- Objekt liegt zu weit außerhalb bzw. zu weit entfernt vom nächsten Ort
- schwer wiederverkäufliche Objekte die Lage betreffend (z. B. Atomkraftwerk, Müllhalde oder Ähnliches in der Nähe)

- „Liebhaberobjekte" – als Liebhaberobjekte werden Objekte bezeichnet, für die ein bestimmter Käufer gefunden werden muss (skurrile Raumaufteilung, ungewöhnliche Ausstattung, Leuchttürme, Wassertürme, Windmühlen etc.)
- Mitfinanzierung einer Küche – die Küche ist aus Bankensicht Mobiliar, gehört nicht zum Objekt und stellt keinen Wert dar, lediglich bei einigen wenigen Sparkassen und Volksbanken kann eine Küche mitfinanziert werden, aber in der Regel muss sie aus Eigengeld bezahlt oder anderweitig finanziert werden (z. B. über das Küchenstudio)

Ein kleiner Ausflug in das Grundbuchrecht

10

Inhalt des Grundbuchs

Dieses Kapitel soll Ihnen einen kurzen Überblick darüber geben, welche Informationen Sie aus dem Grundbuch erhalten können. Ich habe es immer wieder erlebt, dass Käufer sich nicht bewusst darüber waren, wie wichtig es ist, im Vorfeld alle Informationen aus dem Grundbuch zu erhalten, vor allem Informationen, die in Abteilung II des Grundbuchs stehen, können von enormer Wichtigkeit sein. Aus diesem Grund möchte ein Kreditinstitut immer einen vollständigen Einblick in das aktuelle Grundbuchblatt haben, bevor es eine Finanzierungszusage erteilt.

Zunächst einmal unterscheiden wir das Grundbuch und das Grundbuchblatt. Ein Grundbuchauszug ist eine Kopie des Grundbuchblattes. Was dieses beinhaltet, erfahren Sie gleich. Das Grundbuch selbst ist die vollständige Akte über das Grundstück beim Grundbuchamt. Es beinhaltet alle Dokumente, auf deren Grundlage Eintragungen im Grundbuch vorgenommen worden sind. Des Weiteren enthält das Grundbuch auch das Grundbuchblatt, welches in Form eines Grundbuchauszugs von der Bank angefordert wird.

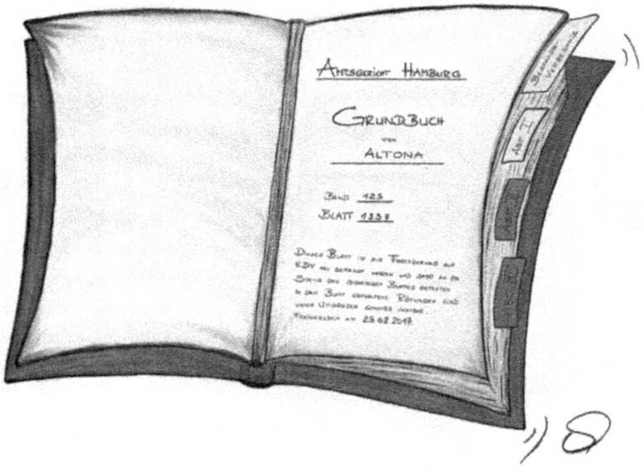

10

Der Grundbuchauszug ist also eine Kopie des Grundbuchblattes. Aufgeteilt ist es in die folgenden Abschnitte:

- die Aufschrift
- das Bestandsverzeichnis
- die Abteilungen I bis III

Hinweis:

Rechtlich gesehen kaufen Sie kein Haus, sondern immer (nur) das Grundstück oder grundstücksgleiche Rechte.

Mit dem Grundstück zusammen kaufen Sie automatisch die damit fest verbundenen Teile, Zubehör und Inventar. Zu den fest verbundenen Teilen gehört alles, was mit dem Boden verankert ist, also das Haus, Zäune, Terrassen et cetera. Zum Zubehör gehören Dinge, die nicht fest mit dem Grundstück verbunden sind, aber zum Objekt dazugehören, wie zum Beispiel Schlüssel. Zum Inventar könnte beispielsweise die Küche zählen. (Auch hier müsste man theoretisch unterscheiden: Ist es die fest verankerte, extra für diesen Raum optimierte Einbauküche, oder sind es Küchenmöbel, die leicht ausgebaut werden können?) Käufer und Verkäufer sollten genau definieren, was mit übertragen wird.

Zu den grundstücksgleichen Rechten gehören Eigentumswohnungen (auch hier kaufen Sie rechtlich einen Grundstücksanteil, verbunden mit dem Eigentum an der Wohnung Nr. XY) und Erbbaugrundstücke (bei Erbaugrundstücken pachten Sie das Grundstück und kaufen das Gebäude auf diesem Grundstück). Aus diesem Grund wird davon gesprochen, dass Sie ein Grundstück kaufen (auch wenn es mit einem Gebäude bebaut ist).

Die Aufschrift

Bei der Aufschrift handelt es sich um das Deckblatt des Grundbuchauszugs. Hier finden Sie das zuständige Amtsgericht, den Bezirk, die Nummer des Bandes und des Blattes. Im Zeitalter der Digitalisierung entfällt nach und nach die Bezeichnung des Bandes. Um das Ganze bildlich zu verdeutlichen:

In der Zeit vor der Digitalisierung gab es im Grundbuchamt große Regale mit Aktenordnern. Die Regale waren nach Bezirken sortiert. Innerhalb der Regale wurden die Ordner durchnummeriert (Band 1, Band 2, Band 3 und so weiter). Der zuständige Mitarbeiter ging also, wenn er einen Grundbuchauszug suchte, zu dem entsprechenden Regal und zog den Ordner (den Band) aus dem Regal hervor. Nun klappte er den Ordner auf und musste nur noch das Blatt mit der gesuchten Nummer herausholen.

Inzwischen werden die Grundbuchauszüge elektronisch verwahrt, sodass eine Bandnummer im Grunde genommen überflüssig ist. Dennoch gibt es diese Bezeichnung nach wie vor auf sehr vielen Grundbuchauszügen.

Das Bestandsverzeichnis

Im Bestandsverzeichnis finden Sie die Zahlen, Daten und Fakten über das Grundstück, wie die Flur und die Flurstücksnummer(n) des Grundstücks, die Nutzungsart (Wohngebäude, Landwirtschaft, Eigentumswohnung et cetera) und die Größe des Grundstücks.

Als Flur bezeichnet man ein bestimmtes Gebiet mit mehreren Grundstücken. Eine Flur kann einen ganzen Bezirk umfassen oder auch nur einen Stadtteil. Das Flurstück dagegen ist die kleinste Einheit, die es auf einer Flurkarte gibt (und somit auch die kleinste Einheit, die verkauft werden kann). Wenn Sie eine Immobilie kaufen, kann das dazugehörige Grundstück entweder aus einem einzigen oder auch aus mehreren Flurstücken bestehen. Durch die Angabe der Flur und der Flurstücke kann das Grundstück auf der Flurkarte genau zugeordnet werden.

Exkurs: Flurkarte

Auf der Flurkarte kann man die genaue Lage und den Schnitt des Grundstücks erkennen. Zu sehen ist zum Beispiel, ob es sich um ein quadratisches Grundstück handelt oder ob es eher dreieckig oder asymmetrisch ist. Vielleicht ist es auch ein sogenanntes Pfeifengrundstück (schmal und lang). Weiterhin ist auf der Flurkarte zu erkennen, was für Grundstücke in direkter Nachbarschaft liegen, ob eine Bahnlinie direkt vorbeiführt und ob das Grundstück selbst vielleicht direkt an einer Kreuzung oder in einer Sackgasse gelegen ist.

Neben den Zahlen, Daten und Fakten über das Grundstück werden im Bestandsverzeichnis Rechte eingetragen, die dem Eigentümer des Grundstücks zustehen, zum Beispiel Wegerechte (wenn beispielsweise ein anderes Grundstück überquert werden muss, um das eigene Grundstück zu erreichen) oder Leitungsrechte (wenn beispielsweise Ihre Versorgungsleitungen über ein anderes Grundstück geführt werden müssen).

Wenn Ihnen als Grundstückseigentümer ein Wege- oder Leitungsrecht *zusteht*, dann finden Sie dies im Bestandsverzeichnis. Wenn Ihr Grundstück mit einem Wege- oder Leitungsrecht *dienen* muss (also jemand anderes Ihr Grundstück überqueren oder für Leitungen nutzen darf), dann ist es im Bestandsverzeichnis eingetragen. Bei Wege- und Leitungsrechten ist also stets die Frage, welches das sogenannte dienende (also das gebende) und welches das sogenannte herrschende (also Rechte nutzende) Grundstück ist.

Weiterhin finden Sie im Bestandsverzeichnis die sogenannten Zu- und Abschreibungen. Damit sind Grundstücksabtrennungen oder -zusammenlegungen gemeint. Wenn ein Grundstück auf mehrere Grundstücke aufgeteilt wird, dann sprechen wir von Abschreibungen (nicht zu verwechseln mit steuerlichen Abschreibungen). Das kommt beispielsweise vor, wenn ein Bauträger ein großes Grundstück kauft und es in kleinere Grundstücke aufteilt. Wenn Grundstücke zusammengelegt werden, spricht man von Zuschreibung.

Bei Eigentumswohnungen findet man neben den schon genannten Informationen außerdem noch die Angabe, um welche Wohnung es sich handelt, wie viel Prozent vom Grundstück dieser Wohnung eigentumsmäßig zugeordnet werden sowie bestimmte Sondernutzungsrechte (z. B. Gartennutzung, Kellerräume), die dem Eigentümer dieser Wohnung zustehen.

Abteilung I

In der Abteilung I findet man die Eigentumsverhältnisse sowie die Rechtsgrundlage der Eintragung. Es werden die Namen des oder der Eigentümer aufgeführt und ggf. die prozentuale Aufteilung der Eigentumsverhältnisse.

Rechtsgrundlage der Eintragung bedeutet, dass es eine Eintragung darüber gibt, auf welche Art und Weise diese Person Eigentümer geworden ist. Wurde die Immobilie gekauft, verschenkt, vererbt? Es gibt auch etwas ungewöhnlichere Arten, Eigentümer einer Immobilie zu werden, zum Beispiel ein Grundstückstausch oder ein Gewinn. Als Leser oder Leserin dieses Buchs beschäftigen Sie sich wahrscheinlich in erster Linie mit dem Thema „Kauf". Deswegen hier noch ein paar Begriffserläuterungen:

Wenn Sie eine Immobilie kaufen, dann heißt es in der Grundbuchsprache „Auflassung". Rechtlich gesehen ist die Auflassung die Einigung über die Eigentumsübertragung vor dem Notar. Also das, was beim Notartermin stattfindet, ist die Auflassung. Genau genommen ist es der Moment, in dem Sie den Kaufvertrag unterschreiben. Doch diese Auflassung wird nicht sofort in Abteilung I eingetragen. Bevor es eine Eigentumsumschreibung im Grundbuch geben kann, muss die Grunderwerbsteuer bezahlt werden, der Kaufpreis muss fließen und es müssen noch ein paar weitere Formalien erfüllt sein (z. B. die Löschung von Rechten aus dem Grundbuch, die der Käufer nicht übernehmen möchte, wie beispielsweise die Grundschuld der bisherigen Bank).

Damit das Objekt zwischenzeitlich nicht noch einmal veräußert werden kann oder irgendetwas anderes in das Grundbuch eingetragen wird, gibt es einen „Sperrvermerk" in Abteilung II des Grundbuchs, die sogenannte Auflassungsvormerkung. Die Eintragung einer Auflassungsvormerkung ist nicht zwingend erforderlich, aber empfehlenswert, vor allem, wenn Sie den Verkäufer nicht wirklich kennen. Rechte können manchmal auch von außen eingetragen werden, zum Beispiel in Form einer Zwangshypothek durch das Finanzamt, wenn der Verkäufer beispielsweise Steuerschulden hat.

Mit einer Auflassungsvormerkung im Grundbuch kann niemand mehr etwas im Grundbuch eintragen, bis zu dem Zeitpunkt, an dem Sie selbst als Eigentümer eingetragen werden (Ausnahme: die Grundschulden der finanzierenden Bank – denn das vereinbaren Sie direkt beim Notar, dass die Bank zur Finanzierung des Kaufpreises natürlich die Grundschuld eintragen lassen kann. Ansonsten ist die Auszahlung des Darlehens nicht möglich.).

Zurück zur Auflassung: Wenn die Auflassung in Abteilung I eingetragen ist, dann steht dort sinngemäß: Eigentumseintragung aufgrund der Auflassung vom 15.04.2019, eingetragen am 17.06.2019. Übersetzt bedeutet das: Am 15.04.2019 hat der Notartermin stattgefunden.

Die Eigentumsumschreibung erfolgte am 17.06.2019.

Als neuer Eigentümer können Sie erst dann in das Grundbuch eingetragen werden, wenn Sie die Grunderwerbsteuer gezahlt haben und die Kaufpreiszahlung sichergestellt ist bzw. der Kaufpreis bereits gezahlt wurde. Deswegen finden Sie als Eintragung im Grundbuch zwei Daten.

Exkurs: Woher kommt der Begriff „Auflassung"?

Der Begriff soll aus dem germanischen Recht kommen. Wenn es früher einen Eigentumswechsel gab, dann wurde das wie folgt zelebriert: Die bisherigen Eigentümer haben, bevor sie das Haus verlassen haben, die Fenster und Türen geöffnet und *aufgelassen*.

Danach sind die neuen Eigentümer hineingegangen und haben auch noch einen Moment die Fenster und Türen *aufgelassen*, bevor sie diese symbolkräftig wieder schlossen. Das Ganze soll vor wichtigen Zeugen, vor allem dem Pastor und dem Bürgermeister, stattgefunden haben. Ob die Geschichte stimmt? Ich weiß es nicht. Aber es ist eine schöne Gedankenbrücke, um sich den Begriff „Auflassung" zu merken.

Abteilung II

In der Abteilung II finden Sie die sogenannten Lasten und Beschränkungen. Lasten kann übersetzt werden mit Verpflichtungen. Für Beschränkungen können Sie sich die Eselsbrücke „Schranke", und zwar in diesem Fall die geschlossene Schranke, merken, denn das Grundbuch ist für den Grundstücksinhaber „dicht". Er kann selbst keine Einträge mehr vornehmen lassen.

Die Eintragungen in dieser Abteilung können vielfältig sein. Die Erläuterungen in diesem Kapitel sollen Ihnen einen Einblick geben, sind aber keinesfalls vollständig. Schauen wir uns die wichtigsten Lasten und Beschränkungen einmal im Einzelnen an.

Lasten

Wenn Lasten in das Grundstück eingetragen werden, dann muss der Grundstückseigentümer mit irgendetwas „dienen". Das kann so etwas wie ein Wege- oder Leitungs- oder Wohnrecht sein, es kann aber auch mit Geld zu tun haben. So gibt es Eintragungen, bei denen der Grundstückseigentümer regelmäßig etwas zu liefern hat (Geld, Obst, Dienstleistungen et cetera). So eine Eintragung, bei der der Grundstücksinhaber etwas zu liefern hat, wird als Reallast bezeichnet.

Das Grundstück wird im Fall eines Wege- oder Leitungsrechts auch als dienendes Grundstück bezeichnet. Das herrschende Grundstück ist das, welches von dem Recht Gebrauch machen kann (bei diesem Grundstück steht das Recht dann im Bestandsverzeichnis). Bei einer Reallast muss man schauen, wem die zu liefernde Leistung zusteht. Eine Reallast kann eine regelmäßig zu zahlende Summe oder eine Dienstleistung sein. Es ist beispielsweise aber auch möglich, dass ein Teil der Ernte abzugeben ist. Der Begünstigte einer Reallast kann eine bestimmte namentlich genannte Person oder Personengruppe oder der Inhaber eines anderen Grundstücks sein. Wenn es sich um eine Verpflichtung gegenüber dem Inhaber eines anderen Grundstücks handelt, sprechen wir hier auch von dienendem und herrschendem Grundstück.

Wenn eine Last (erstrangig) im Grundbuch eingetragen ist, kann es zu Problemen bei der Finanzierung kommen. Es hängt natürlich von der Art der Eintragung ab. So ist ein Wege- oder Leitungsrecht in der Regel aus Finanzierungssicht harmlos, da es den Wert des Grundstücks nicht erheblich mindert beziehungsweise sich die Minderung des Wertes eventuell schon im Kaufpreis widerspiegelt.

Anders ist es bei Eintragungen wie Wohnrechten und Reallasten! Wenn diese bereits vorhanden sind, bevor die Bank ihre Grundschuld einträgt, dann würden im Falle einer Zwangsversteigerung die Berechtigten den Gegenwert ihres Wohnrechts oder ihrer Reallast zuerst ausgezahlt bekommen. Beim Wohnrecht wird dann beispielsweise geschaut, was der entsprechende Mietwert einer ähnlichen Immobilie in der Region wäre und wie alt die Person ist. Sollte die Person statistisch gesehen noch ca. 30 Jahre leben und die durchschnittliche Kaltmiete für eine ähnliche Wohnung läge bei 500 Euro monatlich, dann müssten dieser Person bei einer Zwangsversteigerung 180.000 Euro ausgezahlt werden (500 Euro × 12 × 30).

Oft bleibt dann nicht mehr viel für die Bank übrig. Dieses Beispiel zeigt, warum Banken bestimmte vorrangige Lasten in Abteilung II nicht akzeptieren. Die Lösung für eine Finanzierung wäre, dass das Recht, welches in Abteilung II eingetragen ist, im Rang zurücktritt. Das muss über einen Notar beantragt werden, und selbstverständlich muss derjenige, dessen Recht betroffen ist, auch zustimmen. Tut er dies nicht, so sieht es mit einer Finanzierungszusage schlecht aus.

Beispiel:

Die Eltern übertragen schon zu Lebzeiten ihr Haus an eines der Kinder. Sie lassen sich erstrangig ein lebenslanges Wohnrecht ins Grundbuch eintragen. Irgendwann wird Geld für eine Sanierung von der Bank benötigt. Diese wird das Darlehen jedoch nur genehmigen, wenn die Eltern einem Rangrücktritt des Wohnrechts im Grundbuch zustimmen.

Im Fall einer Zwangsversteigerung würde dann die Bank als erstes ihr Geld bekommen. Wenn danach noch Geld aus der Versteigerung übrig ist, bekommen die Eltern ihren Anteil, bzw. den Anteil, der nach Zahlung der Gerichts- und Verfahrenskosten und Zahlung des Restbetrags an die Bank noch übrig ist.

Es gibt verschiedene Arten von Lasten, die hier nicht weiter erläutert werden, da der Schwerpunkt des Buchs auf dem Thema „Finanzierung“ liegt. Bitte informieren Sie sich im Fall der Fälle darüber, was die einzelnen Lasten bedeuten. Einen kleinen praktischen Exkurs möchte ich jedoch an dieser Stelle noch anbieten. Achtung: Ich erkläre auch hier für Laien in meinen eigenen Worten. Für rechtlich einwandfreie Formulierungen und tiefergehende Informationen schauen Sie bitte ins Erbbaurechtsgesetz.

Exkurs: Erbpacht

Der Inhaber eines Grundstücks verpachtet dieses für einen längeren Zeitraum an eine Person, die darauf ein Haus errichten möchte bzw. das Haus kaufen möchte, welches auf diesem Grundstück steht. In der Regel werden Pachtverträge für 99 Jahre geschlossen.

Es handelt sich rechtlich gesehen also um zwei Eigentümer: der Eigentümer des Grundstücks und der Eigentümer des Hauses. Somit gibt es auch zwei Grundbücher: das Grundbuch für das Grundstück und das Erbbaugrundbuch. In beiden Grundbüchern wird in Abteilung II das Erbbaurecht eingetragen. Als Käufer einer Immobilie, die auf einem Erbbaugrundstück steht, erhalten Sie nur Einsicht in das Erbbaugrundbuch. In diesem werden Sie als Eigentümer eingetragen, und wenn Sie eine Finanzierung beantragen, dann wird auch die Grundschuld nur im Erbbaugrundbuch eingetragen. Mit dem Grundstücksgrundbuch haben Sie als Käufer und Eigentümer der Immobilie nichts zu tun.

Wenn Sie ein Haus kaufen, bei dem bereits ein Erbpachtvertrag besteht, dann haben Sie eventuell nur noch eine entsprechende Restlaufzeit: Mal angenommen, der Ursprungsvertrag lief 99 Jahre. 30 Jahre sind bereits vergangen. So haben Sie als Käufer dieser Immobilie nur noch 69 Jahre Restlaufzeit. Ist die Restlaufzeit kürzer als die voraussichtliche Finanzierungsdauer, wird diese Finanzierung wahrscheinlich kein Kreditinstitut begleiten. Das Ende eines solchen Vertrags nennt man übrigens „Heimfall".

Mit Ende des Pachtvertrags fällt auch das Gebäude auf dem Grundstück in das Eigentum des Grundstücksinhabers. Aus diesem Grunde ist es wichtig, im Vertrag eine Regelung für den Heimfall, also zum Beispiel eine entsprechende Ausgleichszahlung, zu vereinbaren. Diese muss angemessen sein. Als angemessen wird in der Regel ein Wert von mindestens zwei Dritteln des sogenannten allgemeinen Wertes angesehen.

Erbbaurechte werden häufig von Gemeinden oder Kirchen vereinbart. Die Grundstücke sollen im Eigentum der Gemeinde oder Kirche verbeiben, werden jedoch als Bauland zur Verfügung gestellt. Manchmal verpachten auch Privatpersonen ihre Grundstücke in Form eines Erbbaurechts. Dieses ist jedoch schwierig, zu finanzieren. Bei den meisten Kreditinstituten gilt ein Erbbaurecht, bei dem der Erbbaurechtsgeber (also der Grundstücksinhaber) eine Privatperson ist, als Ausschlusskriterium.

Beschränkungen

Wenn eine Beschränkung im Grundbuch eingetragen ist, dann ist das Grundbuch für den Eigentümer des Grundbuchs geschlossen. Er hat also keinerlei rechtliche Verfügungsgewalt mehr. Er kann seine Immobilie weder verkaufen noch mit Grundpfandrechten beleihen.

Typische Beschränkungen sind:

- Zwangsvollstreckungsvermerk
- Zwangsverwaltungsvermerk
- Insolvenzvermerk
- Testamentsvollstreckervermerk

Diese Vermerke machen deutlich, dass eine Beschränkung normalerweise nicht freiwillig eingetragen wird, sondern durch äußere Gegebenheiten zustande kommt.

Nicht jede Eintragung in Abteilung II des Grundbuchs kann eindeutig als Last oder Beschränkung eingeordnet werden. Es gibt auch Eintragungen, die weder das eine noch das andere sind, oder von beidem Merkmale haben. Zwei dieser Besonderheiten stelle ich Ihnen noch vor.

Besonderheit Auflassungsvormerkung

In der Abteilung I haben Sie bereits den Begriff der „Auflassungsvormerkung" kennengelernt. Eine Auflassungsvormerkung wird in Abteilung II des Grundbuchs eingetragen. Ob sie eine Last oder eine Beschränkung ist, darüber gibt es unterschiedliche Aussagen. Auf der einen Seite ist eine Auflassungsvormerkung definitiv eine Beschränkung, denn der bisherige Eigentümer hat keinerlei rechtliche Verfügungsmöglichkeit mehr über das Grundbuch. Es ist ein Sperrvermerk.

Es gibt aber auch Fachleute, die sagen, sie sei eher in die Kategorie „Last" einzuordnen. Die Begründung ist, dass der bisherige Eigentümer etwas liefern muss, nämlich die Eigentumsübertragung auf den neuen Eigentümer. Er muss das Grundstück liefern.

Besonderheit Nießbrauch

Wenn zugunsten einer Person ein Nießbrauchrecht im Grundbuch eingetragen ist, so hat diese Person sämtliche (wirtschaftlichen) Nutzungsrechte an dem Grundstück. Der Inhaber eines Nießbrauchrechts darf die Immobilie selbst bewohnen, vermieten oder sonstige Erträge aus dem Objekt erzielen. In der Fachsprache heißt Nießbrauchrecht, dass derjenige, dem das Nießbrauchrecht zusteht, das Nutzungs- und Fruchtziehungsrecht hat. Fruchtziehungsrecht heißt, dass diese Person sämtliche „Früchte" ziehen darf (hierzu gehören nicht nur die essbaren Früchte, sondern auch Mietzinsen oder sonstige Erträge).

Der Nießbrauchberechtigte wird wirtschaftlicher Eigentümer der Immobilie. Dem bisherigen Eigentümer bleibt lediglich das Veräußerungsrecht erhalten. Ein Nießbrauchrecht kann weder veräußert noch vererbt werden. Es endet mit dem Tod des Nießbrauchnehmers. Ein typischer Praxisfall für die Eintragung eines Nießbrauchrechts ist die Schenkung von Eltern an ihre Kinder als vorweggenommenes Erbe. Das funktioniert wie folgt:

Die Eltern übertragen bereits zu Lebzeiten das Eigentum an ihrer Immobilie an die Kinder. Diese werden rechtliche Eigentümer. Damit die Eltern jedoch weiterhin umfangreiche, wirtschaftliche Nutzungsrechte haben (und nicht von den Kindern vor die Tür gesetzt werden können), lassen diese sich ein Nießbrauchrecht zu ihren Gunsten eintragen. Somit bleiben sie wirtschaftliche Eigentümer.

Hier sollte bereits im Vorfeld geklärt werden, was mit eventuellen Sanierungskosten ist. Wer trägt diese? Wie können sie finanziert werden? Damit die Eltern ein Darlehen über die Immobilie absichern können (ohne die Einwilligung der Kinder, die ja rechtliche Eigentümer sind), könnte eine sogenannte Eigentümergrundschuld in Abteilung III des Grundbuchs eingetragen und auf die Eltern übertragen werden. Damit hätten diese eine Chance, diese Grundschuld an eine Bank als Kreditsicherheit abzutreten, wenn Kapitalbedarf vorhanden ist.

Eine kleine Eselsbrücke zum Thema „Nießbrauch“: Alles, was mit dem Grundbuch zu tun hat, obliegt dem Eigentümer (= rechtliche Verfügungsgewalt). Alles, was mit der tatsächlichen Nutzung des Grundstücks zu tun hat, obliegt dem Nießbrauchberechtigten (= tatsächliche Verfügungsgewalt).

Abteilung III

In der Abteilung III finden sich Einträge, die in irgendeiner Art und Weise etwas mit Geld und Finanzierung zu tun haben, es ist quasi die „Finanzierungsabteilung“. Es gibt lediglich drei Rechte, die hier eingetragen werden können:

- Hypothek
- Grundschuld
- Rentenschuld

10

Der Begriff „Hypothek“ wird sehr häufig gebraucht (im Sinne von „Ich habe eine Hypothek aufgenommen“), wenn über Finanzierungen gesprochen wird; dabei spielt sie in der heutigen Zeit kaum noch eine Rolle – zumindest nicht Finanzierungen. Es gibt kaum noch Kreditinstitute, die Hypotheken eintragen lassen (mir ist aktuell keine einzige bekannt). Wenn Sie also von einer Person hören, sie hätte eine Hypothek aufgenommen, meint sie richtigerweise: „Ich habe ein Darlehen gegen Grundschuldabsicherung aufgenommen.“

Die Hypothek und die Grundschuld dienen beide zur Kreditabsicherung. Allerdings gibt es einige gravierende Unterschiede, die im BGB zu finden sind:

§ 1191 Abs. 1 BGB

Ein Grundstück kann in der Weise belastet werden, dass an denjenigen, zu dessen Gunsten die Belastung erfolgt, eine bestimmte Geldsumme aus dem Grundstück zu zahlen ist (Grundschuld).

§ 1113 Abs. 1 BGB

Ein Grundstück kann in der Weise belastet werden, dass an denjenigen, zu dessen Gunsten die Belastung erfolgt, eine bestimmte Geldsumme zur Befriedigung wegen einer ihm zustehenden Forderung aus dem Grundstück zu zahlen ist (Hypothek).

Einer der Hauptgründe, warum eine Hypothek heutzutage nicht mehr verwendet wird, ist die Formulierung „zur Befriedigung wegen einer ihm zustehenden Forderung" im Gesetzestext. Die Grundschuld ist abstrakt, das heißt, sie existiert auch unabhängig davon, ob ein Darlehen besteht oder nicht. Die Hypothek ist akzessorisch, das heißt, sie ist nur existent, wenn es auch eine Darlehensschuld gibt.

Das bedeutet konkret: Die Hypothek existiert nur in der Höhe der Restschuld. Die Hypothek ist also rechtlich gesehen nur in der Höhe existent, in der das Darlehen valutiert (Darlehensvaluta = Restschuld des Darlehens). Allerdings sind automatisch auch die Darlehenszinsen und eventuellen Kosten der Rechtsverfolgung über die Hypothek mit abgesichert (anders bei der Grundschuld, bei der das extra vereinbart wird).

Ist das Darlehen zurückgezahlt, hat die Bank keinen Zugriff mehr auf die Hypothek. Sie existiert quasi für die Bank nicht mehr (auch, wenn sie noch im Grundbuch eingetragen ist). Die eingetragene Hypothek wandelt sich zur sogenannten Eigentümergrundschuld. Diese Grundschuld könnte theoretisch an neue Gläubiger abgetreten werden, doch es fehlen wichtige Zusätze, die für die Kreditabsicherung eines Kreditgebers wichtig wären (z. B. die Absicherung von Verzugszinsen und Kosten der Rechtsverfolgung). 10

Ich fasse kurz zusammen:

Hypothek: Die Sicherheit für die Bank existiert stets nur in der Höhe der Restschuld zuzüglich Zinsen und eventueller Kosten der Rechtsverfolgung. Die Hypothek sichert zwangsläufig *ein bestimmtes* Darlehen ab. Ist es zurückgeführt, erlöschen die Rechte aus der Hypothek für die Bank.

Grundschuld: Bleibt rechtlich gesehen in voller Höhe bestehen, unabhängig von der Restschuld. Neben der Grundschuldsumme werden noch Zinsen (die weit höher sind als die im Kreditvertrag vereinbarten Zinsen) und Nebenleistungen (für eventuelle Kosten der Rechtsverfolgung) mit in das Grundbuch eingetragen.

Grundschuld und Darlehensvertrag sind zunächst zwei rechtlich voneinander getrennte Vorgänge. Damit die eingetragene Grundschuld tatsächlich auch als Darlehenssicherheit genutzt werden kann, muss ein weiteres Formular unterschrieben werden, die sogenannte Zweckerklärung.

Bleiben wir noch einen Moment bei den Unterschieden, denn es gibt noch einen weiteren gravierenden Unterschied zwischen der Hypothek und der Grundschuld: Bei der Hypothek haftet der Darlehensnehmer *automatisch* nicht nur mit dem Grundstück, sondern auch mit seinem gesamten Vermögen. Das ist bei der Grundschuld anders. Damit die Bank auch auf das sonstige Vermögen des Darlehensnehmers zurückgreifen kann, muss eine „Zwangsvollstreckungserklärung mit persönlicher Haftungsübernahme" vor dem Notar mit vereinbart werden.

Der große Vorteil der Grundschuld, weswegen sie inzwischen die Hypothek in der Praxis nahezu verdrängt hat, ist, dass die Grundschuld rechtlich gesehen immer in der gleichen Höhe existent bleibt, so kann sie jederzeit wieder verwendet werden, wenn beispielsweise ein neues Darlehen aufgenommen werden soll oder die alte Kreditsumme aufgestockt werden muss, weil beispielsweise Sanierungsmaßnahmen anstehen. Auch bei einer Umschuldung zu einem neuen Kreditinstitut kann die Grundschuld einfach mitgenommen werden. Eine Abtretung ist wesentlich kostengünstiger als eine Löschung und eine Neueintragung.

Sicherlich kann darüber philosophiert werden, ob eine Hypothek oder eine Grundschuld für den Kunden sinnvoller ist. Doch diese Diskussion wäre müßig, da Sie derzeit kaum ein Kreditinstitut finden werden, welches ein Darlehen gegen eine Hypothek vergibt.

Wechseln wir nun zu den Themen, mit denen Sie in der Praxis konfrontiert werden, wenn Sie ein Darlehen für die Finanzierung einer Immobilie aufnehmen. Nachdem Sie ein Darlehen bei einer Bank beantragt haben, bekommen Sie (hoffentlich) irgendwann die Darlehenszusage. Zusammen mit der Darlehenszusage erhalten Sie auch die sogenannte Grundschuldbestellungsurkunde.

Diese Grundschuldbestellungsurkunde nehmen Sie direkt mit zum Notartermin. Sollte Ihnen die Grundschuldbestellungsurkunde noch nicht vorliegen (weil das Kreditinstitut beispielsweise längere Bearbeitungszeiten hat), dann reichen Sie diese einfach nach. Sie unterschreiben ohnehin mit dem Kaufvertrag, dass der Notar und seine Notarfachangestellten in Ihrem Auftrag tätig werden können (Sie vergeben hierfür eine Vollmacht). Zusammen mit der Grundschuldbestellungsurkunde wird auch die bereits genannte „Zwangsvollstreckungserklärung mit persönlicher Haftungsübernahme" mit vereinbart.

Bei der Bank selbst unterschreiben Sie, wie ebenfalls schon erwähnt, noch eine Sicherungszweckerklärung (oder Zweckbestimmungserklärung, Zweckerklärung, Sicherungsvereinbarung oder so ähnlich, das Formular hat viele Namen). Damit wird die eingetragene Grundschuld dann auch mit dem Darlehen verbunden. Vorher sind es zwei unterschiedliche Rechtsvorgänge. Nur mit der unterschriebenen Sicherungszweckerklärung darf die Bank im Falle ihrer Zahlungsunfähigkeit auch von der Grundschuld Gebrauch machen.

Wenn Sie (z. B. nach Ablauf der Zinsbindung) das Kreditinstitut wechseln wollen, dann können Sie die Grundschuld einfach an das neue Kreditinstitut abtreten lassen. Das ist, wie ebenfalls schon erwähnt, wesentlich kostengünstiger als eine Löschung und Neueintragung.

Abschließend noch ein paar Worte zur Rentenschuld: Diese wird aktuell von keinem in Deutschland ansässigen Kreditinstitut angeboten. Sie könnte aber eine interessante Variante bei einem privaten Mietkauf sein. Mit der Rentenschuld erhält der Berechtigte eine regelmäßige Geldzahlung (ähnlich wie bei einer Reallast). Unterschied zur Reallast: Die Rentenschuld kann mit Zahlung eines vorher vereinbarten Betrags (z. B. der [Rest-]Kaufpreis der Immobilie) abgelöst werden.

Beispiel: Rentenschuld

Die monatliche Rate beträgt 1.000 EUR. Diese 1.000 EUR sind so lange zu zahlen, wie die Rentenschuld eingetragen ist. Die Rentenschuld könnte mit einer Zahlung von 150.000 EUR und einer Kündigungsfrist von sechs Monaten gekündigt werden. Der Verkäufer würde also in dem Fall 150.000 EUR zuzüglich der gezahlten Raten erhalten. Das ist Chance und Risiko. Chance: Er erhält viel mehr als bei einem reinen Verkauf. Risiko: Er weiß nicht, ob er jemals die 150.000 EUR bekommt.

Wohneigentum und Teilungserklärung

Prinzip des Wohneigentums

Das Thema „Teilungserklärung" und die Begrifflichkeiten rund um das Wohnungseigentumsgesetz (WEG) sind für Laien manchmal nicht ganz einfach zu verstehen. Deswegen „übersetze" ich Ihnen in diesem Kapitel ein paar typische Begriffe und Formulierungen. Doch zuvor möchte ich Ihnen in einfachen Worten erläutern, wie Wohneigentum entsteht. In dieser Erläuterung geht es um das grundsätzliche Prinzip, nicht um die rechtliche Vollständigkeit.

Wie entsteht Wohneigentum?

Mal angenommen, Klaus Schneider ist Immobilieninvestor und kauft ein Mehrfamilienhaus mit sechs Wohneinheiten und einer Tiefgarage. Für dieses Mehrfamilienhaus gibt es nur ein einziges Grundbuch, das heißt, er kann das Mehrfamilienhaus nur als eine Einheit kaufen oder verkaufen. Er hat nun zwei Optionen:

1. Er behält das Gesamtobjekt und vermietet alle Einheiten. Dann muss er nichts weiter (aus Sicht des Grundbuchrechts) dafür tun.
2. Er möchte einzelne Einheiten oder Wohnungen wieder verkaufen. Dafür muss er das Objekt nach dem Wohnungseigentumsgesetz aufteilen, damit jede einzelne Einheit ein eigenes Grundbuchblatt bekommt.

Er entscheidet sich für Variante 2. Um das Objekt nach dem Wohnungseigentumsgesetz aufzuteilen, sind mehrere Schritte notwendig, für die er unter anderem einen Architekten, einen Notar und das Bauamt benötigt. So muss er sicherstellen, dass jede Einheit eine separate (Wohnungs-)Eingangstür und Ver- und Entsorgungsleitungen hat (Strom, Wasser, Gas etc.) und dass jeweils Feuerschutzwände vorhanden sind. Weiterhin hat er bzw. sein Architekt einen Grundriss und einen Aufteilungsplan zu erstellen: Wem gehört was mit welchen Anteilen und welche Einheit hat welche Nutzungsrechte?

Über den Notar wird dann die sogenannte Teilungserklärung erstellt, in der Klaus Schneider erklärt, dass er sein Eigentum entsprechend aufteilt. Aus der Teilungserklärung ist ersichtlich, welche Teile eines Gebäudes zum gemeinschaftlichen Eigentum und welche zum jeweiligen Sondereigentum (= das Eigentum an einer bestimmten Einheit im Gebäude) gehören. Zudem werden weitere Details in der Teilungserklärung niedergeschrieben.

Wenn das alles erfolgt ist, kann das Grundbuchamt die neuen Grundbücher erstellen – in diesem Fall könnten es sechs, sieben oder noch mehr sein. Sechs, wenn die sechs Wohneinheiten jeweils ein Grundbuchblatt bekommen und die Tiefgarage im Gemeinschaftseigentum verbleibt (also allen Eigentümern zusammen gehört). Sieben, wenn die Tiefgarage separat verkauft wird oder im Eigentum von Herrn Schneider verbleiben soll. Es sind mehr als sieben, wenn jede Wohneinheit und jeder Parkplatz ein separates Grundbuchblatt bekommt. In diesem Fall könnte Herr Schneider jeden Parkplatz einzeln verkaufen. Jede Einheit, die ein separates Grundbuchblatt bekommt, wird als Sondereigentum bezeichnet.

Gemeinschaftseigentum wird definiert als das Eigentum an dem Grundstück und allen Teilen am gemeinschaftlichen Objekt (also am Gesamtobjekt), welche nicht im Sondereigentum oder im Eigentum eines Dritten (z. B. Stromversorger) stehen. Der Anteil am gemeinschaftlichen Eigentum wird in der Teilungserklärung und im Grundbuch in sogenannten Bruchteilen (= prozentualer Anteil am Gesamteigentum) angegeben. Deswegen wird hier auch vom Miteigentum nach Bruchteilen (oder kurz: Bruchteilseigentum) gesprochen (bitte nicht verwechseln mit dem Teileigentum, Erläuterung folgt).

Sondereigentum kann das Eigentum an einer Wohneinheit sein (= Wohnungseigentum) oder an einer Einheit, die nicht zu Wohnzwecken dient (= Teileigentum). Sind Sie jetzt vollends verwirrt? Das kann ich verstehen. Deswegen hier noch einmal die Definitionen:

Wohnungseigentum: Wohnungseigentum ist das Sondereigentum an einer bestimmten Wohneinheit in Verbindung mit dem Miteigentum (in Form von Miteigentumsanteilen, angegeben in Bruchteilen) an einem Grundstück und dem dazugehörigen Gebäude.

Teileigentum: Teileigentum ist das Sondereigentum an einer bestimmten, nicht zu Wohnzwecken dienenden Einheit (z. B. Kellerraum, Garagenplatz, Gewerbeeinheit) in Verbindung mit dem Miteigentum (in Form von Miteigentumsanteilen) an einem Grundstück und dem dazugehörigen Gebäude.

Gemeinschaftseigentum: Zum Gemeinschaftseigentum gehören das Grundstück sowie Teile, Anlagen und Einrichtungen des Gebäudes, die nicht im Sondereigentum oder im Eigentum eines Dritten stehen (z. B. Versorger). Dazu gehören unter anderem die Außenwände, tragende Zwischenwände, Eingangstüren, Balkone, Zentralheizung, Treppenhaus, Aufzug et cetera.

Hier hilft ein Blick in die jeweilige Teilungserklärung, was genau bei der zu erwerbenden Einheit dazugehört.

Beispielformulierungen aus der Teilungserklärung einfach übersetzt

Beispielformulierung: Aufteilung

Die Grundstückseigentümerin teilt hiermit das vorstehend in § 1 WEG bezeichnete WEG-Grundstück gemäß § 8 WEG in der Weise in Miteigentumsanteile auf, dass mit jedem Anteil das Sondereigentum an einer bestimmten Wohnung oder an bestimmten nicht zu Wohnzwecken dienenden Räumen in den auf dem Grundstück (noch zu errichtenden/alternativ bereits vorhandenem) Gebäude verbunden ist.

Übersetzung für Laien: Das bisherige Grundstück (mit einem einzigen Grundbuchblatt) wird in sogenannte Miteigentumsanteile aufgeteilt. Jedem Miteigentumsanteil (= Grundstücksanteil ausgedrückt in Bruchteilen) wird eine bestimmte Einheit zugeordnet. Das kann eine Wohnung sein (= Wohnungseigentum) oder Räume, die nicht zu Wohnzwecken dienen (= Teileigentum, z. B. Garage, Gewerbe et cetera).

Jede Einheit (z. B. jede Wohnung) bekommt anschließend ein eigenes Grundbuchblatt (bei Wohnungen heißt es dann Wohnungsgrundbuch). Zu der entsprechenden Wohnung gehört auch Miteigentum am Grundstück dazu. Dieses wird in Miteigentumsanteilen definiert.

Hintergrund dieser komplizierten Ausdrucksweise ist, dass in Deutschland nur Grundstücke verkauft werden. Alles, was mit dem Grundstück fest verbunden ist (also z. B. das Haus), werden automatisch mitverkauft. Es gibt zwei Ausnahmen: Einheiten in Mehrfamilienhäusern, die nach Wohnungseigentumsrecht aufgeteilt sind, und Erbbaurechte.

Doch auch eine Einheit in einem Mehrfamilienhaus, also zum Beispiel eine Eigentumswohnung, wird mit einem Grundstücksanteil verkauft.

Beispielformulierung: Aufteilung

Die Aufteilung für die so entstehende Wohnungseigentümergemeinschaft wird wie folgt vorgenommen:

1. ... Miteigentumsanteil .../1.000
   verbunden mit dem Sondereigentum an sämtlichen Räumen der Wohnung samt Kellerabteil Nr. 1 lt. Aufteilungsplan,
2. ... Miteigentumsanteil von .../1.000
   verbunden mit dem Sondereigentum an sämtlichen Räumen der Wohnung samt Kellerabteil Nr. 2 lt. Aufteilungsplan,
3. Miteigentumsanteil von .../1.000
   verbunden mit dem Sondereigentum an dem TG-Stellplatz Nr. ... lt. Aufteilungsplan

Übersetzung für Laien: Der Grundstücksanteil, der zur entsprechenden Einheit (z. B. zur Eigentumswohnung) gehört, wird in Tausendstel angegeben. Beispiel: Wenn ein Grundstück 1.000 Quadratmeter groß ist und dieses auf zehn Einheiten gleichmäßig verteilt wird, dann würde jeder Einheit ein Grundstücksanteil von 10/1.000 (= 100 Quadratmeter) zugeordnet werden. Wenn Sie in diesem Objekt also eine Wohnung kaufen, steht Ihnen ein Grundstücksanteil von 100 Quadratmetern zu, wobei nicht definiert wird, welcher Teil des Grundstücks Ihnen gehört. Ihnen gehören undefinierte zehn von tausend Grundstücksanteilen.

Beispielformulierung: Abgeschlossenheitsbescheinigung

Die Abgeschlossenheitsbescheinigung des Amtes ist dieser Urkunde in der Anlage beigefügt. Die bestätigten Aufteilungspläne lagen im Original vor. Auf die Beifügung zu dieser Urkunde verzichtete die Eigentümerin nach entsprechender Belehrung durch den Notar.

Übersetzung für Laien: Mit einer Abgeschlossenheitsbescheinigung bestätigt die Baubehörde, dass die Einheiten (z. B. die Wohnungen) in sich abgeschlossen sind und beispielsweise eine eigene Wohnungseingangstür haben. Anders ausgedrückt: Niemand muss durch das Sondereigentum (= Wohnung oder nicht zu Wohnzwecken dienende Räume) hindurchgehen, um zu seinem Eigentum zu kommen. In der Regel gehören auch ein Bad und eine Küchenanschlussmöglichkeit dazu, damit eine Abgeschlossenheitsbescheinigung überhaupt ausgestellt werden kann (zumindest bei Einheiten, die zu Wohnzwecken dienen).

Beispielformulierung: Sondernutzungsrechte

Es werden Sondernutzungsrechte an Pkw-Stellplätzen gebildet, deren genaue Lage und Begrenzung sich aus der Anlage SNR (= Sondernutzungsrechte) ergeben, welche bei Beurkundung vorlag, allseits eingesehen wurde und dieser Urkunde beigeschlossen ist:

Dem jeweiligen Eigentümer der nachfolgend bezeichneten Wohnungseigentums- bzw. Teileigentumseinheiten steht das ausschließliche Nutzungsrecht an folgenden Kfz-Stellplätzen zu:
... zur Wohnung Nr. 1 laut Aufteilungsplan – der Kfz-Stellplatz Nr. 1,
... zum Teileigentum Nr. 2 laut Aufteilungsplan – der Kfz-Stellplatz Nr. 2 laut Anlage SNR

Übersetzung für Laien: Ein Sondernutzungsrecht bedeutet, dass der Eigentümer einer bestimmten Einheit das ausschließliche Nutzungsrecht an einem bestimmten Teil des Gemeinschaftseigentums hat.

Ein gutes Beispiel sind Terrassen. Das Grundstück gehört allen Eigentümern gemeinsam (aufgeteilt nach Bruchteilen). Doch die Terrasse direkt vor der Erdgeschosswohnung darf ausschließlich durch diesen Eigentümer genutzt werden. Ähnliches gilt für Parkplätze wie im obigen Beispiel. Teilweise gehören sogar die Kellerräume allen Eigentümern gemeinschaftlich und die Zuordnung erfolgt auch hier durch die Sondernutzungsrechte.

Versicherungsschutz – muss das sein?

Mögliche Risiken

Kurze Antwort: Ja, das muss sein! Lassen Sie sich von einem Versicherungsberater oder einem Versicherungsmakler Ihres Vertrauens beraten.

Das größte Risiko im Bereich der Immobilienfinanzierung ist die Zahlungsunfähigkeit. Diese kann entweder durch falsche Kalkulation, Objektrisiken oder durch unvorhergesehene Ereignisse – Schicksalsschläge wie Arbeitslosigkeit, Krankheit, Todesfall – und andere große Veränderungen hervorgerufen werden (siehe auch Kapitel 2).

Versicherungsrisiken sind also zu unterteilen in Risiken, die eine Person betreffen können, und Risiken, die aus dem Objekt heraus entstehen. Schauen wir uns zunächst ein paar Objektrisiken an. Hier unterscheiden wir zwischen versicherbaren und nicht versicherbaren Risiken. Zu den nicht versicherbaren Risiken gehören solche, die aus der Bausubstanz heraus entstehen. Vor dem Kauf ist es empfehlenswert, einen Gutachter hinzuzuziehen. Besonders schlimm ist der sogenannte Hausbock (hierbei handelt es sich um einen ziemlich gefräßigen Käfer, sein richtiger Name ist Bockkäfer, doch umgangssprachlich wird er Hausbock genannt). Er befällt gerne Dachstühle aus Nadelholz, aber auch Deckenbalken, Türschwellen, Fensterrahmen und seltene Möbel. Er mag vor allem altes Holz. Neues Holz entspricht nicht ganz seiner Geschmacksrichtung.

Ebenfalls schlimm ist der sogenannte Hausschwamm. Hierbei handelt es sich um einen holzzerstörenden Pilz. Er liebt verbautes Holz und mag ein feuchtes, nicht zu kühles Milieu. Dann hat er optimale Bedingungen, um zu wachsen und sich zu vermehren. Er ist in einigen Bundesländern sogar meldepflichtig. Sowohl beim Hausbock als auch beim Hausschwamm ist eine komplette Sanierung notwendig, teilweise ist ein Abriss erforderlich.

Aus diesem Grund muss ein Verkäufer bei Kenntnis des Befalls diesen vor dem Verkauf offenlegen. Sollte er verschwiegen werden, kann der Käufer von einem Rücktrittsrecht Gebrauch machen. Kann man dem Verkäufer das „arglistige Verschweigen" nachweisen, so kann der Käufer auch dann vom Kaufvertrag zurücktreten, wenn im Kaufvertrag ein Rücktritt aufgrund von Sachmängeln ausgeschlossen wurde. Die Schwierigkeit liegt jedoch im Nachweis des „arglistigen Verschweigens". Von daher: Vor einem Immobilienkauf lohnt es sich in jedem Fall, das Geld für einen Gutachter zu investieren.

Zu den versicherbaren Risiken gehören Schäden durch Feuer, Leitungswasser (z. B. Rohrbruch), Sturm, Hagel sowie Glasschäden und andere. Je nach Region können auch sogenannte Elementarschäden versichert werden. Dazu gehören unter anderem Hochwasser und Lawinengefahr.

Arten von Versicherungen

Wenn Sie einen Öltank haben, dann müssen Sie eine Gewässerschadenhaftpflichtversicherung mit abschließen. Für andere Haftungsschäden im selbst genutzten Bereich tritt in den meisten Fällen Ihre private Haftpflichtversicherung ein. Sonderrisiken, wie ein Schwimmbad, müssen separat versichert werden. Bei Vermietung einer Immobilie sollten Sie eine Vermieterhaftpflichtversicherung abschließen für den Fall, dass eine Person auf Ihrem Grundstück zu Schaden kommt.

Für Baumaßnahmen sollte eine Bauherrenhaftpflichtversicherung bestehen. Diese übernimmt die Kosten, wenn eine Person auf Ihrer Baustelle verletzt wird, denn dafür sind Sie haftbar zu machen.

Apropos Baumaßnahmen: Auch eine Bauleistungsversicherung ist empfehlenswert, insbesondere bei größeren Baumaßnahmen. Sie entschädigt Sie beispielsweise finanziell, wenn es zu Überschwemmungen, Feuer oder Diebstählen bereits verbauter Baumaterialien auf der Baustelle kommt.

Auch der Abschluss einer Rechtsschutzversicherung kann lohnenswert sein, sowohl bei Nachbarschaftsstreitigkeiten als auch im Vermietungsbereich.

Empfehlenswerte Versicherungen rund um das Haus:

- Wohngebäudeversicherung
- Haftpflichtversicherung
- Hausratversicherung
- eventuell Glasversicherung
- eventuell Rechtsschutzversicherung

Wie grenzt sich die Wohngebäudeversicherung vom Hausrat ab? Stellen Sie sich vor, Sie schneiden das Haus oben auf und drehen es um. Alles, was jetzt herausfällt, das gehört zum Hausrat. Alles, was drin bleibt, gehört zum Wohngebäude. Manchmal ist es jedoch nicht so einfach zu unterscheiden, zum Beispiel bei den Fußbodenbelägen: Sind diese fest mit dem Haus verbunden (etwa Fliesen), dann gehören sie zur Wohngebäudeversicherung. Sind sie nur obendrauf gelegt, wie beispielsweise ein Teppichboden, dann gehören sie zum Hausrat. Bei festverklebten Teppichböden oder bei Laminat und Holzdielen ist es teilweise schwer zu entscheiden – gehörten sie zum Haus oder zur Einrichtung?

Ebenso verhält es sich mit der Küche. Ist es eine maßangefertigte Küche, die fest eingebaut ist, so gehört sie in der Regel zur Wohngebäudeversicherung. Ist es eine Standardküche, dann gehört sie zur Hausratversicherung. Doch wo genau ist die Abgrenzung? Sie sehen schon an diesen wenigen Beispielen, wie wichtig es ist, einen Versicherungsexperten an seiner Seite zu haben.

Kommen wir nun zu den personenbezogenen Risiken. Auch hier gibt es versicherbare und nicht versicherbare Risiken. Worin bestehen die Risiken? Oder anders gefragt: Welche Risiken können die Einnahmen reduzieren? Zu den nicht versicherbaren Risiken gehören familiäre Themen, also Familienzuwachs oder Scheidung. Finanzielle Folgen durch gesundheitliche Themen sind zum großen Teil über Versicherungen abdeckbar. Hierzu gehören eine längere Erkrankung, Berufsunfähigkeit, Erwerbsunfähigkeit, Tod des Hauptverdieners, aber auch Tod des Versorgers für die Kinder (denn, wenn die versorgende Person wegfällt, kann die hinterbliebene Person nicht mehr so viel arbeiten oder braucht eine Unterstützung im Haushalt).

Am besten wäre es, wenn Sie alle personenbezogenen finanziellen Risiken absichern, aber das kann sich kaum ein Normalverdiener leisten. Hier heißt es, Prioritäten setzen. Es empfiehlt sich, mit einem Profi zusammenzuarbeiten. Die Bedingungen der einzelnen Versicherungsgesellschaften, vor allem im Bereich der Berufsunfähigkeitsabsicherung, können recht unterschiedlich sein. Ein Versicherungsexperte kann mit Ihnen zusammen nicht nur schauen, welche Absicherung für Sie persönlich voraussichtlich die wichtigste ist, er kennt im besten Fall auch die Tarifunterschiede von den einzelnen Gesellschaften. Vor allem Versicherungsmakler haben oft einen guten Marktüberblick.

Welche Versicherungen rund um die Person abgeschlossen werden können, haben Sie bereits in Kapitel 2 gelesen. Hier eine kleine Wiederholung:

Empfohlener Mindestschutz:

- Berufsunfähigkeitsversicherung, mindestens jedoch eine Erwerbsunfähigkeitsversicherung
- Todesfallabsicherungen bei Familien für den Fall, dass der/die Hauptverdiener/-in oder der/die Versorger/-in der Kinder ausfällt
- Arbeitsunfähigkeitsversicherung/Krankentagegeldversicherung

Außerdem können folgende Absicherungen durchaus sinnvoll sein:

- Pflegezusatzversicherung
- Dread Disease (schwere Krankheiten)
- Krankentagegeldversicherung
- Grundfähigkeitsversicherung
- private Rentenversicherung
- Unfallversicherung

Meine persönliche Geschichte

Mein „Lebenslauf"

Meine persönliche Geschichte zum Thema „Immobilien" ist auf zwei Säulen aufgebaut: meine beruflichen Erfahrungen und meine privaten Erlebnisse. Beruflich kann ich auf mehr als 30 Jahre Erfahrung in der Finanzbranche und 26 Jahre im Immobilien-Finanzierungsbereich zurückschauen – als Beraterin, Vertriebsleiterin, Ausbilderin, Dozentin, Trainerin, Inhaberin einer Finanzierungsfirma und als IHK-Prüferin. Ich habe als Beraterin Hunderten von Kunden zu ihrer Immobilienfinanzierung verholfen. Die aktive Beratungszeit habe ich vor einigen Jahren zugunsten meiner heutigen Tätigkeit als Moderatorin, Rednerin, Autorin und Autoren-Coach aufgegeben. Dennoch bin ich nach wie vor regelmäßig als IHK-Prüferin für angehende Immobiliar-Darlehensvermittler (ohne diese Prüfung darf kein Berater zum Thema „Immobilienfinanzierung" beraten) und hin und wieder als Referentin und Dozentin in diesem Bereich tätig. Doch das ist „nur" die fachliche Seite.

Meine privaten Erfahrungen gehen ans Eingemachte. Sie waren sehr emotional und vor allem waren sie lange Zeit mit Scham besetzt – denn ich bin durch Messies, Mietnomaden und nicht zahlende Kunden in der Zimmerei meines damaligen Mannes in die Insolvenz geraten. Ich war damals 39 Jahre jung, hatte mein Leben „höher, schneller, weiter" gelebt, und dann kam der Zusammenbruch auf allen Ebenen – gesundheitlich, finanziell, beruflich und vor allem persönlich.

Das ist lange her, die Wunden sind geheilt – ansonsten könnte ich darüber gar nicht so frei und fröhlich berichten. Heute weiß ich: Es war einfach Teil meines Weges und ich würde das, was ich heute bin und tue, nicht machen, wenn ich diesen Totalzusammenbruch nicht erlebt hätte.

Heutzutage bin ich als Inspirations- und Motivationsrednerin unterwegs, mache Menschen Mut, unterstütze sie dabei, Entscheidungen für ihr Leben zu treffen, und helfe ihnen, bewusste Entscheidungen zu fällen – Bewusstheit über Chancen und Risiken –, nicht nur beim Immobilieninvestment, sondern in allen Situationen, die einem das Leben so präsentiert. Dabei nehme ich kein Blatt vor den Mund (auch nicht bei meinen eigenen Erfahrungen, wenn es interessiert und für andere von Nutzen sein kann). Doch auch, wenn Menschen von mir ein ehrliches, direktes Feedback bekommen, ist mir Wertschätzung und liebevolle Kommunikation ausgesprochen wichtig. Doch zurück zu meiner Geschichte.

Ich war 39 Jahre jung und stand vor den Trümmern meiner Existenz! Eine Finanzierungsspezialistin, die mit den eigenen Immobilien in die Insolvenz rauscht! Das macht etwas mit einem! Es war peinlich und unangenehm. Mein Selbstwertgefühl war total am Boden. Ich wollte und konnte lange Zeit nicht darüber reden.

Als ich anfing, darüber zu sprechen, suchte ich die Schuld im Außen: Die Mieter waren schuld, die Banken gemein, Rechtsanwälte bemühten sich nicht genug, und überhaupt ... Vielleicht ist ein Funken Wahrheit in allem, eines ist jedoch auch ganz klar: Die Entscheidung für die Immobilien, die dazugehörigen Finanzierungen sowie die Entscheidungen für die Mieter, die Auswahl der Banken und Rechtsanwälte hat nur eine Person getroffen. Und das war ich!

Ich habe Fehler gemacht! Ich habe zu viel Verantwortung abgegeben. Ich wollte lange Zeit das ganze Ausmaß meines Dramas nicht sehen, habe lange Zeit vieles verdrängt. Möchten Sie mehr erfahren? Gerne erzähle ich Ihnen die Geschichte. Vielleicht helfen sie und dieses Buch Ihnen dabei, bessere Entscheidungen zu treffen, als ich es seinerzeit getan habe.

Ich bin heutzutage wieder Eigentümerin von Immobilien und sehr froh darüber. Doch meine Strategie und meine finanzielle Basis ist eine andere als damals. Vermögensaufbau mit Immobilien ist absolut sinnvoll, doch es sollte mit Sinn und Verstand geschehen, damit die Gefahr einer Zahlungsunfähigkeit bei Mietausfall, Sanierungen et cetera weitestgehend minimiert wird. Wenn die Gier im Vordergrund steht, kann das (wie so oft im Leben) schon mal nach hinten losgehen. Leider erlebe ich immer wieder Menschen, die die gleichen Fehler machen, wie ich es damals tat ...

Wie alles begann: Höher, schneller, weiter! Dieses Motto war in meinen ersten 20 Berufsjahren vorherrschend. Ich wollte alles! Und das am liebsten sofort! Ich träumte vom großen Geld, vom Vermögensaufbau in Immobilien. Ich machte mir keine Gedanken über die Risiken und dachte gutgläubig, dass alles immer reibungslos laufen würde.

Es war 1996, ich war 24 Jahre jung, da kaufte ich mir meine erste vermietete Eigentumswohnung, mit 26 Jahren folgte die zweite. Ich schaffte es komplett aus eigener Kraft, diese zu kaufen und zu finanzieren, und war stolz darauf. In meiner Herkunftsfamilie war Geld stets Mangelware. Doch schon hier machte ich die ersten Fehler. Ich setzte kein Eigengeld ein (was vom Grundsatz her erst einmal nicht verkehrt ist, wenn genug Rücklagen da sind). Ich finanzierte nicht nur den Kaufpreis, sondern auch alle Nebenkosten mit. Mein Eigenkapital investierte ich lieber in Aktien!

Das ging auch lange Zeit gut. Mein Depot wuchs und wuchs (was Mitte bis Ende der 1990er-Jahre auch keine große Kunst war) und die Mieteinnahmen deckten die Kosten der Darlehen. Doch ich versäumte, einen Teil des Geldes in sichere Rücklagen zu packen. Mein gesamtes Geld war am Aktienmarkt investiert, größtenteils sogar im sogenannten Neuen Markt. Wer sich in dieser Zeit schon mit Aktien beschäftigt hat und an diese Zeit zurückdenkt, der weiß, was das bedeutete.

Für alle anderen gibt es hier eine kleine Erläuterung: Als „Neuer Markt“ wurden die Unternehmen bezeichnet, die aus dem Nichts entstanden sind und die plötzlich gigantische Erfolge, vor allem bei den damals neuen Technologien, vorweisen konnten. Sie wurden auch als „dot.com-Unternehmen“ bezeichnet. Der „Neue Markt“ kannte bis Ende der 1990er-Jahre nur eine Richtung: Nach oben! Doch es waren hochriskante Papiere. Dieses Risiko hatte ich unterschätzt.

2001 kam nicht nur der große Börsencrash. Mein sechsstelliges Depot brach in sich zusammen. Ich hatte zwischenzeitlich meinen Job bei einer großen deutschen Bank aufgegeben und lebte auf Mallorca. Ich hatte ja genug Rücklagen dafür. Ich wollte mir dort eine Selbstständigkeit als Immobilienmaklerin aufbauen. Doch innerhalb weniger Monate war mein Depot dahingeschmolzen. Damals war noch nicht jederzeit und überall Internet verfügbar, sodass ich es gar nicht mitbekam. Und dann kam der 11. September 2001, mit der Folge, dass auch die letzten Rücklagen im Depot dahinschmolzen. Gleichzeitig stand eine meiner beiden Wohnungen über Monate leer. Heutzutage unvorstellbar, dass eine Wohnung in Hamburg nicht vermietet wird. Doch damals war es eine andere Zeit. Ich hatte über viele Monate höhere Ausgaben (unter anderem durch die Kredite) als Einnahmen. Mein Depot war nichts mehr wert. Die hochgelobten Aktien von vor dem Crash waren nur noch „Penny-Stocks“, also Pfennig-Aktien.

Doch ich schaffte es aus eigener Kraft, wieder Kapital aufzubauen. Mein Mann und ich (im Jahr 2000 hatte ich geheiratet) gingen 2002 zurück nach Deutschland. Wir bauten mehrere kleine Firmen auf. Unter anderem hatte mein Mann eine Zimmerei, ich hatte meine Finanzierungsfirma mit mehreren Angestellten und gemeinsam vermieteten wir noch ein Wohnmobil. Die Firmen liefen gut.

2003 kauften wir ein Haus zur Eigennutzung und ein Baugrundstück gleich nebenan, auf dem wir ein Zweifamilienhaus errichteten. Damit nicht genug, kauften wir 2006 ein Fünffamilienhaus und 2007 eine Wohnung in Berlin. Damals war es noch sehr leicht möglich, mit wenig Eigengeld viele Wohneinheiten zu erwerben. Kaum hatten wir etwas angespart, kauften wir die nächste Immobilie. Auf die Idee, dass mal massiver Mietausfall oder große Sanierungsarbeiten auf uns zukommen könnten, kamen wir nicht. Rücklagen gab es keine, denn das Geld wurde ja sofort in neue Immobilien investiert. Und dann kam die Zeit, in der plötzlich alles zusammenkam: Mietausfall, Sanierungen und sonstige Katastrophen.

Ich möchte Sie nicht mit Details langweilen, deswegen folgen hier nur ein paar kurze „Highlights“ (oder sollte man treffenderweise „Lowlights“ sagen?), die zur Insolvenz führten.

In der Firma meines Mannes wurden zwei große Aufträge nicht bezahlt. Es handelte sich um hohe fünfstellige Summen. Das erzeugte ein großes Liquiditätsloch bei uns, zumal das Material von uns im Voraus bezahlt worden war und wir das Geld nicht zurückbekamen. In unserem Fünffamilienhaus hatten wir Messies und Mietnomaden. Gleich drei von fünf Mietparteien hatten finanzielle Probleme und zahlten ihre Miete nicht. Zwei der Wohnungen vermüllten zunehmend.

Zu allem Überfluss kam irgendwann das Bauamt und teilte uns mit, dass eine der Wohneinheiten überhaupt nicht genehmigt sei. Diese müsse zurückgebaut werden zum Lagerraum. Hinzu kam ein massives Schimmelproblem in den Wohnungen. Warum hatten wir das so lange nicht entdeckt? Ganz einfach: Der Voreigentümer hatte Styropor an die feuchten Wände geklebt, sie verspachtelt und tapeziert. Es dauerte mehrere Jahre, bis der Schimmel wieder zu sehen war. Hätten wir vor dem Kauf einen Gutachter beauftragt, wären viele Dinge vielleicht aufgefallen. Leider konnten wir den Verkäufer nicht mehr in Regress nehmen, da zum einen nach fünf Jahren ab Kaufdatum die Verjährung eintrat (Rechtsstand seinerzeit) und uns zum anderen die Liquidität für die Anwälte fehlte, um vielleicht in Richtung Betrug zu klagen.

Drei Parteien zahlten, wie gesagt, über mehrere Monate keine Miete mehr. Keiner machte es aus böser Absicht. Bei allen Mietern steckten private Dramen dahinter, jeder hatte seine Gründe. Doch uns ging dadurch finanziell die Luft aus. Es fehlte an Liquidität! Einer unserer Mieter ist in die Drogensucht gerutscht. Als wir ihn nach zwei Jahren mit Anwaltsschreiben und Klagen (er zahlte in dieser Zeit keine Miete) endlich aus der Wohnung heraushatten, kam der nächste Horror: Die Wohnung war bis oben hin (wirklich bis oben hin) voll Müll. Ratten und Mäuse liefen umher. Wir holten insgesamt zwei 34-Kubik-Container voller Müll da raus. Es waren zehn Tonnen Müll!!! Anschließend musste die Wohnung entkernt werden. Das waren noch mal 7,5 Tonnen Abriss und Schutt. Und das Ganze, als ohnehin keine Liquidität mehr da war ...

Bei den anderen beiden Parteien waren auch private Schicksalsschläge der Auslöser. Eine Frau ist schwanger geworden, jedoch nicht von dem Lebenspartner, mit dem sie die Wohnung teilte, woraufhin er ausgezogen ist und sie kein Geld mehr für die Miete hatte. Eine andere bekam zwar das Geld für die Wohnung vom Amt, bezahlte aber dennoch ihre Miete nicht. Damals hatten wir keine Chance, das Geld direkt vom Amt zu bekommen, wenn die Mieter das nicht wollten. Vielleicht hätte man das durchklagen können, aber uns fehlte die Kraft und das Geld dafür.

Nach jahrelangem Kampf waren diese drei Wohnungen endlich frei. Doch die drei Wohnungen mussten komplett kernsaniert werden. Geld hatten wir keines mehr. Wir bekamen auch keine Kredite mehr von der Bank. Die bestehenden Kredite liefen weiter. Die Wohnungen konnten nicht mehr vermietet werden. Es flossen also keine Mieteinnahmen mehr. Es wurde finanziell immer enger. Wir versuchten Tag und Nacht, dagegen anzuarbeiten ... Doch geschafft haben wir es nicht. Die Kreditraten waren einfach zu hoch, die Mieteinnahmen fehlten.

Es endete in einer Insolvenz. Alle Immobilien wurden zwangsversteigert. Die Immobilien waren weg und unsere Firmen infolge auch. Alles hing miteinander zusammen. Meine gut laufende Finanzierungsfirma konnte ich nicht mehr weiterführen, da ich durch die Kreditkündigungen eine schlechte Schufa hatte. Daraufhin hatten mir meine Kooperationspartner die Verträge gekündigt. Gesundheitlich endete es bei mir in einer Burnout-Klinik ...

Heute

Heute sage ich: Es war eine interessante und sehr wertvolle Erfahrung, für die ich dankbar bin, ja, ich bin wirklich dankbar dafür! Sie hat mich zu dem Menschen gemacht, der ich heute bin. Ich hätte es mir weniger schmerzhaft gewünscht, doch die Insolvenz und die Schmerzen gehören lange der Vergangenheit an! Meine Altschulden konnte ich alle bedienen. Und ich kann heute stolz sagen: Alle haben ihr Geld bekommen. Das fühlt sich wunderbar an!

Wenn ich heute Immobilien kaufe, dann achte ich auf ganz andere Dinge. Davon habe ich unter anderem in diesem Buch geschrieben. Das Mehrfamilienhaus hatte ich seinerzeit gekauft, weil es eine hohe Mietrendite hatte. Der Kaufpreis im Verhältnis zu den Mieten war hervorragend. Auch heute gibt es noch Objekte mit einer hohen Mietrendite. Doch, wenn Sie in solche Objekte investieren, denken Sie immer daran: Es hat einen Grund, warum Sie diese so günstig einkaufen können. Vielleicht ist es die Lage, vielleicht der Sanierungszustand. Oder es hängt mit ganz anderen Faktoren zusammen.

Toplagen mit Topmietern sind teuer und haben im Vergleich vielleicht nur eine geringe Mietrendite, dafür sind sie wertstabiler. Meine Empfehlung (die Sie auch schon in den entsprechenden Kapiteln dieses Buchs gelesen haben): Treffen Sie eine *bewusste* Entscheidung für ein Objekt! Welche Risiken bringt die Lage? Welche wirtschaftliche Entwicklungsprognose hat die Stadt oder Region, in der Sie kaufen wollen? Warum ist der Kaufpreis im Verhältnis zu anderen Immobilien höher oder niedriger? Wenn Sie ein Objekt in einer schlechteren Lage oder mit einem schlechteren Sanierungszustand kaufen, dann bitte nur, wenn Sie entsprechende Rücklagen haben, um Mietausfall, Anwaltskosten oder Sanierungskosten zu bezahlen.

Liquidität ist das A und O, vor allem, wenn Unvorhergesehenes passiert wie Sanierungsmaßnahmen oder Mietausfall. Hätte ich seinerzeit ca. 50.000 Euro Liquidität gehabt, dann wäre wahrscheinlich alles anders gekommen. 50.000 Euro Liquidität klingt für mich aus heutiger Sicht nicht viel. Damals war es unerreichbar fern für mich. Ich habe viel gelernt, und genau das sind die „Learnings", die ich in meinen Seminaren und Coachings gerne weitergebe. Ich kann gar nicht oft genug wiederholen: Ohne diese Erfahrungen wäre ich heute nicht da, wo ich jetzt bin!

Anders als damals bin ich heute frei – gedanklich, zeitlich und auch finanziell. Ich lebe ein Leben in Freude, Vertrauen und Zuversicht. Ein geschicktes Investment in Immobilien mit Verstand und Weitsicht kann genau das bringen – Freiheit. Vor allem die finanzielle Freiheit. Für die gedanklich Freiheit, Ihr Glück und Ihre Zufriedenheit sind Sie selbst zuständig. Das kann nichts und niemand von außen für Sie machen.

An dieser Stelle möchte ich Ihnen noch ein kleines Zitat aus einem meiner anderen Bücher mitgeben: „Das, was dir heute passiert, egal, wie gut oder schlecht es auch sein mag, macht dich zu dem wundervollen (und erfahrenen) Menschen, der du morgen sein wirst! Alles hat seinen Sinn, auch, wenn wir ihn heute noch nicht verstehen können." Nun bleibt mir nur noch, Ihnen viel Erfolg für Ihr Immobilieninvestment zu wünschen! Investieren Sie mit Vertrauen und Zuversicht – aber auch mit Sinn und Verstand. Dann werden auch Sie in einigen Jahren ein Stück weit finanzielle Unabhängigkeit erreichen.

Ausblick

Die Finanzwelt dreht sich schnell

Manchmal dreht sich die Finanzwelt schnell. Ende März 2022 wurde das fertige Manuskript dieses Buchs in das Lektorat abgegeben, damit es, wie geplant, im Herbst 2022 erscheinen kann. Die Produktion eines Buchs nimmt einige Monate in Anspruch. Genau in diesen Monaten der Produktion hat sich der Finanzierungsmarkt massiv verändert. In den Folgemonaten – nach Abgabe des Manuskripts – sind die Finanzierungszinsen massiv in die Höhe gegangen, sodass wir einige Zahlenbeispiele in diesem Buch noch vor endgültigem Druck verändert haben.

Seit 1996 berate ich Kunden im Bereich der Immobilienfinanzierung. Ich erinnere mich noch genau, wie wir 1996 den Zins von 5,99 Prozent gefeiert hatten ... ein Zins unter 6 Prozent war damals kaum vorstellbar. Dann jagte ein Zinstief das nächste – unterbrochen von kurzen Phasen von Zinsanstiegen. Jedes Mal, wenn es diese Zinsanstiege gab, haben wir Berater den Kunden geraten, schnell noch den Anschlusszins zu sichern, denn die große Zinswende könnte eingeläutet worden sein. Nach kurzer Zeit sank der Zins jedoch dann wieder – und zwar jedes Mal sogar unter das Niveau von vorher. Es gipfelte darin, dass teilweise sogar Negativzinsen vereinbart wurden – das bedeutete, dass ein Kapitalanleger für die Verwahrung seines Geldes Zinsen zahlen musste und ein Kreditnehmer sogar Zinsen bekam.

Während ich diesen Nachtrag schreibe, lacht die Junisonne des Jahres 2022 durch mein Fenster. Die Zinsen sind in den letzten Wochen massiv in die Höhe gegangen. Während man vor Kurzem teilweise unter 1 Prozent für eine zehnjährige Zinsbindung zahlen musste, sind es inzwischen schon wieder 2,5 und teilweise noch mehr Prozentpunkte, Tendenz steigend. In dem folgenden Gastbeitrag von Benjamin Bestgen gibt es noch ein paar Zahlenbeispiele dazu, was das bedeutet.

Ob es sich wieder einmal nur um einen kurzfristigen Zinsanstieg handelt, der in einigen Wochen schon wieder vergessen ist, oder ob nun tatsächlich die lang erwartete Zinswende eingetreten ist, das mag ich zu diesem Zeitpunkt nicht beurteilen.

Sollte es sich um eine langfristige Trendwende handeln, könnte das massive Konsequenzen für uns haben, zum Beispiel:

- Immer weniger Menschen können sich die Kreditzinsen leisten.
- Wenn Zinsfestschreibungen auslaufen und zu höheren Zinsen weiterfinanziert werden müssen, kann das manch einem finanziell das Genick brechen.
- Immobilien, die nicht weiterfinanziert werden können, kommen auf den Markt.
- Weniger Käufer sind auf dem Markt unterwegs, die sich die hohen Immobilienpreise bei gleichzeitig hohen Zinsen leisten können.
- Andere Kapitalanlagen werden durch höhere Zinsen wieder interessanter, sodass ein Kapitalanleger abwägt, ob er in eine Immobilie (= immobil) oder in eine andere Kapitalanlage investiert (die vielleicht schneller und besser wieder liquidiert werden kann).
- All diese Tendenzen können dazu führen, dass es wieder mehr Immobilien und weniger Käufer auf dem Markt gibt und die Immobilienpreise sinken.
- Hinzu kommen die Zwangsverkäufe durch Insolvenzen, denn auch in allen anderen Lebensbereichen sind in den letzten Monaten die Preise massiv gestiegen.

Tipps für Immobilieneigentümer und Interessenten

- Wenn es bereits bestehende Kreditverträge gibt, wann läuft die Zinsbindung aus? Wenn Ihre Zinsbindung in den nächsten zwölf bis 60 Monaten ausläuft, informieren Sie sich bereits jetzt über eine Anschlussfinanzierung (= Forward-Darlehen).
- Sollte noch kein Forward-Darlehen möglich sein, könnte auch ein Bausparvertrag eine sinnvolle Absicherung für Sie sein, damit Sie für einen Teil Ihrer Anschlussfinanzierung heute schon den Zinssatz sichern können.
- Für Käufer: Es ist aktuell eine schwierige Situation, weil die Spekulationen in jede Richtung gehen können. Auf der einen Seite macht es Sinn, sich möglichst schnell die Zinsen von heute zu sichern, und das mit einem möglichst langfristigen Kreditvertrag. Auf der anderen Seite könnten in den nächsten Monaten und Jahren die Immobilienpreise stagnieren

oder vielleicht sogar durch die oben beschriebenen Szenarien sinken, sodass Sie günstigere Einstiegspreise haben.

- Treffen Sie gut überlegte Entscheidungen und lassen Sie sich von niemandem hetzen. Vielleicht ist es nur ein kurzfristiger Zinstrend. Vielleicht auch nicht. Vielleicht sinken die Immobilienpreise, aber auch das ist nur Spekulation. Treffen Sie für sich eine Entscheidung, mit der Sie sich gut fühlen, egal, wie der Markt sich entwickeln sollte. Denn, sich im Nachhinein zu

  ärgern, bringt gar nichts – außer schlechte Laune.

Abschließend gibt es nun noch auf den folgenden Seiten die Einschätzungen eines Immobilienmaklers und einer Finanzierungsberaterin.

Gastbeitrag von Benjamin Bestgen

Was passiert gerade auf dem Immobilienmarkt und wie wirkt sich die aktuelle Zinsverteuerung konkret auf Kaufentscheidungen potenzieller Käufer aus?

Mitte März hat eine Kaufinteressentin ein Angebot unter dem gewünschten Exposépreis zu einem von mir inserierten Haus abgegeben. Die Verhandlungen mit den Verkäufern zogen sich dabei allerdings über einen knappen Monat hin, weil es noch andere Interessenten gab. Die Eigentümer wollten erst mal abwarten, ob noch weitere Angebote abgegeben werden. In der Zwischenzeit waren die Zinsen allerdings sehr stark gestiegen. Nachdem dann der Interessentin der Zuschlag erteilt wurde, hat die Bank ihr neue Konditionen mitgeteilt und es wurde die finale Kreditprüfung durchgeführt. Aufgrund des gestiegenen Zinssatzes hat sie schlussendlich ihr Angebot zurückgezogen, weil es für sie unwirtschaftlich geworden ist.

Um besser zu verstehen, was hier genau passiert ist, muss man einen Blick auf die letzten Jahre und natürlich besonders auf die letzten Monate werfen.

Was ist in den letzten Jahren auf dem Immobilienmarkt geschehen?

Zum einen sind die Preise in den letzten Jahren so extrem gestiegen, dass Banken teilweise Risikoabschläge von 30 Prozent und mehr einkalkulieren. Das ging bisher mit fallenden Zinsen einher und hat sich unter anderem mit KfW-Mitteln ausgleichen lassen. Daher konnte trotz wenig Eigenkapital eine Finanzierung mit überschaubaren monatlichen Raten gestemmt werden.

Darüber hinaus hat sich die Entwicklung der Mietpreise von der Kaufpreisentwicklung abgekoppelt. Baukosten sind durch die Decke gegangen und unpünktliche Rohstofflieferungen verzögern bestehende Bauprojekte teils um viele Monate.

Auf Verkäuferseite sinkt überdies seit Jahren die Stückzahl der verkauften Immobilien in Hamburg, so waren es 2015 noch 13.520 Verkäufe, im Jahr 2021 dagegen nur noch 11.058.

Wie sieht es aktuell aus?

Die Preise bewegen sich weiterhin gefühlt von einem Allzeithoch zum nächsten, KfW-Mittel sind derzeit jedoch nicht verfügbar, und jetzt steigen die Zinsen. Fehlende KfW-Mittel führen auch noch dazu, dass geplante Projekte verzögert angegangen oder direkt gestrichen werden, weil sie nicht mehr finanziell tragbar sind. Auch deshalb werden momentan weniger Bauanträge gestellt und somit auch weniger genehmigt.

Zusätzlich verzeichnen wir aktuell einen starken Bevölkerungszuwachs durch Geflüchtete des Ukrainekriegs, der zu einer noch höheren Nachfrage nach Wohnimmobilien führt.

Zusammenfassend lässt sich also schon mal festhalten, dass wesentlich weniger auf den Markt kommt und kommen wird. Auf der anderen Seite darf weiterhin mit starken Preissteigerungen für Immobilienbau und -finanzierung gerechnet werden. Es bleibt an dieser Stelle also die Frage, wohin werden sich die Immobilienpreise entwickeln?

Auch ich kann immer nur auf Grundlage tagesaktueller Informationen eine Prognose abgeben, und momentan sieht es danach aus, dass Immobilienpreise in ländlichen Gegenden rückläufig sein können, in einigen Regionen stagnieren und in Ballungszentren erst mal weiter steigen werden, aber wesentlich weniger stark als in den letzten Jahren. Denn es gilt: Solange das Angebot die Nachfrage nicht befriedigen kann, wird auch der Markt stabil bleiben. und so sieht es derzeit noch aus.

Wie wirkt sich die Verteuerung denn jetzt konkret auf Kaufentscheidungen aus?

Letztes Jahr habe ich die Wohnung einer Kundin bewertet und sie sagte in dem Kontext zu mir: „Was interessiert mich denn die Bank eines Käufers?“ Hinsetzen, zugehört! Machen wir also mal eine Beispielrechnung auf, warum Banken bzw. steigende Zinsen eine gravierende Rolle spielen:

Beispiel:

Wer vor zwei Jahren in guter Lage Hamburgs eine 65-Quadratmeter-Wohnung gekauft hat und 400.000 EUR finanzieren musste, konnte bei einem Zinssatz von ca. 1 % und einer Tilgung von 3 % eine monatliche Rate von 1.333,33 EUR ergattern (400.000 EUR × 0,04 : 12).

Die gleiche Wohnung wird heute durch die Kaufpreissteigerung der letzten Jahre bei relational gleichbleibendem Eigenkapital wohl eher mit rund 500.000 EUR finanziert werden müssen und man darf nun teils mit Zinssätzen um die 3 % rechnen. Das heißt, hier kommen plötzlich 2.500 EUR an monatlicher Rate auf die Käufer zu, wenn nichts an der Tilgung verändert wird (500.000 EUR × 0,06 : 12).

Conclusio: Die Traumimmobilie ist für viele nun unerreichbar geworden. Die Anzahl der Nachfrager sinkt. Dazu kommt, dass vielen dieser Fakt noch nicht bewusst ist und sie weiterhin Immobilien anfragen, die mittlerweile weit über dem verfügbaren Budget liegen. Hier wird es in den kommenden Monaten noch eine Marktbereinigung aufseiten der Nachfrager geben.

Wenn wir jetzt noch den Kauf einer Immobilie aus Sicht eines Kapitalanlegers betrachten, stellen wir fest, dass der Leverage-Effekt zum Renditefresser wird.

Beispiel:

Vor zwei Jahren hat die vermietete 65-Quadratmeter-Eigentumswohnung in Hamburg 3,5 % Gesamtkapitalrendite abgeworfen, die Zinskosten des Fremdkapitals lagen bei 1 %, die Tilgung bei 2,5 %. Der Fremdkapitaleinsatz lag bei 80 %, das Darlehen hatte eine Höhe von 400.000 EUR. Die Gesamtkosten lagen bei 500.000 EUR, die Höhe des Eigenkapitals also bei 100.000 EUR.

Gesamtkapitalrendite:

400.000 EUR × 0,035 + 100.000 EUR × 0,035 = 14.000 EUR + 3.500 EUR = 17.500 EUR (entspricht 3,5 %)

Fremdkapitalkosten (Zinskosten):

400.000 EUR × 0,01 = 4.000 EUR

Tilgung:

14.000 EUR – 4.000 EUR = 10.000 EUR (entspricht 2,5 %)

Eigenkapitalrendite im ersten Jahr:

3.500 EUR + 10.000 EUR = 13.500 EUR (entspricht 13,5 % auf 100.000 EUR)

In diesem Szenario stimmen zahlentechnisch alle Voraussetzungen für einen Kauf.

Jetzt passen wir das Beispiel wieder an die „heutigen" Gegebenheiten an, dass das Darlehen 500.000 EUR beträgt und 80 % der Gesamtkosten entspricht, das Eigenkapital somit 125.000 EUR und die Fremdkapitalkosten auf 3 % gestiegen sind. Da sich die Mieten immer weiter von der Kaufpreissteigerung abgekoppelt haben, müssen wir zudem annehmen, dass diese gleichbleibend in der Höhe ist und weiterhin 17.500 EUR im Jahr beträgt.

Gesamtkapitalrendite:

17.500 EUR : (500.000 EUR + 125.000 EUR) (entspricht 2,8 %)

Fremdkapitalkosten:

500.000 EUR × 0,03 = 15.000 EUR

Eigenkapitalrendite im ersten Jahr:

17.500 EUR – 15.000 EUR = 2.500 EUR (entspricht 2 % auf 125.000 EUR)

Was ist passiert? Die Fremdkapitalkosten fressen die Tilgung und schmälern zudem die Eigenkapitalrendite. Ein Kauf kommt für Kapitalanleger in diesem Szenario nicht mehr infrage.

Wir sehen in beiden Beispielen, wie sich die aktuelle Zinsverteuerung auf Kaufentscheidungen auswirken kann. Grundsätzlich wird es immer schwieriger werden für Käufer, wenn die Preise nicht Einhalt gewähren, insbesondere bei entsprechenden Grenzfällen. Von daher wird sich erst in den nächsten Monaten deutlicher zeigen, mit welchen konkreten Folgen wir mittel- bis langfristig planen müssen und welche Regionen von den Zinserhöhungen am stärksten betroffen sein werden.

Was gilt es jetzt zu beachten?

Zum einen empfehle ich jedem, den Zins- und Immobilienmarkt genauestens zu beobachten und mit seinem Finanzierer im Gespräch zu bleiben. Hier gilt es sicherzustellen, dass Wunsch und Möglichkeit weiterhin kongruent sind. Zum anderen sollte ggf. auch noch mal über den Standort nachgedacht werden, es wird hier mit Sicherheit noch differenzierte Entwicklungen geben.

Als Kapitalanleger sollte man jetzt noch genauer hinschauen und überlegen, ob das bisherige Anlagekonzept dem aktuellen Marktgeschehen überhaupt noch standhält oder die Investmentstrategie angepasst werden muss. Der Standortfaktor wird in meinen Augen auch hier wieder eine stärkere Rolle in zukünftigen Überlegungen einnehmen müssen.

Allen Immobilieneigentümern, denen eine Zinsverlängerung in den nächsten Jahren bevorsteht, sollte klar sein, dass weitere Zinserhöhungen sehr wahrscheinlich sind, und es ggf. jetzt schon Sinn macht, über eine Prolongation nachzudenken. Auch hier gilt wieder: Sprechen Sie mit Ihrer Bank und fragen Sie einfach mal unverbindlich nach einem Angebot.

Ihr Benjamin Bestgen
www.bestgen-immobilien.de

Gastbeitrag von Claudia Mörke-Blum

Es ist eine spannende Zeit auf dem Immobilienmarkt, denn in dieser Zeit treffen Wünsche in Teilen kollisionsartig aufeinander: Wir erleben derzeit eine Volatilität auf dem Zinsmarkt, der auch, geschürt durch die Corona-Pandemie und die derzeitige Situation in der Ukraine, angefeuert wird. Aber beginnen wir weiter früher.

Wir haben im Anschluss an eine Niedrigzinsphase als Folge der Finanzkrise 2009 einen enormen Boom auf dem Immobilienmarkt erlebt, dessen Preisentwicklung durch die Negativzinspolitik geradezu angefeuert wurde. Wo soll man als Nicht-Aktionär, was viele Deutsche immer noch sind, sein Geld investieren, wenn es auf dem Konto keine Zinsen mehr gibt? Der Weg in Sachwerte ist bereitet und wird sehr gern beschritten. Der Bauzins befindet sich auf einem Rekordtief. Es gibt darüber viel gut recherchierte Lektüre.

Es folgt die Corona-Pandemie, die ich weder wirtschaftlich noch politisch bewerten möchte, sondern einen anderen Fokus verfolge: Was geschieht in uns Menschen, wenn wir kontinuierlich mit einer Angstsituation konfrontiert werden in einer Art, wie es viele Bürger vielleicht noch nie erlebten? Ich glaube, dass dieser Punkt in der Zinsmarktentwicklung auch eine Rolle spielt. (Welche Auswirkung hat das wirtschaftlich? Auch hier gibt es reichlich Studien und Lektüre von zahlreichen Experten über Entwicklungstendenzen, wirtschaftliche und soziale, auch durch Migration bedingte Bedarfe.) Eine Sache war in Unternehmerkreisen schnell erkennbar: Wer nicht in den Urlaub fahren oder fliegen kann, investiert das Urlaubsgeld ins Eigenheim.

Wo stehen wir heute? Seit Januar 2021 stiegen die Bauzinsen langsam an, in kleinen übersichtlichen Schritten, was auch wirtschaftlich reif und gesund anmuten ließ. So hatten wir Ende des Jahres 2021 eine Zinsspanne von global 0,8 bis 1,9 Prozent pro Jahr für Immobilienfinanzierungen zwischen zehn und 20 Jahren. Die Nachfrage nach Eigentumsfinanzierungen ist so hoch wie nie und treibt die Preise auf ein Spitzenniveau. Eine Finanzierung war dennoch für viele, die vorab sorgfältig gespart haben, realisierbar. Im Frühjahr 2021 erfuhr ich zum ersten Mal in meinem Leben von Baustoffknappheit, zum Beispiel bei Holz, und damit von daraus bedingten steigenden Preisen. Vielleicht sind Neuigkeiten dieser Art zuvor an mir vorbeigegangen, doch eine Frage bleibt: Wo geht die Reise hin?

Der Sommer 2021 war geprägt von extremen und vielen Unwettern in Deutschland. Es gab für viele Eigenheimbesitzer und Versicherer ein böses Erwachen. Auch infolge dieser Unwetter sind Handwerker kaum zu bekommen und haben ebenfalls ihre Preise enorm erhöht. Dieser Trend dauert an.

Am 24. Februar 2022 begann der Ukraine-Konflikt. Seit diesem Tag erleben wir steigende Bauzinsen nicht mehr im Wochen-, sondern mitunter im Tagestakt. Wir liegen heute, Anfang Juni 2022, bei einem Zins von rund 3 Prozent pro Jahr für eine zehnjährige Zinsbindung. Ein Ende der Reise mit Rohstoff- und Handwerkerknappheit, steigenden Baukosten und -zinsen ist nicht absehbar. Von einem Zinshoch auf dem Immobilienmarkt sind wir heute noch weit entfernt.

Die Corona-Pandemie und der Krieg in der Ukraine haben zusätzlich die Inflation in die Höhe von 8 Prozent pro Jahr (Mai 2022) getrieben. Im Leben der Menschen fühlt es sich so an, als würde alles jede Woche teurer.

Was bedeutet das für diejenigen, die sich den Traum vom Eigenheim finanzieren wollen?

Es war schon immer klug, eine Eigenheimfinanzierung als Lebensprojekt zu sehen, denn das ist es auch. Ein Immobilienerwerb ist und bleibt ein dauerhafter Kostenfaktor. Es ist ein Irrtum anzunehmen, dass man das Haus kauft, abzahlt und danach sorgenfrei das Alter genießen kann. Jeder Hausbesitzer weiß, dass eine Immobilie immer eine Verbindlichkeit darstellt: Man zahlt es nicht nur ab, sondern investiert auch zum Beispiel in eine neue Heizungsanlage, ein neues Dach oder allgemein in die Instandhaltung des Hauses, auch, um dessen Wert und Beständigkeit zu erhalten oder zu erhöhen. Ein Leben lang. Dafür legt man sich monatlich ein sogenanntes Hausgeld beiseite, das sich ungefähr auf 3 Euro pro Quadratmeter bemisst. Das gilt sowohl für Haus- als auch für Eigentumswohnungsbesitzer und natürlich für Eigentümer von Kapitalanlageimmobilien. Dieses Hausgeld fällt zusätzlich zu den üblichen Nebenkosten an.

Und jetzt wird es teuer. Wir haben gestiegene Immobilienpreise, gestiegene Kaufnebenkosten (z. B. Maklercourtage), gestiegene Baukosten und gestiegene Bauzinsen. Eine unsichere Zeit und Rekordinflation.

Daher wird es besonders jetzt wichtiger denn je, die Finanzierung eines Immobilienkaufs besonders sorgfältig zu planen. Dazu gehören Fragen wie:

Wie lange zahle ich die Immobilie ab, wenn ich allein finanziere oder wenn ich mit einem zweiten Darlehensnehmer finanziere?

Kann ich steigende Baukosten abfedern?

Ist die Finanzierung abgesichert, wenn mir etwas passiert: Unfallgeschehen, Berufsunfähigkeit, vorübergehende Arbeitslosigkeit und Jobwechsel?

Bin ich finanziell also so aufgestellt, dass ich der Verbindlichkeit jeden Monat folgen kann?

Ist meine Familie abgesichert in solchen genannten Fällen?

Und zuvorderst stelle ich gern folgende Fragen:

Habe ich gelernt, zu sparen?

Habe ich gelernt, meinen Konsum genau und sorgfältig zu beobachten, dass ich auch mal auf das eine oder andere verzichte, ohne dass es in mir ein Gefühl des Unbehagens auslöst?

Ich glaube, eine Tatsache bekommt immer mehr Bedeutung: Die Entscheidung zu einem Immobilienerwerb ist eine Lebensentscheidung und entscheidet damit auch bei vielen Menschen über deren Lebensstil. Ich sage: Eine solide Finanzierung ist möglich, sogar sehr gut möglich, sie braucht aber eine klare Entscheidung. In Verantwortung für sich selbst und die eigene Familie.

Das eine solche (Lebens-)Planung nicht in 120 Minuten auf die Beine zu stellen ist, erkennt vermutlich jeder Leser. Dazu braucht man einen Partner, mit dem man sich vertrauensvoll und wertschätzend austauscht und berät. Einen Partner, mit dem man dauerhaft zusammenarbeiten will. Der erste Kreditzins mit 2,5 Prozent pro Jahr, wie ich es vor ungefähr zehn Tagen hörte, kann da nur ein Lockmittel sein. Ein Lockmittel ist ein Angebot ohne Betrachtung der langen Frist, ohne konkrete Finanzierungsplanung bis zum Ende der Auslaufzeit eines solchen Projekts, ohne dessen Absicherung und ohne Betrachtung sich großer Wahrscheinlichkeit nach verändernder Lebensumstände allgemein – wie das ein Lebensverlauf nun mal mit sich bringen kann. Ein solches Lockmittel betrachte ich als verantwortungslos. Wie kann denn eine Sache, bei der alle Komponenten teurer werden, so günstig sein? Das ist ein Widerspruch. Im Zweifel ist der Endkunde der Leidtragende, der mit einem günstigen Zins oder einer besonders schnellen Finanzierungszusage umworben wird.

Also heißt es heute für alle: Nicht nur Augen auf beim Hauskauf, sondern besonders Augen auf bei Beraterkauf. Ja, den kauft man mit. Mit allen Konsequenzen.

Herzliche Grüße
Claudia Mörke-Blum

Glossar

Auflassung

Einigung zwischen Käufer und Verkäufer über den Eigentumsübergang der Immobilie vor dem Notar.

Auflassungsvormerkung

Eigentumsvormerkung in der Abteilung II des Grundbuchs. Diese erfolgt (auf Wunsch) nach dem Notartermin. Die Auflassungsvormerkung ist empfehlenswert, denn mit der Eintragung der Auflassungsvormerkung kann der alte Eigentümer keine anderen Eintragungen mehr im Grundbuch veranlassen oder das Objekt noch einmal anderweitig verkaufen. Die Eintragung des neuen Eigentümers erfolgt in der Regel erst einige Wochen später, da vorher unter anderem die Grunderwerbsteuer gezahlt und die Kaufpreiszahlung sichergestellt sein muss.

Bauzeitzinsen

Bauzeitzinsen werden die Zinszahlungen genannt, die während der Bauphase eines Objekts anfallen. Sie entstehen dann, wenn nur ein bestimmter Teil des Darlehens (also noch nicht das gesamte Darlehen) abgerufen wird (um z. B. einen Teil der Baumaßnahmen zu bezahlen). Auf die abgerufene Summe fallen die vereinbarten Darlehenszinsen an. Die gesamte Darlehensrate inklusive Tilgung ist erst ab dem Zeitpunkt zu zahlen, wenn das Darlehen komplett ausgezahlt wurde.

Beleihungsauslauf

Wie viel Prozent vom Immobilienwert (vom Beleihungswert) müssen über Kredite finanziert werden?

Bereitstellungszinsen

Bereitstellungszinsen müssen ab einem bestimmten Zeitpunkt gezahlt werden, wenn das Darlehen bereits genehmigt, jedoch noch nicht ausgezahlt worden ist. In der Regel gibt es eine bestimmte bereitstellungszinsfreie Zeit, in der diese Zinsen noch nicht anfallen (meistens drei bis sechs Monate). Bei den meisten Banken liegt der Zins für die Bereitstellung aktuell bei 0,2 bis 0,25 % pro Monat.

Bonität

Als Bonität wird die finanzielle Leistungsfähigkeit bezeichnet. Für die Beurteilung der Bonität werden verschiedene Kriterien zugrunde gelegt, zum Beispiel: Wie sieht Ihre Einnahmen-/Ausgabenrechnung aus? Wie ist das Verhältnis von Vermögen und Verbindlichkeiten? Wie sieht es mit der Sicherheit Ihres Arbeitsplatzes aus? Wie war Ihr Zahlungsverhalten in der Vergangenheit?

Dingliche Zwangsvollstreckungsunterwerfungserklärung

Hierbei handelt es sich um eine Erklärung vor dem Notar, mit dem Sie der sofortigen Zwangsvollstreckung durch die Bank in Ihr gesamtes Vermögen zustimmen, sollten Sie Ihren Zahlungen über einen längeren Zeitraum (im BGB genau definiert) nicht nachkommen. Mit dieser Erklärung hat die Bank einen Vollstreckungstitel, ohne den gesamten Klageweg vor der Zwangsvollstreckung gehen zu müssen.

Disagio

Als Disagio wird ein Abschlag bezeichnet. Hat heutzutage keine Relevanz mehr. Zuzeiten von hohen Sollzinsen wurde es gern genutzt, um die Zinszahlungen zu reduzieren. Der Abschlag (vom Darlehensbetrag) war eine Vorauszahlung der Zinsen. Beispiel: Darlehenssumme 100.000 EUR mit 5 % Disagio. Auszahlung: 95 % von 100.000 EUR, also 95.000 EUR. Die 5.000 EUR waren eine Vorauszahlung auf die Zinsen. Dadurch konnte der Sollzins und somit die monatliche Rate gesenkt werden. Da es aktuell (im jetzigen Zinsniveau) keine Praxisrelevanz hat, wird es in diesem Buch nicht weiter erläutert.

Effektivzins

Der Effektivzins ist ein rechnerischer Zins, der neben dem Sollzins noch weitere anfallende Kosten und Gebühren (z. B. Bearbeitungsgebühren) enthält.

Eigenkapital

Guthaben, die zum Kauf einer Immobilie genutzt werden, zum Beispiel Sparguthaben oder Schenkungen.

Eigenkapitalersatz-Darlehen

So werden Darlehen genannt, die im Grundbuch nachrangig oder gar nicht im Grundbuch abgesichert werden, welche jedoch den Beleihungsauslauf für das Hauptdarlehen verbessern. Ein besserer Beleihungsauslauf bedeutet in der Regel einen günstigeren Zins, als wenn im Vergleich ein höheres Hauptdarlehen aufgenommen wird.

Eigenleistung

Eigenleistung ist der finanzielle Gegenwert von ersparten Handwerksleistungen. Beispiel: Malerarbeiten werden selbst durchgeführt. Ein Maler würde 3.000 EUR kosten. Wird es selbst gemacht, dann können diese 3.000 EUR als Eigenleistung angegeben werden. Eigenleistung ist ebenfalls eine Art Eigenkapitalersatz. Die meisten Banken deckeln jedoch die Höchstsumme von Eigenleistungen, die im Rahmen einer Finanzierung als Eigenkapitalersatz angegeben werden können. Mithilfe der Angabe von Eigenleistungen kann ggf. der Beleihungsauslauf reduziert werden. Ein niedrigerer Beleihungsauslauf bedeutet eventuell ein besserer Zins.

Fremdkapital

Ein anderer Begriff für Darlehen.

Grunderwerbsteuer

Beim Kauf einer Immobilie ist die Grunderwerbsteuer zu zahlen. Je nach Bundesland liegt sie zum Zeitpunkt des Erscheinens dieses Buchs bei 3,5 bis 6,5 % auf den Kaufpreis.

Grundschuld

Eintragung im Grundbuch zur Absicherung eines Kredits. Mit der Eintragung der Grundschuld haftet die Immobilie bis zum eingetragenen Wert für das Darlehen.

KfW

Kreditanstalt für Wiederaufbau. Es handelt sich um eine Förderbank für bestimmte geförderte Kredite und Kreditformen. Viele sogenannte wohnwirtschaftliche Kredite, also Kredite für Immobilien, können hierüber abgeschlossen werden. Diese Darlehen können jedoch nicht direkt bei der KfW beantragt werden, sondern müssen über ein anderes Kreditinstitut eingereicht werden (man spricht hier vom durchleitenden Kreditinstitut).

Sicherungszweckerklärung (Sicherungsvereinbarung, Zweckerklärung)

Eine schriftliche Vereinbarung zwischen der Bank und dem Kreditnehmer darüber, dass die eingetragene Grundschuld für ein bestimmtes oder für mehrere Darlehen als Sicherheit haftet. Sie wird auch Sicherungsvereinbarung oder Zweckerklärung genannt.

Sollzinsen

Der Sollzins ist der tatsächlich zu zahlende Zins, bezogen auf die Finanzierungssumme. Er dient zur Berechnung der Finanzierungsrate.

Verkehrswert

Ein anderer Begriff für Marktwert. Es ist der Wert, der an einem bestimmten Stichtag für eine Immobilie tatsächlich (oder voraussichtlich) bezahlt wird. Die tatsächlichen Gegebenheiten (Zustand, Lage etc.) zum Stichtag werden hierbei berücksichtigt.

Vorfälligkeitsentschädigung

Wenn ein Darlehen vor Ablauf der Zinsbindung gekündigt wird, kann die Bank eine Vorfälligkeitsentschädigung für den entgangenen Gewinn verlangen. Bei Zinsbindungen von mehr als zehn Jahren kann der Darlehensnehmer das Darlehen jederzeit mit einer Kündigungsfrist von sechs Monaten kündigen (und zwar nach Ablauf von zehn Jahren nach der Vollauszahlung des Darlehens), ohne dass eine Vorfälligkeitsentschädigung verlangt werden darf (siehe § 489 BGB Ordentliches Kündigungsrecht des Darlehensnehmers).

Zinsbindung

Die Zinsbindung ist der Zeitraum, für den ein Darlehen einen fest vereinbarten Zinssatz hat. Nach Ablauf der Zinsbindung ist nicht zwangsläufig auch das Darlehen zurückgezahlt. Im Immobilienfinanzierungsbereich ist am Ende der Zinsbindung häufig noch eine Restschuld vorhanden, für die ein neuer Zins und ein neuer Zinsbindungszeitraum vereinbart werden müssen.

Zweckerklärung

Auch Zweckbestimmungserklärung genannt. Erläuterung siehe Sicherungszweckerklärung.

Stichwortverzeichnis

16

16